C.A.P.E.S. / Agrégation ANGLAIS

Réussir l'épreuve de littérature

TWELFTH NIGHT

William Shakespeare

ouvrage dirigé par Henri Suhamy

Maurice Abiteboul
Professeur à l'Université d'Avignon

Victor Bourgy
Professeur émérite.
Université de Rennes II

Raphaëlle Costa de Beauregard
Professeur à l'Université Toulouse le Mirail

Margaret Jones-Davies
Maître de conférences à l'Université de Paris-Sorbonne (Paris IV)

Gilles Mathis
Professeur à l'Université de Provence
(Aix-Marseille I)

Michel Naumann
Maître de conférences à l'Université de Metz

Annie-Paule de Prinsac
Agrégée d'anglais

Mireille Ravassat
Maître de conférences à l'Université de Valenciennes

Henri Suhamy
Professeur émérite.
Université de Paris X-Nanterre

Jean-Pierre Villquin
Maître de conférences à l'Université de Nantes

Table des illustrations

4 – Judi Dench en Viola et Derek Godfrey en Malvolio. **5** – Avertissement au lecteur dans le *Premier Folio* de 1623. **8** – Emrys James en Feste. **31** – Personnage représentant Maria. **56** – Hans Holbein le jeune, *The Ambassadors*. **57** – Buste de Platon. **70** – Gravure de Julia Bennet Barrow représentant Viola, 1858. **71** – Gravure de Miss Farren représentant Olivia, 1785. **78** – Fludd, *L'Esprit Humide dans la tétrade pythagoricienne* (1) ; *Les véhicules supérieurs de l'homme : vers l'Épiphanie* (2) ; *Le Monocorde Divin* (3) ; *L'Échelle de Jacob* (4). **79** – Juan Martínez Montañés, *L'Adoration des mages*, 1610. **92** – Karl Van Mander, *Quid Libet*, 1597. Avec la permission du Professeur Jean Céard (co-directeur de *La Folie et le Corps*, Presses de l'École Normale Supérieure, 1985) et du Professeur Frank Lestringant. **93** – First Folio Cards. **100** – Page de garde de *The History of the Two Maids of More-Clake*, Robert Armin, 1609. **101** – Portrait de Tarlton. **110** – Page de garde de *Kemps Nine Daies Wonder*, William Kemp, 1600. **111** – Ralph Agas, *Carte de Londres*, 1570. **138** – Exemple de pièces ayant cours du temps de Shakespeare. **151** – Bear-baiting et Bull-baiting. **152** – Illustration représentant l'Acte I, scène 9. **153** – Portrait de Shakespeare. **161** – Page de garde des *Sonnets*, 1609. **189** – Écriture supposée de Shakespeare. **190** – Monument à Shakespeare dans l'église de Stratford (détail). 191 – Signature de Shakespeare. **192** – Page de titre du *Premier Folio* de 1623.

ISBN 2-7298-4589-5

© ellipses / édition marketing S.A., 1995
32 rue Bargue, Paris (15e).

La loi du 11 mars 1957 n'autorisant aux termes des alinéas 2 et 3 de l'Article 41, d'une part, que les « copies ou reproductions strictement réservées à l'usage privé du copiste et non destinées à une utilisation collective », et d'autre part, que les analyses et les courtes citations dans un but d'exemple et d'illustration, « toute représentation ou reproduction intégrale, ou partielle, faite sans le consentement de l'auteur ou de ses ayants droit ou ayants cause, est illicite ». (Alinéa 1er de l'Article 40).
Cette représentation ou reproduction, par quelque procédé que ce soit, sans autorisation de l'éditeur ou du Centre français d'Exploitation du Droit de Copie (3, rue Hautefeuille, 75006 Paris), constituerait donc une contrefaçon sanctionnée par les Articles 425 et suivants du Code pénal.

Table des matières

H. Suhamy	*Avant-propos*	5
M. Abiteboul	Twelfth Night : *Ombres et lumières de la comédie festive*	9
J.-P. Villquin	*Ordre et désordre dans* Twelfth Night	31
R. Costa de Beauregard	*L'instantané dans* Twelfth Night	45
M. Naumann	*D'Éros à Moria, de Platon à Érasme*	57
A.-P. de Prinsac	*Mimétisme et jeux de miroirs dans* Twelfth Night	71
M. Jones-Davies	*De l'Illyrie à l'Égypte : vers l'Épiphanie de* Twelfth Night	79
M. Ravassat	*Tragi-comédie de l'amour cruel*	93
V. Bourgy	*Feste*	101
G. Mathis	*On some aspects of Shakespeare's prose style in* Twelfth Night	111
H. Suhamy	Commentaire de texte *Acte II.2.1-41*	139
H. Suhamy	Dissertation: *Love and illusion in* Twelfth Night	153
H. Suhamy	*Notes on Verse, Style and Imagery*	161
H. Suhamy	*Bibliographie sélective*	189
	Les auteurs	191

> To the Reader.
> This Figure, that thou here seest put,
> It was for gentle Shakespeare cut.
> Wherein the Grauer had a strife
> with Nature, to out-doo the life :
> O, could he but haue drawne his wit
> As well in brasse, as he hath hit
> His face ; the Print would then surpasse
> All, that vvas euer vvrit in brasse.
> But, since he cannot, Reader, looke
> Not on his Picture, but his Booke.

Avant-propos

La grande édition des œuvres de Shakespeare qu'on appelle en anglais le *Folio* de 1623 contient quatorze pièces répertoriées sous la rubrique *Comedies*, mais la nomenclature actuelle tend à distinguer entre les comédies proprement dites et celles qu'on peut appeler les tragi-comédies, elles-mêmes divisées en *problem plays* et *romances*.

Or *Twelfth Night or What You Will* occupe une place particulière dans la production de Shakespeare, en étant probablement la dernière en date de ses comédies pures, genre qu'il abandonna, semble-t-il, après 1601. A vrai dire, la notion de comédie pure est à manipuler avec précaution. On peut, en effet, relever dans *Twelfth Night* des éléments de tragi-comédie, comme dans certaines œuvres précédentes telles que *The Merchant of Venice* ou *Much Ado About Nothing*, et annonçant les *romances* de la dernière phase, notamment *Pericles* et *The Tempest*.

Mais jusqu'à nouvel ordre, *Twelfth Night* fait partie des comédies, plus précisément du groupe des *romantic comedies*, ou, le titre aidant, de celui des *festive comedies*. La critique y voit un aboutissement, un chef-d'œuvre au sens artisanal, contenant un panorama des thèmes et des procédés exploités dans les comédies précédentes.

Ainsi le naufrage initial qui sépare deux jumeaux fait penser à *The Comedy of Errors*. En effet, *The Comedy of Errors* s'inspire directement des *Menaechmi* de Plaute, et *Twelfth Night*, moins directement mais sûrement, d'une pièce italienne intitulée *Gl'Ingannati* (*Les Abusés*) qui appartient à la tradition plautienne. D'ailleurs *Twelfth Night* pourrait s'intituler *The Comedy of Errors*, mais le titre avait déjà été utilisé. En effet, ce n'est pas seulement la situation initiale qui rapproche les deux comédies, mais les quiproquos qui s'ensuivent.

Le déguisement de Viola, qui devient le page de l'homme qu'elle aime et le messager d'amour auprès de sa rivale potentielle fait penser à Julia dans *The Two Gentlemen of Verona*. Olivia tombant brusquement amoureuse de Viola *alias* Cesario rappelle la bergère Phoebe d'*As You Like It* qui, indifférente aux discours de Silvius, s'éprend soudain du beau Ganymede, qui n'est autre que Rosalind travestie. La mystification utilisée comme ressort comique, le coup monté, dont sont victimes Malvolio d'une part,

Viola et Aguecheek d'autre part dans l'affaire du duel, rappelle les deux intrigues de *Much Ado About Nothing*, fondées l'une et l'autre sur ce qu'on appelle dans les histoires d'espionnage l'intoxication.

Le discours lyrique par lequel Orsino entretient son état d'amoureux passionné rappelle Romeo admirateur de Rosaline au premier acte de *Romeo and Juliet*. Il s'agit d'une tragédie, mais les ressemblances, notamment stylistiques, ne peuvent pas manquer de frapper l'attention.

Shakespeare ne reprend pas tels quels les personnages des œuvres précédentes, mais Sir Toby Belch peut passer pour une variation sur le thème de Falstaff, incarnation à la fois de la décadence de l'aristocratie et de l'esprit festif et anarchique. Autre noble peu digne du titre qu'il porte, Sir Andrew Aguecheek rappelle Thurio, personnage couard et benêt qui joue au soupirant dans *The Two Gentlemen of Verona*. Il y a des affinités entre Malvolio et Shylock, l'usurier de *The Merchant of Venice* qui, malgré sa scélératesse vindicative, provoque plus d'apitoiement que de réprobation. L'un et l'autre représentent l'esprit de sérieux, voire de lourdeur, au milieu d'une société vouée à l'amusement et à l'amour. Le puritanisme de Malvolio est parfois considéré comme une variation sur le judaïsme de Shylock, à moins que ce soit l'inverse. L'information donnée à la fin de *Twelfth Night* selon laquelle le capitaine ami de Viola a été emprisonné à la suite d'une plainte déposée par Malvolio paraît saugrenue, mais c'était peut-être de la part de Shakespeare une sorte de signe discrètement adressé au public pour rappeler Shylock et sa manie judiciaire.

On pourrait continuer longtemps le jeu des comparaisons, mais si éclairantes et intéressantes soient-elles, elles ne doivent pas occulter le fait que les éléments qui composent la pièce sont parfaitement intégrés, et que l'ensemble fonctionne comme un organisme harmonieux et cohérent, sans qu'il soit nécessaire de se référer à d'autres œuvres. Il est normal qu'on y trouve un certain nombre d'ingrédients propres à Shakespeare et à la comédie italienne, mais jamais on n'a l'impression d'un « pot-pourri anthologique ».

Des différences existent cependant. Notamment, on peut parler d'un approfondissement et même d'un commencement de subversion, au sujet du procédé du travesti. Dans *The Two Gentlemen of Verona*, dans *The Merchant of Venice* (déguisement de Portia), dans *As You Like It* et même plus tard dans *Cymbeline* (quand Imogen se transforme en Fidele), le travesti est à la fois une convention théâtrale et un ressort dramatique, mais tellement irréaliste qu'aucun trouble n'en émane. Avec la métamorphose de Viola en Cesario, les données sont différentes, car on sent obscurément que l'ambiguïté sexuelle du personnage contribue à la naissance des passions qu'il suscite. Quand Orsino remarque l'aspect féminin de son page :

> [...] Diana's lip
> Is not more smooth and rubious; thy small pipe
> Is as the maiden's organ, shrill and sound,
> And all is semblative a woman's part.

(I.4.31-4)

on pense au Sonnet 20, adressé par Shakespeare à un jeune homme qu'il aime passionnément, quoique la nature exacte de cet amour reste mystérieuse.

> A woman's face with Nature's own hand painted
> Hast thou, the master-mistress of my passion.

Et Orsino développe pour ce page au visage de femme mais de sexe apparemment masculin, une amitié protectrice, exclusive et jalouse qui prépare la péripétie finale. Quant à Olivia, elle se méprend sur le jeune messager, mais peut-être est-elle menée par un instinct profond. Pascal écrit dans Le Discours sur les passions de l'amour :

> L'homme n'aime pas demeurer avec soi ; cependant il aime : il faut donc qu'il cherche ailleurs de quoi aimer. Il ne peut le trouver que dans la beauté ; mais comme il est lui-même la plus belle créature que Dieu ait jamais formée, il faut qu'il trouve dans soi-même le modèle de cette beauté qu'il cherche au dehors. Chacun peut en remarquer en soi-même les premiers rayons ; et selon que l'on s'aperçoit que ce qui est au dehors y convient ou s'en éloigne, on se forme les idées du laid ou du beau sur toutes choses. Cependant, quoique l'homme cherche de quoi remplir le grand vide qu'il a fait en sortant de soi-même, néanmoins il ne peut pas se satisfaire pour toutes sortes d'objets. Il a le cœur trop vaste ; il faut au moins que ce soit quelque chose qui lui ressemble, et qui en approche le plus près. C'est pourquoi la beauté qui peut contenter l'homme consiste non seulement dans la convenance, mais aussi dans la ressemblance : elle la restreint et elle l'enferme dans la différence du sexe.

La bisexualité de Viola, à travers laquelle Orsino et Olivia ont eu la vision du bonheur auquel ils aspiraient, est une sexualité transcendée, expression symbolique d'une quête double d'élévation vers l'autre et de découverte de soi-même.

Il n'y a pas longtemps que les commentateurs et les metteurs en scène s'intéressent à cet aspect de la pièce, comme aux conséquences psychologiques de la gémellité. Certains articles publiés dans ce livre offrent sur ces questions le résultat d'une réflexion moderne et informée.

Cet ouvrage étant destiné aux étudiants préparant les concours, les questions de forme et de méthodologie n'ont pas été négligées non plus. On trouvera donc dans les pages qui suivent des études qui ne font pas double emploi avec les introductions souvent substantielles qu'offrent les éditions courantes, notamment celle de The Oxford Shakespeare[1], mais qui sont destinées à faciliter la compréhension du texte, ainsi que l'élaboration des exercices pratiques aux concours.

Henri Suhamy

---

1. L'édition adoptée pour toutes les citations de Twelfth Night est celle de Roger Warren & Stanley Wells pour The Oxford Shakespeare.

Twelfth Night : Ombres et lumières de la comédie festive

Maurice Abiteboul

Définir d'emblée *Twelfth Night* – ainsi, d'ailleurs, que la plupart des comédies de Shakespeare – comme appartenant au genre de la « comédie festive[1] » peut sembler quelque chose de relativement aisé et, somme toute, comme étant peu sujet à controverse dès lors que cette pièce se distingue manifestement, par exemple, de cet autre type de comédie, la *« comedy of humours »*, qu'avait déjà illustrée Ben Jonson avec *Everyman In His Humour* et *Everyman Out of His Humour*[2]. On sait, en effet, que la *« comedy of humours »* avait pour dessein avoué de châtier les mœurs ou, selon les principes bien compris de toute comédie classique, d'appliquer le précepte : *castigat ridendo mores*.

Or on ne peut manquer d'observer, assurément, que règne dans *Twelfth Night*, comme le suggèrent les tout premiers vers de la pièce (« If music be the food of love, play on, / Give me excess of it, […] », I.1.1-2), une atmosphère de fête et de réjouissances (plaisirs des sens : festin, musique, amour), accompagnée bientôt (I.3 et I.5) des rires et des sourires, et du comique – parfois un peu lourd, sans doute – bien caractéristiques de l'esprit de liberté et d'insouciance de la comédie festive[3]. N'oublions pas, en effet, les mises en garde de Sir Toby : « I am sure care's an enemy to life. » (I.3.2)

Toutefois, l'esprit de la comédie romanesque, voire romantique et lyrique, se développe au point de reléguer bien vite au second plan le côté purement comique de la comédie : certes, les situations, les caractères, les reparties ressortissent à ce qu'il est convenu d'appeler la comédie shakespearienne ; mais c'est la quête du bonheur, les complications des intrigues amoureuses, l'expression de l'émotion dans tous ses registres, qui domine dans *Twelfth Night* : c'est en cela essentiellement que s'imprime la marque de Shakespeare.

Et puis, plus encore que l'expression du rire et de l'émotion, c'est une véritable « leçon de lumière », une sagesse pour apprendre à vivre que prodigue le poète, portant sa comédie aux plus hauts sommets du genre, lui

---

1. Voir Barber, *Shakespeare's Festive Comedy…* (passim).
2. Hollander (220).
3. Booth (150).

conférant ses plus beaux titres de gloire : non pas une comédie statique et didactique – au sens étroit et nécessairement limitatif du terme – mais une comédie dynamique, qui voit les personnages évoluer, se transformer, apprendre à se modifier et à changer leurs comportements et se convertir à une forme de sagesse qui les dote d'une humanité apte à nous les rendre plus proches et qui répand sur eux une lumière chaude et douce.

Mais, pour lumineuse que puisse apparaître alors la scène, on ne peut manquer, ici et là, de remarquer quelques ombres au tableau : on a vite fait de passer, en effet, du burlesque ou du grotesque loufoque au satirique mordant et à l'ironie, du romanesque convenu au mélancolique, du lyrique à l'élégiaque et du romantique au pathétique, de l'esprit de tolérance et de bienveillance à l'esprit de vengeance et, finalement, on prend conscience que l'on risque imperceptiblement de verser, par moments, de la joyeuse comédie dans la tragédie la plus sombre.

Tels sont donc les différents points que nous proposons à présent de développer.

I. Formes et force du comique : le comique et le sens de la fête

La fonction première de la comédie shakespearienne – et notamment festive – est de libérer les forces vives des contraintes du monde réel, des manières compassées qu'imposent les obligations de toute vie en société, de permettre aux énergies vitales de se donner libre cours, d'ouvrir la voie à l'expression d'une quête sans retenue des plaisirs des sens et du désir de vivre[1], de procéder à une carnavalesque « mise à l'envers » du monde[2], d'offrir, enfin, une grande leçon de tolérance et d'ouverture.

D'où le règne du désordre (*misrule*) et des transgressions qu'autorise le temps de fête ; on peut citer, par exemple, dès la scène 5 de l'acte I, les paroles d'insubordination du bouffon rappelé à l'ordre par Maria :

> Maria   Nay, either tell me where thou hast been or I will not open my lips so wide as a bristle may enter in way of thy excuse. My lady will hang thee for thy absence.
> Feste   Let her hang me. […]
>
> (I.5.1-4)

L'exemple le plus caractéristique de cet esprit de révolte – ou de libre volonté, dans un des sens où l'on peut entendre *What You Will* – est, bien entendu, la décision de Sir Toby d'épouser Maria, c'est-à-dire, en fait, de transgresser, une fois même la période festive terminée, les interdits sociaux les plus traditionnels comme celui de se marier « au-dessous de sa condition ».

Le but essentiel de la comédie shakespearienne – à la différence sans doute de ce que préconisait Ben Jonson, à savoir de révéler « the times

---

1. King (285); Barber (594).
2. Laroque (165).

deformitie / Anatomiz'd in euery nerue and sinnew[1] » – est de procurer au spectateur ce que Thomas Heywood appelle « *harmless mirth*[2] », une joie innocente en quelque sorte, et surtout dépourvue d'arrière-pensée rétributive. Sans doute faut-il voir, en effet, dans le type de comédie auquel appartient *Twelfth Night* l'expression (l'épiphanie) de la nécessaire fonction sociale de toute manifestation festive, autrement dit l'expulsion maîtrisée de rancœurs et agressivités, longtemps contenues pendant la période non-festive, et canalisées de manière salutaire en vue d'éviter de dangereuses manifestations explosives et indomptées.

Twelfth Night offre donc tout l'éventail du comique que peut produire une atmosphère festive : comique gestuel de la farce confinant au bouffon, quiproquos, comique burlesque de situation, comique grotesque de caractère, comique verbal aux résonances loufoques. Il ne saurait être question, bien sûr, de dresser un inventaire de ces formes de comique dans la pièce, inventaire qui aurait vite fait de devenir long et fastidieux.

1. Comique gestuel et comique verbal

La scène 3 de l'acte I, par exemple, est une excellente illustration de ce *comique bouffon* où des personnages grotesques comme Sir Toby et Sir Andrew apparaissent, complices en beuveries, bombance et grossières réjouissances (I.3.14 : « That quaffing and drinking will undo you », comme en fait expressément reproche Maria à Sir Toby), adeptes de tapage nocturne et autres manifestations intempestives. Il est clair qu'aucun des deux compères n'est prêt à renoncer à ce style de vie bruyant et indiscipliné ni à obtempérer aux ordres de Maria : « you must confine yourself within the modest limits of order. » (I.3.8-9) Bien plutôt, le programme établi donne une priorité absolue à la célébration joyeuse et récurrente du culte de Dionysos, et va ainsi favoriser toute licence, libérer la parole et le geste :

> Sir Toby   [...] I'll drink to her as long as there is a passage in my throat, and drink in Illyria: [...]
>
> (I.3.38-40)

S'ensuit une débauche de plaisanteries (plus ou moins graveleuses), de traits d'esprit, de jeux de mots et de calembours, qui s'accordent, bien sûr, avec l'esprit comique de la fête et de la licence. D'où, par exemple, la confusion délibérément entretenue par Sir Toby sur le mot « *accost* » :

> *Sir Toby*   Accost, Sir Andrew, accost.
> *Sir Andrew* What's that?
> *Sir Toby*   My niece's chambermaid.
> *Sir Andrew* Good Mistress Accost, I desire better acquaintance.
> *Maria*   My name is Mary, sir.
>
> (I.3.48-53)

---

1. Jonson (Induction page 120-1).
2. Heywood (1612).

D'où aussi, toujours dans le même esprit, un comique de mots qui n'hésite pas à verser dans l'obscénité :

> *Sir Toby*   Excellent, it hangs like flax on a distaff; and I hope to see a housewife take thee between her legs, and spin it off.
> (I.3.99-102)

> *Sir Andrew* Faith, I can cut a caper.
> *Sir Toby*   And I can cut the mutton to't.
> *Sir Andrew* And I think I have the back-trick simply as strong as any man in Illyria
> (I.3.118-21)

> *Sir Toby*   [...] I did think by the excellent constitution of thy leg it was formed under the star of a galliard.
> (I.3.129-31)

et à se poursuivre, de manière loufoque, par cabrioles et entrechats, gestes incongrus joints à la parole avec une exubérance réjouissante : « [*Sir Andrew capers*] » (I.3.139).

C'est aussi sur un jeu de mots, qui ressemble fort à un lapsus révélateur que se séparent (à plus d'un sens) Sir Toby et Olivia à un moment de la scène 5 où il apparaît évident que deux mondes différents, deux modes de vie incompatibles mènent inévitablement au malentendu :

> *Olivia*   Cousin, cousin, how have you come so early by this lethargy?
> *Sir Toby* Lechery? I defy lechery.
> (I.5.124-6)

Bien entendu, l'apparente absurdité des reparties s'accorde tout à fait avec le rejet d'une logique incompatible avec l'esprit festif. Il faut comprendre, comme le dit Feste, que « Nothing that is so, is so. » (IV.1.8-9) : on ne peut se fier à la logique traditionnelle du « monde réel » ; le monde festif, au contraire, a besoin d'explosions de rire, d'insouciance et d'intense jouissance de l'instant présent. Le meilleur instituteur de cette « sagesse » demeure Sir Toby :

> *Sir Toby*   [...] I am sure care's an enemy to life.
> (I.3.2-3)

> *Sir Andrew* [...] I think it rather consists of eating and drinking.
> (II.3.11-2)

Feste, de son côté, avec ce qui peut sembler toutefois une certaine mélancolie ou peut-être nostalgie du temps qui passe, encourage la philosophie du *carpe diem* :

> *Feste*   Present mirth hath present laughter:
> What's to come is still unsure.
> (II.3.49-50)

2. Quiproquos et comique de situation

Malentendus et comique de situation, méprises, quiproquos relèvent aussi de cet esprit festif, fait d'incertitudes et d'improvisations, de fluidité et d'instabilité qui, après avoir avec malice fait glisser les mots d'une signification à l'autre, à la manière de Feste, ce « *corrupter of words* » (III.1.37), déséquilibre et fait basculer vers un destin inattendu ou désordonné – comme il est naturel en période de *misrule* – les situations apparemment les mieux assurées. C'est ainsi que, par le subterfuge de la lettre (signée de façon trompeuse) adressée à Malvolio, Maria parvient à déstabiliser ce personnage si sûr de lui, de son bon droit et de sa destinée, et à le précipiter dans un gouffre de misère morale qui, pour un peu, verserait dans la folie. Par cette lettre de faussaire, Maria conduit Malvolio à jouer un rôle qui convient, en fait, à sa personnalité profonde – et qui, donc, va le révéler tel qu'en lui-même, ambitieux, présomptueux, arriviste – mais surtout à se présenter sous un jour ridicule auprès de celle qu'il rêve d'épouser ; son sourire figé – insolite chez quelqu'un qui, d'ordinaire, jamais ne sourit (« *Olivia:* Why dost thou smile so, and kiss thy hand so oft? », III.4.32-3) –, plus encore que son accoutrement surprenant, lui vaudra la punition de sa vie : être pris pour ce qu'il est vraiment, un personnage grotesque et comique plus que pathétique (en dépit du beau plaidoyer d'un Charles Lamb, par exemple[1]).

Notons au passage que c'est ce même caractère mécanique qui déjà prêtait à sourire, sinon à rire, quand Sir Andrew, admirant le vocabulaire choisi de Cesario, s'imaginait pouvoir appliquer lui-même systématiquement ce même vocabulaire pour obtenir automatiquement les mêmes effets :

> *Sir Andrew* 'Odours', 'pregnant', and 'vouchsafed': I'll get 'em all three all ready.
>
> (III.1.92-3)

« Du mécanique plaqué sur du vivant », voilà bien, dans les deux cas, un ressort du comique qui, certes, fait ses preuves.

Autre exemple qui illustre bien, d'une certaine manière, l'esprit de la tradition festive, marqué par le désordre et le renversement des valeurs et des titres : lorsque Feste, sous le déguisement de l'homme d'Église « Sir Topas », questionne Malvolio (IV.2), c'est bien à une parodie de cérémonial religieux que l'on assiste[2].

C'est aussi du comique de situation que relève une scène burlesque comme celle du duel provoqué – et véritablement mis en scène – par Sir Toby, entre Cesario et Sir Andrew (III.2 et III.4). Chacun des deux adversaires malgré eux considère avec frayeur avoir affaire à forte partie alors que tout est fait pour bien montrer qu'aucun des deux n'est véritablement à la hauteur de la situation. Le public, complice, tire, bien entendu, le plus grand

---

1. Lamb : « I confess that I never saw the catastrophe of this character [...] without a kind of tragic interest. » (190)
2. Clark (*passim*).

agrément d'une situation qu'il se sent en position de dominer. Encore une fois ce sont les personnages qui sont ici déstabilisés pour le plus grand plaisir de spectateurs en mesure de manifester, par le rire, leur état de supériorité.

3. Comique de caractère et satire : grotesques, caricatures, parodie

Les personnages de l'intrigue secondaire sont, pour la plupart, des grotesques, qu'il s'agisse du simple et naïf Sir Andrew, ou du viveur Sir Toby, ou encore du rabat-joie et opportuniste Malvolio. Que représente, en effet, Sir Andrew, désireux de faire sa cour à Olivia mais affligé d'une lourdeur et d'une maladresse insignes, si ce n'est la caricature même d'Orsino, sur le mode grotesque[1] ? De son côté, que représente Sir Toby, parasite éhonté, noctambule insatiable de plaisirs et de beuveries si ce n'est la parodie d'une joie de vivre qui, exubérante et saine, eût mille fois mieux convenu à des personnages plus jeunes, pleins de ferveur et d'enthousiasme ? Au lieu de quoi il est clair que « le spectacle de ces personnages désœuvrés, évoquant leur jeunesse folle et leurs plaisirs d'antan est [...] navrant[2] » comme le suggère ce court dialogue entre les deux compères :

> *Sir Andrew* [...] I would I had bestowed that time in the tongues that I have in fencing, dancing, and bear-baiting. O, had I but followed the arts!
> *Sir Toby*   Then hadst thou had an excellent head of hair.
> (I.3.90-4)

Il n'empêche que l'un et l'autre servent de cibles à la satire comique du dramaturge qui, sans remords, les ridiculise tout en stigmatisant leurs travers et les expose impitoyablement aux rires des spectateurs. Quant à Malvolio, intendant intransigeant et trouble-fête de vocation, n'est-il pas, dans son rôle de prétendant infatué, une autre caricature du personnage amoureux qu'incarne Orsino ? Coupable d'aveuglement et d'étroitesse d'âme plus encore que d'esprit, il est lui aussi l'un de ces grotesques qui, dans la pièce, provoquent – jusqu'à un certain point – un rire, parfois gêné certes, mais il est indéniable que la caricature, voire la parodie, du fêtard Sir Toby, du stupide chevalier Sir Andrew comme du puritain Malvolio, par les implications satiriques que nécessairement elle comporte, ne peut manquer de constituer une des formes importantes de la *vis comica* dans la pièce ; au bout du compte, en effet, c'est tout de même toujours la leçon du comique qui est en jeu : le dessillement des yeux, la relativité des choses, l'esprit de mesure.

---

1. Carrère : « Sir Andrew nous est dépeint comme incapable de mener à bien la cour qu'il voudrait entreprendre auprès d'Olivia ; par là, il nous rappelle, de manière grotesque, l'attitude romantique d'Orsino. » (62)
2. Laroque (272).

II. Esprit festif et quête du bonheur : de l'illusion à la dés-illusion dans la romantique Illyrie

Il ne faut pas oublier que *Twelfth Night* s'inspire, plus ou moins directement, d'une comédie italienne (datant de 1531) dont le titre, *Gl'Ingannati*, signifie *Les Abusés*, ce qui, d'emblée, donne la tonalité de la pièce de Shakespeare, « comédie des erreurs », à sa manière, qui va privilégier le thème de « la belle tromperie » et de « l'illusion comique » tout en situant l'action dans cette Illyrie romantique, monde de rêve et de fantaisie, « *green world* » où la quête de l'amour et du bonheur semble constituer l'enjeu principal.

Mais cette quête du bonheur implique que s'exprime la libre volonté de chacun au sens, encore une fois, de *What You Will*, comme si le bonheur n'était pas, par définition, ce qui doit m'*advenir de bon*, en dehors de toute intention ou intervention de ma part. Comme le fait observer Paul Ricoeur, en effet, « bonheur évoque quelque chose que je poursuis, que nous poursuivons, qui, sans être à notre portée, est dans notre *visée*. Mais, contradictoirement, bonheur fait penser à un don ou une chance, qui vous échoit – ou non[1] ».

L'intrigue romantique dans *Twelfth Night* met donc en scène des personnages dont la quête de bonheur s'égare parfois sur des chemins détournés avant de s'accomplir, une fois admise et corrigée leur méprise initiale : la plénitude de l'amour ne pourra s'obtenir qu'au prix de la reconnaissance de ses erreurs passées et de la sagesse acquise dans la connaissance de soi. Comme le dit Olivia à Viola / Cesario :

> Be that thou know'st thou art, and thou art
> As great as that thou fear'st.
>
> (V.1.147-8)

Le spectacle qu'offrent les tromperies, déguisements et méprises suggère, en contrepoint, la révélation, la connaissance de soi et la sagesse « *devoutly to be wished* ».

Mais la comédie romantique, avant de délivrer son message de lucidité libératrice, nous plonge dans cette Illyrie de rêve et de fantaisie où le déguisement égare le jugement et où « l'apparence est plus réelle que la réalité[2] ».

1. Le temps des illusions

De fait, on assiste à des intrigues dont le degré d'invraisemblance est très fort – ce qui requiert un pouvoir d'illusion d'autant plus fort. Comme le dit Fabian, à propos du piège tendu à Malvolio :

> If this were played upon a stage now, I could condemn it as an improbable fiction.
>
> (III.4.128-9)

Comment croire, en effet, si ce n'est grâce à la vertu d'une convention bien établie, au déguisement de Viola devenant Cesario, à la mise en scène

---

1. Ricoeur (327).
2. Moglen : « Illyria is a world of symbols in which [...] the appearance is more real than reality. » (13)

de Feste / Sir Topas (IV.2), à l'absolue – du moins du point de vue des personnages – gémellité de Viola et de Sebastian ? Comment croire à ces tromperies et supercheries, à cette illusion dont la théâtralité est réverbérée par l'action elle-même ? C'est Sir Toby, en effet, qui commente ainsi le rôle assumé par Feste : « The knave counterfeits well: a good knave. » (IV.2.20) Feste lui-même, au moment d'entrer dans son rôle d'emprunt, déclare : « Well, I'll put it on, and I will dissemble myself in't[1]. » (IV.2.4)

Toutes les intrigues de la comédie romantique sont fondées sur une ambiguïté essentielle – voire une réalité paradoxale – qui conduit à une confusion de l'apparence et de la réalité. Tout en sachant, en effet, que « that that is is », comme le rappelle sagement le Fou (IV.1.15), les personnages de la pièce sont amenés à constater une réalité contradictoire, à savoir que « Nothing that is so, is so[2]. » (IV.1.8-9) Nul n'ignore que de la confusion risque de naître le danger de l'aveuglement et qu'elle peut donc engendrer une réelle menace, comme l'exprime Viola :

> Disguise, I see thou art a wickedness,
> Wherein the pregnant enemy does much.
> (II.2.26-7)

Même les mots nous trahissent, incapables de se révéler toujours de bon aloi, incapables de rendre compte sincèrement de la réalité du jugement ou de la raison : « [...] words are grown so false, I am loath to prove reason with them. » (III.1.24-5).

C'est pourtant à cette confusion que sont, en permanence, confrontés tous les personnages de la pièce, et notamment ceux de l'intrigue romantique, perdus qu'ils sont dans leurs rêves et leurs illusions, abusés qu'ils sont – au sens de la pièce italienne primitive – par leur ignorance de leurs propres sentiments et des véritables élans de leur cœur.

2. La quête de l'amour et du bonheur

En Illyrie, ce « *green world* » des amours innocentes, règne – comme de juste – un lyrisme fervent, spontané et envahissant, qui puise ses émotions les plus pures à la source intarissable de l'illusion. Ce que recherchent Orsino et Olivia – dans une crise de narcissisme qu'on ne peut que qualifier de juvénile –, c'est un bonheur qui les ramène inévitablement – et à leur insu – à l'amour de soi. L'amour de soi est pourtant le grand danger à éviter, comme le remarque judicieusement Olivia qui, s'adressant à Malvolio, déclare :

> O, you are sick of self-love, Malvolio, and taste with a
> distempered appetite [...]
> (I.5.89-90)

C'est pourtant le piège que ces personnages ne parviennent guère à éviter, aveuglés par leur constant souci de leurs propres émotions et de

---

1. Voir les pertinentes remarques d'Anne Righter (132-3, 136-7).
2. Voir les intéressants développements de King (290-3).

leurs propres sentiments. Orsino, par exemple, sombre dans une mélancolie amoureuse, où il croit déceler la manifestation d'une passion déçue, parce que non payée de retour, alors qu'en réalité il ne fait que céder aux sollicitations d'une douce tristesse, celle qui pourrait être inspirée à un adolescent « amoureux de l'amour » :

> That strain again, it had a dying fall:
> (I.1.4)
>
> [...] Enough, no more;
> 'Tis not so sweet now as it was before.
> (I.1.7-8)

Célibataire endurci (« *Viola*: He was a bachelor then. / *Captain*: And so is now, or was so very late », I.2.28-9), il n'a jamais encore, semble-t-il, connu l'*échange* amoureux, et ainsi se complaît dans une solitude hautaine (« for I myself am best / When least in company. », I.4.37-8), ce qui lui permet de préserver cette attitude narcissique qui convient si bien à son humeur, sinon à son personnage[1].

Quant à Olivia, qui longtemps « reste fermée [...] à la valeur de l'amour[2] », elle protège jalousement – jusqu'à ce qu'elle se croie éprise de Cesario – sa vie sentimentale, repoussant avec une froide indifférence, les avances réitérées d'Orsino car, comme l'affirme à Viola le Capitaine,

> (They say) she has abjur'd the company
> And sight of men.
> (I.2.40-1)

C'est qu'en effet elle s'est retirée, depuis la mort de son frère, dans un isolement qui lui permet de préserver intact un chagrin dans lequel elle se complaît égoïstement et de manière quasi sensuelle :

> But like a cloistress she will veiled walk,
> And water once a day her chamber round
> With eye-offending brine [...]
> (I.1.28-30)

L'un comme l'autre, Orsino et Olivia cultivent avec raffinement une *intériorité* qui les tient quelque temps éloignés de l'heureuse convivialité de l'atmosphère festive, même s'ils y aspirent confusément, même si l'exaltation de leurs émotions, vécues avec délices, leur procure des moments de jouissance intense. Il n'empêche que « both Orsino and Olivia are locked within the prison of their self-love[3] ». Tous deux subissent ainsi, au début de la pièce, cet emprisonnement symbolique que développera un peu plus tard l'emblème de Malvolio jeté au cachot par suite de son aveuglement égoïste (« I am not of your element », III.4.125). Et il est vrai que, dans cette Illyrie

---

1. Moglen (14).
2. Carrère (35).
3. Moglen (14).

où seule compte la quête du bonheur, quels que soient leurs rêves ou leurs illusions, pour tous ces personnages l'isolement constitue un réel danger[1].

3. La connaissance de soi comme véritable condition du bonheur

Qu'il s'agisse ainsi de Viola et de Sebastian, séparés au cours d'un naufrage, de Sir Toby et de Feste, menacés, tantôt l'un tantôt l'autre, d'être expulsés de la demeure d'Olivia, ou d'Antonio qui, pour sa part, a été bel et bien banni des terres d'Orsino, pour tous les personnages de la pièce, la menace principale, c'est bien l'isolement ou la séparation, c'est l'absence de convivialité et le repli sur soi, c'est l'incapacité à faire le départ entre la promesse fallacieuse de l'amour de soi et la réalité du bonheur en partage, c'est la difficulté, enfin, à renoncer au rêve flatteur ou trompeur et à faire toute sa part à la salutaire lucidité.

Comme l'observe judicieusement Feste, qui, en l'occurrence, s'avère être « Better a witty fool than a foolish wit. » (I.5.34), il n'est de pires ténèbres que celles dans lesquelles nous plonge l'ignorance et, notoirement, l'ignorance de soi : « there is no darkness but ignorance » (IV.2.43-4). Feste donne d'ailleurs lui-même l'exemple, préconisant, pour forger plus sûrement le bonheur, de se mieux connaître et de délaisser, ainsi, le monde des apparences et des illusions en vue d'un approfondissement de soi libérateur :

> [...] sir I profit in the knowledge of myself, [...]
> (V.1.18-9)

Le Fou, bon donneur de leçons, sait d'emblée que l'homme peut s'amender :

> [...] virtue that transgresses is but patched with sin, and
> sin that amends is but patched with virtue [...]
> (I.5.45-7)

Tel est l'enseignement profitable que prodigue la comédie : le temps des illusions et des méprises peut prendre fin. Il suffit de le *vouloir* – et de l'obtenir par une réelle connaissance de soi – et d'exercer son jugement et sa vertu : là encore, il faut entendre ce que le titre, d'une certaine manière, suggère : *What You Will*.

Mais l'autre grand enseignement que l'on peut tirer de la comédie romantique telle qu'elle se développe dans le monde festif d'Illyrie est donné par Olivia qui observe :

> Love sought is good, but given unsought is better.
> (III.1.158)

C'est ainsi que s'accomplit une des aspirations majeures de la pièce : montrer que dans le monde de la fête et de la fantaisie, une fois surmontées les illusions, une fois même vaincu le goût néfaste de la solitude, la quête de l'amour et du bonheur (*love sought*) ne peut se suffire à elle-même. Ce qui

---

1. Slights : « While a current of self-indulgence runs through Orsino's and Olivia's pain, the real dangers of isolation from the protection of human society threaten the more cheerful characters. » (538)

aura davantage de prix encore, c'est cet amour « qui se donne sans qu'on le recherche » (*love unsought*), don purement gratuit, véritable « bon-heur » (au sens où l'entend Ricoeur).

III. Esprit de tolérance et de générosité : une « leçon de lumière » et une sagesse pour apprendre à vivre

Ainsi, la comédie festive, où se mêlent rires et émotions, moments burlesques et moments lyriques, et qui est une libération carnavalesque autant qu'un épanchement de sentiments romantiques, tout à la fois l'expression d'une joie de vivre et d'une joie d'aimer, ne s'épanouit vraiment que si elle baigne dans la lumière de la bienveillante tolérance et ne s'approfondit que dans la lucidité et dans la recherche d'une souhaitable harmonie et d'un esprit de (ré)conciliation ou de communion[1].

1. Esprit de tolérance

Comme le suggère Olivia, commentant le comportement du Fou, « There is no slander in an allowed fool, though he do nothing but rail » (I.5.93-4) : quand le rire a fait son office, c'est l'esprit de bienveillance qui doit prévaloir. L'objet de la comédie est, en effet, non pas de dénoncer avec sévérité – voire avec cruauté – les travers et faiblesses de l'humanité, mais de proposer avec tolérance les voies d'une rédemption, les possibilités d'un amendement salutaire[2].

Il est caractéristique, par exemple, que Feste, partisan de la sagesse et de la mesure, soit absent – et remplacé en l'occurrence par Fabian – de la scène où Malvolio, comme dans un spectacle de « *bear-baiting* » (III.4.81-120), est tourmenté et harcelé par Sir Toby et Sir Andrew – assistés donc de Fabian. Par exemple encore, lorsque Olivia repousse les sollicitations amoureuses d'Orsino, même alors, ce n'est jamais avec une cruauté dédaigneuse mais, au contraire, avec le sentiment d'éconduire un homme « vertueux » et « noble », « a gracious person » :

> Yet I suppose him virtuous, know him noble,
> Of great estate, of fresh and stainless youth;
> In voices well divulg'd, free, learn'd, and valiant,
> And in dimension and the shape of nature,
> A gracious person [...]
>
> (I.5.262-6)

Cette bienveillance, appliquée ici à Orsino avec générosité, peut s'étendre aussi bien à Malvolio – après qu'il a été malmené comme on sait – à l'égard de qui Olivia fera preuve d'une grande commisération : « Alas, poor fool, how have they baffled thee! » (V.1.368) et au sujet de qui elle aura des paroles d'une grande indulgence : « He hath been most notoriously abus'd »

---

1. Slights (537).
2. Mendilow and Shalvi : « [...] not to hurt and wound people but to open their eyes gently to their own follies and weaknesses. » (165)

(V.1.379). Même Sir Toby semble touché par cette grâce (même si, peut-être, prenant en compte son propre intérêt, il tâche alors surtout de ne pas désobliger sa bienfaitrice Olivia) quand, à son tour, faisant amende honorable, il manifeste, concernant la mauvaise farce dont a été victime Malvolio, des sentiments de lassitude mêlés sans doute quand même aussi de regret :

> I would we were well rid of this knavery. If he may be
> conveniently delivered, I would he were,
> (IV.2.68-71)

Mais une des formes suprêmes de l'attitude bienveillante se manifeste dans le comportement de Viola qui sait, avec largesse, accorder sa confiance à qui, tel le Capitaine, lui en paraît digne :

> [...] yet of thee
> I will believe thou hast a mind that suits
> With this thy fair and outward character.
> (I.2.49-51)

L'esprit de bienveillance reste à la base des vertus que distille la comédie shakespearienne. C'est lui qui préside aux destinées des personnages les plus généreux de la pièce.

> In nature there's no blemish but the mind:
> None can be call'd deform'd but the unkind.
> (III.4.376-7)

2. Esprit de liberté et de générosité

C'est là, en effet, que se manifeste avec force le pouvoir rédempteur de la comédie : pour la plupart des personnages, il aura fallu préalablement vaincre les égoïsmes, surmonter les frilosités où se replie l'amour de soi, reconnaître la nécessité de cette conversion qui fait renoncer à l'apparence de l'amour et permet de toucher à la réalité du cœur – et qui fait dire, par exemple, à Olivia : « ourselves we do not owe. » (I.5.300) Passer d'une conduite qui met en avant la recherche égoïste du bonheur ou la quête intéressée de la jouissance personnelle et du profit à une attitude qui privilégie la convivialité, le sens de l'échange et du partage, l'esprit de réciprocité, qui exalte, enfin, les vertus de respect d'autrui et de générosité, voilà le sens profond d'une comédie dont le titre nous rappelle qu'en cette période festive de l'année qu'est l'Épiphanie on peut librement appliquer sa volonté, sa *bonne* volonté – y compris à l'exercice des vraies valeurs. Viola rappelle ainsi à Olivia que notre vocation n'est pas de *conserver* jalousement ce que nous possédons mais de *distribuer* gratuitement :

> [...] what is yours to bestow is not yours to reserve [...]
> (I.5.189-90)

On peut dire que dans *Twelfth Night*, « l'argent n'a jamais circulé aussi librement[1] » : la plupart des personnages, en effet, dans ce qui se développe

---

1. Williams : « Seldom in a play does money flow so freely. » (193)

comme une image emblématique du don généreux, témoignent de cette heureuse disposition de l'âme ; c'est, par exemple, Viola, qui offre de l'or au Capitaine pour lui avoir mis un peu de baume au cœur : « For saying so, there's gold » (I.1.18) ; c'est Antonio qui, dans un élan de prodigalité, offre sa bourse à Sebastian (III.3.38) ; c'est Orsino qui promet monts et merveilles à Cesario si ce dernier réussit auprès d'Olivia dans l'entreprise de charme dont il le charge :

> And thou shalt live as freely as thy lord,
> To call his fortunes thine.
>
> (I.4.39-40)

C'est Olivia qui offre une bourse à Cesario (I.5.273) ; ce sont les nombreuses occasions au cours desquelles Feste se voit rétribué par les uns ou les autres.

La conquête de l'esprit de générosité est une forme de libération spirituelle : la vertu de générosité, si pleinement en accord avec le temps festif qui donne son titre à la pièce, permet notamment, en effet, de mieux mesurer la plasticité de l'expérience vécue ; comme le précise Olivia à Malvolio, le seul personnage de la pièce – nom-étiquette oblige – à n'être pas susceptible de s'amender ni de progresser sur le plan spirituel :

> [...] To be generous, guiltless, and of free disposition, is
> to take those things for bird-bolts that you deem
> cannon-bullets [...]
>
> (I.5.90-3)

C'est aussi, en effet, une leçon de *relativisme* que nous offre la comédie shakespearienne : le monde n'est guère plus que ce que nous estimons qu'il est et, selon notre degré de générosité, il nous apparaîtra bon ou mauvais. Dans *Hamlet*, qui date à peu près de la même période que *Twelfth Night*, s'exprime la même appréciation : « There is nothing either good or bad, but thinking makes it so[1] ». C'est, en d'autres termes, la philosophie que propose notre comédie, philosophie qui s'exprime dans le discours d'Antonio :

> In nature there's no blemish but the mind:
> None can be call'd deform'd but the unkind.
>
> (III.4.376-8)

Mais l'insistance ici est mise sur la *responsabilité* de celui qui n'a pas l'âme assez belle ni le cœur assez noble ; c'est en effet une tare spirituelle que de ne jeter qu'un regard appauvri – quand une Miranda, au contraire, s'extasiera plus tard sur ce qui, aux yeux de certains, pourrait ne pas apparaître comme un « *brave new world* » – sur le monde qui nous entoure : la véritable difformité réside, en définitive, dans l'âme de celui qui manque de générosité naturelle.

---

1. *Hamlet* (II.2.245-6).

3. Le sens de l'harmonie et de la (ré)conciliation

Il résulte de tout cela que la véritable générosité aura pour corollaire la haine farouche de l'ingratitude, qui est la marque caractéristique du méchant (« *the unkind* »). C'est Viola qui, avec la fougue qu'on lui connaît, exprime le mieux cette conviction :

> I hate ingratitude more in a man
> Than lying, vainness, babbling drunkenness
> Or any taint of vice [...]
>
> (III.4.363-5)

Twelfth Night, Or What You Will illustre cette *volonté* d'accomplir – par-delà le besoin d'amour que chacun à sa façon exprime, par-delà la quête du bonheur égoïstement recherché – cette nécessaire harmonie qui ne saurait tolérer le moindre signe d'ingratitude ni, *a fortiori*, la moindre trace de malveillance.

La pièce s'oriente ainsi, à la fin, dans une tonalité de tendresse et de joie quasi unanime, vers une réunion harmonieuse de presque tous les personnages (sans oublier le mariage de Sir Toby avec Maria) et dans une double alliance que ne manqueront pas de marquer de futures réjouissances festives ; c'est ainsi qu'une (ré)conciliation s'opère entre Olivia et Orsino (une fois reconnues leurs méprises) :

> *Olivia*   My lord, so please you, these things further thought on,
> To think me as well a sister, as a wife,
> One day shall crown th'alliance on't, so please you,
> Here at my house and at my proper cost.
> *Orsino*   Madam, I am most apt t'embrace your offer.
>
> (V.1.315-9).

Chacun d'entre eux ayant enfin rencontré l'âme sœur, Olivia peut conclure avec Sebastian « A contract of eternal bond of love » (V.1.154), tandis qu'Orsino, désormais libre de répondre à l'amour de Viola, s'unira solennellement à cette dernière :

> A solemn combination shall be made
> Of our dear souls [...]
>
> (V.1.382-3).

Malvolio lui-même, dans cette atmosphère festive de bienveillance et d'harmonie, semble devoir ne pas être oublié : on a, en effet, l'impression que – bien que le « malveillant » vienne de réclamer vengeance avant de quitter la scène (« I'll be reveng'd on the whole pack of you », V.1.377) – tout espoir, cependant, n'est pas perdu de récupérer le méchant car Olivia comme Orsino tentent l'un et l'autre, dans un effort louable de réconciliation, d'obtenir de lui qu'il revienne à de meilleurs sentiments.

Pour parvenir à cette joyeuse réunion de famille finale – de même que, peut-être, pour convertir Malvolio à une attitude de bienveillance – il aura fallu (ou il faudra, dans le cas de l'intendant rancunier) faire confiance au temps et s'armer de *patience*, de cette patience dont Viola recommande avec sagesse l'usage :

> What else may hap, to time I will commit;
>
> (I.2.60)

> O time, thou must untangle this, not I,
> It is too hard a knot for me t'untie.
>
> (II.2.39-40)

et qu'Olivia elle-même semble implicitement considérer comme la nécessaire règle de conduite à observer :

> What is decreed, must be: and be this so.
>
> (I.5.315)

4. Une « leçon de lumière » et une sagesse pour apprendre à vivre

Mais cette harmonie finale, cet esprit de concorde auquel tout le monde – ou presque – souscrit n'est possible que grâce à la révélation, cette manifestation de vérité ou épiphanie que constitue le miraculeux retour de Sebastian dans le monde des vivants. Maurice Hunt, s'appuyant sur une étude de Barbara K. Lewalski[1], souligne que :

> Sebastian's miraculous epiphany releases Olivia and
> Orsino (as well as Viola) from their burdens, making
> possible the giving up of deceit and dissembling even as
> the original showing forth of Christ did[2].

Sans le suivre complètement dans sa comparaison, il est vrai que l'on peut évoquer, à propos de Sebastian, une certaine forme d'illumination : il n'est pas douteux, en effet, que c'est grâce à sa présence, pour tous miraculeuse, que se résout à la fin de la pièce une situation quasi insoluble. C'est grâce à l'élucidation qui résulte de son intrusion dans un monde d'illusions et de faux-semblants – un monde que domine l'incompréhension de soi et des autres et où règne la confusion des sentiments – que s'éclairent les raisons de chacun. C'est dans cette faculté rare de lucidité recouvrée que réside le pouvoir libérateur de cette présence épiphanique : elle contribue à rétablir les vraies valeurs de joie et d'amour dans un monde de désordre et d'illusion.

La fête de l'Épiphanie marque, après tout, la fin d'une période festive : il est donc normal qu'au monde des valeurs renversées succède de nouveau le monde réel, qu'à l'apparence des amours capricieuses succède la réalité de l'amour vrai. Education sentimentale[3], acquisition d'une sagesse et progrès vers la maturité tout à la fois, cette comédie représente assurément l'un des sommets de l'art de Shakespeare.

Twelfth Night, nous l'avons dit, apporte assurément une sagesse et ce que je n'hésiterai pas à appeler, pour toutes les raisons évoquées plus haut, une

---

1. Lewalski (168-9, 176-9).
2. Hunt (490).
3. Logan : « [...] a comedy of romantic education and moral redemption » (223).

« leçon de lumière ». Il est heureux, en effet, que cette comédie festive, où longtemps auront régné – comme de juste – le désordre et la confusion, se soit si harmonieusement acheminée vers ce qui apparaît, en fin de compte, comme une « fête de lumière ». Il n'est que de citer les paroles d'Olivia quand se conclut son mariage avec Sebastian :

> Then lead the way, good father, and heavens so shine,
> That they may fairly note this act of mine!
>
> (IV.3.34-5)

IV. Quelques ombres au tableau

Pour autant, cette comédie lumineuse, qualifiée notamment de « merriest yet saddest of all Shakespeare's comedies[1] », ne laisse pas de présenter quelques ombres au tableau.

1. Plaisirs festifs et jeux dangereux : du burlesque et du satirique à une certaine forme de « théâtre de la cruauté »

Les scènes burlesques du monde festif font place, vers la fin, à des scènes qui font de moins en moins rire et où le plaisir que peut parfois procurer la farce, ainsi que l'innocence relative des plaisanteries grossières, sont remplacés par la violence et même la cruauté. Bien sûr l'esprit satirique n'est pas absent, tout d'abord, de ce désir de dénoncer, par exemple, en Sir Andrew, sottise et couardise, ou encore, en Malvolio, l'hypocrisie d'un arriviste égoïste et fat, mais bientôt c'est le plaisir de blesser et d'humilier, la volonté de réduire l'adversaire, voire de l'anéantir, qui, par les excès qu'elle comporte, déborde le cadre de la comédie souriante et aimable. Que certains critiques soient ainsi allés jusqu'à parler de la « tragédie » de Malvolio[2] – même si cette appréciation peut paraître excessive – montre bien que l'esprit léger de la comédie subit alors une modification non négligeable. Comme le soulignent plusieurs critiques, et notamment Karen Greif, la fin de la pièce donne une « impression of darkness within the farcical intrigue : the hints that merriment may spill into madness, that love may turn sour, and earthly pleasure fade[3] ».

Il serait peut-être hasardeux, ou pour le moins exagéré, de soutenir, à l'instar de certains critiques, que, « as its title suggests, the world of this play is a night world, and festivity here has lost its innocence[4] ». Sans doute serait-il plus approprié de parler, comme le fait Jan Kott, de « Shakespeare's Bitter Arcadia », car l'atmosphère de liberté et même de licence qui y règne finit par laisser comme un arrière-goût d'amertume, l'oisiveté et le désordre, le déchaînement des passions et le danger des excès l'emportant parfois sur le sens du loisir festif et l'exercice de la libre volonté. Ce que nous apprend,

---

1. King (306).
2. Logan : « The real tragedy of Malvolio lies in the fact that in this play the principle of order has become too rigid and too perverse to accommodate pleasure. » (237)
3. Greif (65).
4. Logan (224).

en effet, le monde trouble et ondoyant de la fête, c'est qu'il n'est jamais exempt de dangers menaçants : comme l'écrit Logan, « Eros mocks the individual ; Dionysus is a god of pain as well as a god of pleasure[1] ».

On peut observer aussi que la tonalité lyrique qui, longtemps, a régné sur l'intrigue romantique, subit soudain, à la fin, une altération significative, comme si Eros brusquement, pour des raisons obscures, risquait de faire place à Thanatos. Par exemple, dans la tirade d'Orsino, et dans le court dialogue qui suit, certaines évocations surprenantes, certaines images insolites de sang et de mort, ne peuvent manquer d'éveiller une sourde inquiétude :

> *Orsino*　　Why should I not, had I the heart to do it,
> 　　　　　　Like to th' Egyptian thief at point of death,
> 　　　　　　Kill what I love? – a savage jealousy
> 　　　　　　　　　　　　　　　　　　　　　　　(V.1.115-7)

> *Orsino*　　I'll sacrifice the lamb that I do love,
> 　　　　　　To spite a raven's heart within a dove.
> *Viola*　　　And I most jocund, apt, and willingly
> 　　　　　　To do you rest a thousand deaths would die.
> 　　　　　　　　　　　　　　　　　　　　　　　(V.1.131)

2. L'intrusion du pathétique et du mélodramatique

Même si la pièce, nous l'avons vu plus haut, se termine – du moins pour ce qui est de l'intrigue principale – avec une tonalité générale d'harmonie et de bienveillance et dans un esprit de (ré)conciliation, il n'empêche que certains détails peuvent donner à réfléchir. On eût aimé, en effet, à l'heure des réjouissances annoncées, une atmosphère plus festive assurément ; aussi a-t-on l'impression que ces paroles de Fabian trouvent dans cette fin de pièce leur meilleure illustration :

> [...] let no quarrel, nor no brawl to come,
> Taint the condition of this present hour,
> 　　　　　　　　　　　　　　(V.1.355-6).

Le plaisir, en effet, – plaisir de la mystification et de la farce, par exemple – peut faire place à la violence et même à la cruauté comme en témoigne essentiellement la scène de quasi « bear-baiting[2] » où Malvolio est l'objet d'une plaisanterie de moins en moins innocente et devient la cible d'une conspiration de plus en plus malveillante à son égard. Il est vrai, certes, comme le dit Barber, que Malvolio est « a kind of foreign body to be expelled by laughter in Shakespeare's last free-and-easy festive comedy[3] » ; mais le rire est-il encore franc et libérateur quand on éprouve l'impression, avec Ralph Berry, que « the ultimate effect of *Twelfth Night* is to make the audience ashamed of itself[4] » et quand un vague sentiment de culpabilité

---

1. *ibid.* (227).
2. Voir les excellents développements de Dickey (265-8, 270).
3. Barber (257).
4. Berry (119).

(mêlé de compassion) envahit le spectateur ? En tout cas, c'est avec une grande efficacité emblématique que Malvolio, jeté dans un obscur cachot (« They have laid me here in hideous darkness. », IV.2.30-31), privé physiquement – et spirituellement – de la capacité de voir, symbolise alors l'intrusion de l'angoisse et de l'horreur dans le monde de la comédie festive.

Et, de même, la scène du duel provoqué par Sir Toby entre Sir Andrew et Cesario – même si nulle issue fatale n'est, en fin de compte, à déplorer – atteste que certaines plaisanteries risquent parfois de mal tourner : le véritable adversaire du chevalier se révèle, en effet, être le redoutable Sebastian et non pas l'inoffensif Cesario. Qui dira jamais jusqu'où l'on peut maîtriser le cours des événements, les forces obscures du destin une fois libérées ?

C'est donc véritablement à l'intrusion du pathétique et du mélodramatique que l'on assiste là où le rire et l'innocence festive ne répondent plus aux critères conventionnels de la comédie.

C'est ainsi, par exemple, que Sir Andrew est brutalement rejeté par Sir Toby : « Will *you* help? An ass-head, and a coxcomb, and a knave, a thin-faced knave, a gull? » (V.1.1204-5 ; mes italiques). Sir Toby et Maria sont, pour leur part, purement et simplement absents de la grande scène de réconciliation finale. Malvolio, nullement apaisé, quitte la scène en réclamant vengeance, oubliant, comme le poète nous le rappellera dans *La Tempête*, que « the rarer action is / In virtue than in vengeance » (V.1.27-8). Antonio – dont le sort demeure seulement hypothétique – est tenu, quant à lui, à l'écart du groupe des gens heureux et sa solitude, qui prend un caractère pathétique, ne peut manquer alors d'évoquer, au sein d'une assemblée réjouie, la persistance de la souffrance et de la peine.

3. Mélancolie et désenchantement

Mais, comme le souligne Roger Warren, « Shakespeare *may*, by implication, have isolated Antonio, at the end; he has specifically isolated Feste[1] ».

De fait, Feste, ironiquement nommé si l'on en juge par le peu d'enthousiasme festif qui le caractérise dans son comportement général, introduit d'emblée une tonalité mélancolique et même élégiaque dans cette comédie où il reste presque toujours en marge de l'action et à la limite de deux mondes. Il est probable que son humour s'assombrit depuis déjà un certain temps lorsque Olivia lui fait remarquer avec une franchise brutale :

> Now you see, sir, how your fooling grows old, and people dislike it.
>
> (I.5.111-2)

Sans doute est-il, depuis peu, devenu cynique et souffre-t-il d'une certaine forme de désenchantement. Le fait est qu'il ne fait guère rire, il n'amuse plus. Il semble avoir perdu – l'eut-il jamais ? – le sens du bonheur.

---

1. Warren (70).

Ses chansons (« O Mistress Mine », « Come Away, Death ») sont empreintes d'une poignante mélancolie et suggèrent l'évocation nostalgique d'un passé idéalisé : « Youth's a stuff will not endure. » (II.3.50) Quant à ce chant élégiaque final qui paraît bien éloigné de l'atmosphère sereine et harmonieuse qui clôt l'intrigue principale, il souligne, une fois de plus, la marginalité de Feste, demeuré seul sur scène, et qui s'adresse directement au public pour finir :

> And we'll strive to please you every day.
>
> (V.1.407)

Manifestement, on quitte alors le monde de la comédie festive pour, bientôt, retrouver le monde réel, comme le suggère, par quatre fois, le vers « For the rain it raineth everyday ». Peut-être, d'ailleurs, cette insistance sur « une pluie qui pleut tous les jours » est-elle excessive. Comme le fait remarquer Joan Hartwig, « Thus, the pessimistic excess of the song balances the optimistic excesses of the romance world of Illyria[1] ». Quoi qu'il en soit, on ne peut manquer d'observer l'habileté du dramaturge qui, pour finir, campe Feste dans un rôle d'intermédiaire entre le monde de l'illusion et de la fête et celui de la réalité quotidienne que nous retrouverons dès la sortie du théâtre : sa mélancolie est déjà un peu la nôtre.

Des interprétations nombreuses – et variées – du Fou ont pu être fournies au cours des précédentes décennies, mais beaucoup ont insisté sur le côté mélancolique et désabusé de ce « disillusioned seer », comme le qualifie Karen Greif : « Isolated from the rest of the characters by his bitterness no less than his prescience, Feste drifted through Illyria, a companion to all, but an intimate to none[2] ».

Il est clair que le bouffon est dans son rôle en imprégnant ses propos facétieux d'une sagesse salutaire. Il est bien dans son rôle lorsqu'il énonce ainsi cette vérité :

> [...] God give them wisdom that have it; and those that
> are fools, let them use their talents.
>
> (I.5.14-5)

Mais il l'est tout autant lorsque ses allures de clown triste, ou du moins désabusé, semblent, pour finir, assombrir quelque peu cette comédie et atténuer l'impression un peu naïve que, dans le monde heureux et parfois insouciant d'Illyrie, « tout est bien qui finit bien ».

Conclusion : sourires et soupirs de la comédie festive

Twelfth Night, Or What You Will tient bien ses promesses : il s'agit d'une comédie festive où, comme le suggère le titre, l'atmosphère est aux réjouissances, l'esprit pouvant librement exercer son bon vouloir. Le rire, la musique, les plaisirs et l'amour se donnent libre cours en ce temps de

---

1. Hartwig (511).
2. Greif (68).

libations et de liesse : la sagesse est d'en profiter dans un esprit de tolérance et d'harmonie, et la quête du bonheur ne doit pas alors rester une vaine et vague aspiration, mais bien plutôt constituer un objectif vital, la perspective d'un accomplissement spirituel « ardemment souhaitable ». Parmi les enseignements que comporte l'acquisition d'une sagesse à la mesure de l'homme, seront pris en compte notamment la nécessaire connaissance de soi et des autres, l'esprit de relativisme et surtout la volonté d'offrir et de partager, l'exercice de la générosité et de la tolérance, l'apprentissage d'une liberté vraie où la devise *What You Will* prend tout son sens. On pourrait croire que, dans ces conditions, le monde d'Illyrie est le monde béni d'Utopie, une sorte de « brave new world ». Mais ce serait là gravement méconnaître les menaces et dangers qui planent sur cet univers apparemment idyllique : les rêves et illusions apparaîtront bientôt pour ce qu'ils sont, les chimères amoureuses laissant place aux émotions sincères et vraies ; le rire grossier de la farce bouffonne sera progressivement remplacé par le comique satirique, puis par quelques sourires gênés provoqués par une certaine forme d'un « théâtre de la cruauté » ; avec l'intrusion du pathétique et du mélodramatique, et la tonalité mélancolique dominante à la fin de la pièce, c'est véritablement à une atmosphère, parfois sombre ou triste, parfois oppressante ou déroutante, que l'on aura affaire.

Il n'est pas indifférent, après tout, de savoir que, vers 1600-1602, au moment où il composait *Twelfth Night*, Shakespeare avait, peu de temps auparavant, achevé *Hamlet* et que ces deux pièces comportent, à des degrés différents et selon des modalités qui leur sont propres, une vision de l'homme et une conception du monde qui, nécessairement, devaient être assez rapprochées : tonalité de la comédie pour l'une, tonalité de la tragédie pour l'autre, mais, dans les deux cas, une attention particulière portée sur l'essentielle ambiguïté du rapport de l'homme avec le monde. Si la tragédie enseignait à se méfier de l'inaptitude de l'homme à régler sa conduite en dehors du respect d'un certain ordre de l'univers – ou des décrets de la Providence – ce que la comédie enseigne, en revanche, c'est qu'il est toujours loisible à l'homme de bonne volonté de s'amender et d'orienter librement sa destinée, mais aussi que des zones d'ombre subsistent, irréductibles malgré les leçons fécondes d'une sagesse éclairante.

La leçon ultime de *Twelfth Night*, comédie festive du temps de l'Épiphanie, c'est que les plus grandes joies n'empêchent pas cette douce mélancolie qui parfois les accompagnent, qu'il faut savoir, après la fête et le rêve – et pour mieux en jouir encore, plus tard –, retrouver le monde des réalités qui est le nôtre et apprendre à faire la différence entre ce que nous voulons et ce que nous sommes[1], que notre lot commun, enfin, est d'être indéfiniment en quête d'un équilibre et d'une lucidité : entre « ce qui est » et « ce qui n'est pas », entre sourires et soupirs, entre ombres et lumières.

---

1. Nagarajan : « [...] the difference between what we will and what we are » (65).

Twelfth Night est ainsi une comédie empreinte indiscutablement de mélancolie, cette mélancolie qui, comme le dit Keats,

> [...] dwells with Beauty – Beauty that must die ;
> And Joy, whose hand is ever at his lips
> Bidding adieu.
>
> *(Ode on Melancholy)*

Bibliographie

- Barber C. L., « The Saturnalian Pattern in Shakespeare's Comedy », *Sewanee Review*, 19 (1951).
  Shakespeare's Festive Comedy. A Study of Dramatic Form and Its Relation to Social Custom, Princeton, Princeton UP, 1959.
- Berry Ralph, « *Twelfth Night* : The Experience of the Audience », *Shakespeare Survey*, 34, 1981 (111-120).
- Booth Stephen, « *Twelfth Night* : 1. 1 : The Audience as Malvolio », in eds. Erickson, Peter and Kahn, Coppelia, *Shakespeare « Rough Magic ». Renaissance Essays in Honor of C. L. Barber* (149-167).
- Bradbrook M. C., *The Growth and Structure of Elizabethan Comedy*, Harmondsworth Penguin Books, 1963 (Chatto & Windus, 1955).
- Carrère Félix, « Introduction » à *La nuit des rois*, Paris, Aubier, Editions Montaigne, 1956 (1-76).
- Charlton H. B., *Shakespearian Comedy*, London, Methuen, UP, 1966 (1938).
- Clark Stuart, « Inversion, Misrule, and the Meaning of Witchcraft », *Past and Present*, 87, May 1980 (98-127).
- Coddon Karin S., « 'Slander in an Allow'd Fool' : *Twelfth Night*'s Crisis of the Aristocracy », *Studies in English Literature 1500-1900*, 33, n°2, Spring 1993 (309-325).
- Dickey Stephen, « Shakespeare's Mastiff Comedy », *Shakespeare Quarterly*, 42, n°3, Fall 1991 (255-275).
- Forbes Lydia, « What You Will ? », *Shakespeare Quarterly*, 13, n°4, Autumn 1962 (475-485).
- Greif Karen, « Shakespeare on Stage. A Star Is Born : Feste on the Modern Stage », *Shakespeare Quarterly*, 39, Spring 1988 (61-78).
- Hartwig Joan, « Feste's 'Whirligig' and the Comic Providence of *Twelfth Night* », *ELH*, 40, n°4, Winter 1973 (501-513).
- Heywood Thomas, *An Apologie For Actors*, London: The Shakespeare Society, 1841 (1612).
- Hollander John, « *Twelfth Night* and the Morality of Indulgence », *Sewanee Review*, 67, n°2, Spring 1959 (220-238).
- Hotson Leslie, *The First Night of 'Twelfth Night'*, London, Rupert Hart-Davis, 1954.
- Hunt Maurice, « The Religion of *Twelfth Night* », *CLA Journal*, 27, n°2, Dec. 1993 (189-203).
  « Love, Disguise, and Knowledge in *Twelfth Night* », *CLA Journal*, 32, n°4, June 1989 (484-493).
- Huston J. Dennis, « 'When I Came to Man's Estate' *Twelfth Night* and Problems of Identity », *Modern Language Quarterly*, 33, n° 3, Sept. 1972 (274-288).

- Jonson Ben, *Every Man Out of His Humour* (1599), Herford C. H. and Simpson E. (ed.), Oxford, 1925-52.
- King Walter N., « Shakespeare and Parmenides : The Metaphysics of *Twelfth Night* », *Studies in English Literature 1500-1900*, 8, n°2, Spring 1968 (283-306).
- Kott Jan, « Shakespeare's Bitter Arcadia », *Shakespeare Our Contemporary*, (tr.) New York, Norton, 1974 (1964).
- Lamb Charles, « On Some of the Old Actors », in *Essays of Elia*, London, Macmillan, 1960 (184-197).
- Laroque François, *Shakespeare et la fête*, Paris, PUF, 1988.
- Lewalski Barbara K., « Thematic Patterns in *Twelfth Night* », *Shakespeare Studies*, 1 (1965).
- Logan Thad Jenkins, « *Twelfth Night:* The Limits of Festivity », *Studies in English Literature 1500-1900*, 22, n°2, Spring 1982 (223-238).
- Mendilow A. A. and Alice SHALVI, « The 'Proper-False' in *Twelfth Night* », in *The World and Art of Shakespeare*, Jerusalem, Israel UP, 1967 (161-168).
- Moglen Helene, « Disguise and Development : the Self and Society in *Twelfth Night* », *Literature and Psychology*, 23, 1973 (13-20).
- Nagarajan S., « 'What You Will' : A Suggestion », *Shakespeare Quarterly*, 10, n°1, Winter 1959 (61-67).
- Preston D. R., « The Minor Characters in *Twelfth Night* », *Shakespeare Quarterly*, 21, n°2, Spring 1970 (167-176).
- Ricoeur Paul, « Le Bonheur hors lieu », in *Où est le bonheur ?*, (ed.) Roger-Pol Droit, Paris, Editions Le Monde, 1994 (327-337).
- Righter Anne, *Shakespeare and the Idea of the Play*, Harmondsworth, Penguin Books, 1967 (Chatto & Windus, 1962).
- Slights Camille, « The Principle of Recompense in *Twelfth Night* », *Modern Language Review*, 77, n° 3, July 1982 (537-546).
- Williams Porter, Jr, « Mistakes in *Twelfth Night* and Their Resolution : A Study in Some Relationships of Plot and Theme », *PMLA*, 76, n°3, June 1961 (193-199).

Ordre et désordre dans *Twelfth Night*

Jean-Pierre Villquin

« On se fait une idée de l'ordre, mais non pas du désordre » écrit Bernardin de Saint-Pierre[1]. Nous devons donc nous contenter, au moins pour l'un des termes, d'une définition par défaut. Or, dans *Twelfth Night*, le désordre est l'aspect le plus apparent de la comédie[2]. Désordre de la société, désordre moral, désordre des sens, désordre des mots, ce sont là des thèmes qui sont plus souvent développés dans la tragédie que dans la comédie. Les premières paroles d'Orsino qui dans une certaine mesure donnent le ton de la pièce, tout comme la malédiction finale proférée par Malvolio ou la dernière chanson de Feste appartiennent plus au registre de la tragédie qu'à celui de la comédie. Mais faut-il ajouter à ces désordres celui des genres ? On est confronté à une dialectique permanente de l'ordre et du désordre qui sont les pôles moteurs de la pièce et qui permettent une constante mise en perspective, l'un étant le miroir de l'autre. Le désordre a sa propre logique, sa propre hiérarchie, son propre système. Il fut même institutionnalisé, par exemple à la fin du quinzième et au début du seizième siècle, quand le « King » ou « Lord » ou « Abbot of Misrule » était chargé d'organiser les fêtes de Noël[3]. Le désordre et le chaos n'ont donc pas nécessairement une issue tragique. Quant à l'ordre, l'image qui nous en est donnée est pour le moins ambiguë. Il semble que Shakespeare, dans *Twelfth Night* qui est considérée comme la dernière des « vraies » comédies[4], ait voulu explorer toutes les possibilités dramatiques de ces forces puissantes et fragiles que sont l'ordre et le désordre. Avant d'aborder ce qu'on peut appeler la dramaturgie de l'ordre et du désordre dans *Twelfth Night*, et pour donner un semblant d'ordre à cette thématique il est utile d'en analyser la nature et les différents aspects.

---

1. *Paul et Virginie*, cité par Littré (entrée Désordre n°1).
2. Le mot est dans le texte (II.3.92).
3. Voir au sujet de la fête et de ses représentations dans le théâtre l'ouvrage de François Laroque.
4. C'est ce qu'écrit Henri Fluchère : « Il est vrai que le *Soir des Rois* mérite bien des éloges, et qu'elle peut passer pour la meilleure, étant la dernière, des "vraies" comédies, mieux construite qu'aucune d'elles, parfaitement "scénique" et réjouissante. » (393)

I. Images du désordre

Dans *Twelfth Night* le désordre est partout, il est dans la société, dans les mœurs, dans le cœur et dans l'esprit. Comme souvent dans le théâtre de Shakespeare, la cause première de l'intrigue est le désordre de la nature. Il utilise les désordres naturels pour leur qualité théâtrale, – quoi de plus impressionnant qu'un grondement de tonnerre – et aussi pour leur valeur métaphorique, c'est le cas pour *The Tempest, Othello,* ou *King Lear.* Ici comme ailleurs, par exemple dans *The Comedy of Errors* ou dans *Pericles,* c'est la tempête qui pose les données du problème. C'est ainsi que la tempête a séparé Viola de son frère Sebastian, les a jetés sur la côte d'Illyrie, et laisse entrevoir que le frère disparu est toujours vivant :

> *Captain* True madam, and to comfort you with chance,
> Assure yourself, after our ship did split,
> When you and those poor number saved with you
> Hung on our driving boat... I saw your brother,
> Most provident in peril, bind himself –
> Courage and hope both teaching him the practice –
> To a strong mast that lived upon the sea;
> Where like Arion on the dolphin's back,
> I saw him hold acquaintance with the waves
> So long as I could see.
>
> (I.2.7-16)

En Illyrie, ce pays de rêve où tout peut arriver, notons que le danger est limité et que l'exotisme est très tempéré puisque l'estaminet où Sebastian et Antonio se donnent rendez-vous porte une enseigne, « L'Éléphant », familière aux Londoniens.

Pour rester à ce qu'on peut appeler la périphérie de l'intrigue, on peut noter qu'Antonio, le capitaine ami de Sebastian, a été le témoin et l'acteur d'une véritable bataille navale qui aurait pu « tourner au conflit meurtrier » (III.3.32). Antonio est le héros d'une véritable intrigue secondaire, métaphore du désordre de la société. Il dit à Sebastian avoir plus d'un ennemi à la cour d'Orsino (II.1.40), puis évoque le rôle joué jadis en combattant les galères du Duc (III.3.26), et enfin avoue qu'il aurait pu se faire pardonner et rentrer dans le rang en abandonnant son butin (III.3.33-7). En fait il s'agit d'un acte de piraterie, qui justifie son arrestation par la police du Duc (III.4.317). Ce dernier le décrit comme un dangereux fauteur de trouble, un redoutable écumeur des mers :

> That face of his I do remember well,
> Yet when I saw it last it was besmeared
> As black as Vulcan in the smoke of war.
> A baubling vessel was he captain of,
> For shallow draught and bulk unprizable,
> With which such scathful grapple did he make
> With the most noble bottom of our fleet
>
> (V.1.45-51)
>
> Notable pirate, thou salt-water thief,
>
> (V.1.63)

Cette intrigue de troisième rang occupe cependant une place importante dans la comédie et jette une lumière crue sur les désordres qui touchent ou ont touché le duché d'Illyrie.

Mais le désordre social est encore plus menacé, menacé de l'intérieur, quand une comtesse, Olivia, tombe follement amoureuse d'un page, envoyé du duc, ce/cette Cesario/Viola dont elle ne connaît rien. Il est vrai que les apparences sont respectées dans une certaine mesure puisqu'il suffit à Viola de proclamer en termes assez sibyllins qu'il/elle est gentilhomme pour que la convention sociale soit sauve :

> *Olivia* What is you parentage?
> *Viola*   Above my fortunes, yet my state is well.
>   I am a gentleman.
>
> (I.5.279-81)

La transgression va à son terme quand Olivia épouse Sebastian, substitut involontaire de celui/celle qu'elle aime. Mais cette transgression est atténuée par l'ironie dramatique. Le duc Orsino garant de la bienséance et de l'harmonie sociale donne comme conseil à son messager de franchir toutes les bornes de la civilité :

> Be clamorous, and leap all civil bounds,
> Rather than make unprofited return.
>
> (I.4.21-2)

Sir Toby finira par épouser Maria, la suivante de sa nièce. Mais il fait bien sentir la différence de rang quand il rappelle à Malvolio, l'intendant amoureux de sa maîtresse : « Art any more than a steward? » (II.3.106-7), ou encore quand il le renvoie astiquer sa chaîne, marque de son emploi et de sa servitude (111). Avec le personnage de Malvolio Shakespeare traite de manière grotesque la différence sociale. Il en est de même avec Sir Andrew qui, par sa naissance, aurait pu prétendre et d'ailleurs prétend épouser Olivia.

Plus visible et plus théâtral que les risques de mésalliance ou que les entorses aux règles du savoir-vivre, péchés véniels puisque tout finit par rentrer dans l'ordre, le dérèglement des mœurs en revanche occupe une place importante dans *Twelfth Night*. Sir Toby et Sir Andrew, comme Falstaff ailleurs, sont en rupture de société. Boire et manger, (II.3.11), voilà en quoi consiste la vie pour ces deux compères, grands dévoreurs de bœuf devant l'Éternel. La cause première du désordre est leur intempérance, leur penchant pour le vin des Canaries qui les plonge dans une ivresse cosmique, quand ils boivent à faire danser le ciel (II.3.55). Cette troisième scène de l'acte II est un morceau d'anthologie où non seulement Sir Toby et Sir Andrew font l'apologie du désordre, mais où Maria et Malvolio décrivent le charivari qu'ils font, rentrant à des heures indues, chantant ou plutôt hurlant dans la maison d'Olivia « What a caterwauling do you keep here! » s'exclame Maria (II.3.68). Pour tous et surtout pour Malvolio le comportement de ces joyeux lurons (« merry men ») confine à la folie, comme en témoigne ce dialogue avec Sir Toby :

Malvolio	My masters, are you mad? Or what are you? Have you no wit, **manners**, nor honesty, but to gabble like tinkers at this time of night? Do ye make an alehouse of my lady's house, that ye squeak out your coziers' catches without any mitigation or remorse of voice? Is there no **respect** of place, persons, nor time in you?
Sir Toby	We did keep time, sir, in our catches. Sneck up!
Malvolio	Sir Toby, I must be round with you. My lady bade me tell you that though she harbours you as her kinsman, she's nothing allied to your **disorders**. If you can separate yourself and your **misdemeanours**, you are welcome to the house. If not, an it would please you to take leave of her, she is very willing to bid you farewell.

(II.3.81-94 ; c'est moi qui souligne)

Le portrait est parachevé par Olivia elle-même qui ne voit en son oncle qu'un grossier personnage, « un être brutal tout juste bon à vivre dans les montagnes et les grottes barbares où jamais courtoisie ne fut prêchée » (IV.1.45).

L'incapacité de faire la part de la réalité et de l'apparence est accentuée par la convention de l'impénétrabilité des déguisements. Shakespeare s'applique à souligner la parfaite ressemblance des jumeaux pour mieux encadrer les effets de l'ironie dramatique. C'est ainsi que Viola prise pour Sebastian par Antonio nous livre ses réflexions :

> He named Sebastian. I my brother know
> Yet living in my glass, even such and so
> In favour was my brother, and he went
> Still in this fashion, colour, ornament,
> For him I imitate. O if it prove,
> Tempests are kind, and salt waves fresh in love!
> (III.4.370-5)

Outre l'intéressante référence au caractère spéculaire de leur ressemblance, la confusion des sens rappelle curieusement la confusion de la nature, donnant ainsi toute sa signification au symbol du naufrage. Les sens abusés et l'aveuglement peuvent être à la fois la cause et l'effet de l'amour. Le côté spectaculaire du désordre dans *Twelfth Night* masque un désordre plus subtil et plus profond qui peut se situer aux confins de la tragédie. La cause de ce désordre mental, de ce trouble de l'âme et du cœur c'est l'amour, la « maladie d'amour ou la mélancolie érotique[1] ». C'est Orsino qui, dès le début de la pièce, donne le ton en s'interrogeant sur « l'esprit de l'amour ». Pour lui la passion est une souffrance, une douleur que même la musique ne peut apaiser. Le paradoxe est que les tourments de l'amour sont des tourments exquis comme il l'explique à Viola :

> [...] if ever thou shalt love,
> In the sweet pangs of it remember me;
> For, such as I am all true lovers are,
> Unstaid and skittish in all motions else

---

1. C'est le titre de l'ouvrage d'un médecin français, Jacques Ferrand, publié en 1610 et 1623. Beecher et Ciavolella en ont publié une étude critique et une traduction en anglais.

> Save in the constant image of the creature
> That is beloved [...]
>
> (II.4.14-20)

A la description touchante des troubles d'Orsino correspond le traitement grotesque des autres amoureux, que ce soit Sir Toby, amoureux de Maria, Sir Andrew, amoureux d'Olivia, ou surtout Malvolio, amoureux de sa maîtresse. Ici encore Shakespeare insiste sur le côté spectaculaire de ces désordres. L'amour est alors présenté comme une véritable maladie mentale, il est la preuve d'un « appétit dérangé ». Malvolio, est l'extrême caricature de ses effets. L'amour le conduit aux frontières de la folie, le conduit à être considéré comme fou jusqu'à être enfermé (IV.2). Ce désordre reste superficiel, ce n'est qu'un spectacle, un jeu, une farce mise en scène par Maria et ses comparses. Les choses ne sont pas aussi simples, car Malvolio, malgré sa folie « artificielle », reste lucide et dès qu'il comprend qu'il a été dupé, il répète sans cesse qu'il est aussi sain d'esprit que quiconque en Illyrie. Sa lucidité fait qu'il est peut-être le seul, avec Feste le bouffon, incapable de vrais sentiments amoureux, si tant est qu'en la matière on puisse parler de vérité.

Ainsi, le dernier cercle du désordre, après celui du cœur, est peut-être le désordre de l'esprit. Il est sans doute excessif de dire que *Twelfth Night* est une forme d'éloge de la folie. Nous assistons pourtant au dérèglement de la raison chez plusieurs personnages. Olivia, atteinte du virus de l'amour ne sait plus ce qu'elle fait, contre toute bienséance elle trouve un stratagème pour faire parvenir sa bague à Viola/Cesario, ses yeux ont trop fasciné son imagination, elle ne se maîtrise plus et s'en remet totalement au destin :

> I do I know not what, and fear to find
> Mine eye too great a flatterer for my mind.
> Fate, show thy force, ourselves we do not owe,
> What is decreed must be: and be this so.
>
> (I.5.298-301)

Dans sa folie amoureuse elle reconnaît qu'elle est l'égale de Malvolio :

> I am as mad as he,
> If sad and merry madness equal be.
>
> (III.4.14-5)

Evidemment, l'amour est, dans la pièce, la cause de la « folie » de Malvolio, d'Olivia et d'Orsino, pour ne citer que ceux chez qui elle est le plus manifeste. Dans *Twelfth Night*, l'amour est une courte folie qui s'achève dans le mariage. Folie due à l'inadéquation entre la réalité et l'imaginaire. L'imaginaire, « fancy », est la source d'excès de toutes sortes, excès qui sont la manifestation du désordre, et qui à leur tour dégradent, déprécient et pervertissent tout, l'esprit de l'amour est de ceux-là :

> O spirit of love, how quick and fresh art thou,
> That notwithstanding thy capacity
> Receiveth as the sea, nought enters there,
> Of what validity and pitch soe'er,
> But falls into abatement and low price,

> Even in a minute! So full of shapes is fancy
> That it alone is high fantastical.
>
> (I.1.9-15)

Pour Orsino, le désordre trouve son exutoire dans la musique, dont il n'est jamais rassasié, pour Malvolio dans un comportement aberrant, et pour Sir Toby et Sir Andrew dans l'ivresse. Toutes ces représentations du désordre sont associées à la folie comme peut l'illustrer le dialogue entre Olivia et Feste à propos de l'état d'ébriété de Sir Toby (I.5.124-32).

Les mots eux-mêmes contribuent au désordre quand ils sont torturés ou retournés par Feste comme crêpe à la Chandeleur. L'érudition burlesque du bouffon, avec ses allusions à Quinapalus (I.5.32), à Pigromitus, et aux Vapiens passant l'équinoxiale de Queubus (II.3.22-3) sont une forme de déconstruction du langage et des références qui rompent avec l'ordre conventionnel du lexique et de la syntaxe. Les lettres elles-mêmes perdent leur identité pour devenir des devinettes, comme les « M.O.A.I. » de la missive fabriquée par l'habile faussaire qu'est Maria (II.5.103).

Tout se passe dans *Twelfth Night* comme si le désordre s'installait par vagues successives, depuis les éléments extérieurs comme la tempête, jusqu'aux désordres les plus intimes des passions. Les déguisements, les fausses lettres font que le désordre devient un jeu dans la comédie. Mais paradoxalement tout jeu a ses règles et si forte que soit la force de l'illusion, le désordre contient toujours une part d'ordre.

II. L'ordre et son miroir

La plus grande leçon de *Twelfth Night* est peut-être l'acceptation, la reconnaissance de l'irrationnel dans le domaine de l'ordre, en particulier dans le domaine de l'amour. « Il faut conclure », écrivait Malebranche, « que les passions sont de l'ordre de la nature, puisqu'elles ne peuvent être de l'ordre de la grâce[1]. » Toutes les victimes de la maladie d'amour finissent par admettre leur faiblesse, car c'est de l'ordre des choses et rien ne peut aller contre cette loi primordiale qui régit le comportement des hommes. « Chassez le naturel il revient au galop », ainsi Malvolio, malgré ses bas jaunes, ne sera jamais un séducteur, ne sera jamais rien de plus qu'un domestique. Au contraire, malgré ses écarts, au milieu de ses divagations d'ivrogne, Sir Toby reste conscient de son rang, de sa naissance, de ses liens de sang avec sa nièce Olivia : « Am not I consanguineous? Am I not of her blood? » (II.3.74-5). Quoi qu'il arrive, quoi que l'on fasse, la nature reprend toujours ses droits, c'est ainsi semble-t-il qu'il faut interpréter les paroles de Sebastian qui justifie l'erreur d'Olivia tombée amoureuse du sosie et frère de Viola :

> So comes it, lady, you have been mistook.
> But nature to her bias drew in that.
>
> (V.1.253-4)

---

1. Malebranche, Rech. vér. (V, 1). Littré (entrée Ordre n° 8).

Le bon sens ou le sens commun fait aussi partie de l'ordre des choses. Ainsi « la coutume veut que la femme prenne toujours un mari plus âgé qu'elle, car elle n'en sera que mieux » (II.4.28-9). *Twelfth Night* est une leçon d'acceptation de l'irrationnel. Shakespeare compte sur la complicité du spectateur qui doit croire à l'illusion, entrer dans le jeu, selon l'étymologie du mot *illusion*. Ainsi le hasard des rencontres, les coups ou plutôt les tours du destin, les déguisements font partie de l'ordre des choses, tout au moins des choses du théâtre. En présence de tant de désordres, le spectateur peut se demander avec Sebastian s'il est fou ou s'il rêve :

> Or I am mad, or else this is a dream.
> Let fancy still my sense in Lethe steep.
> If it is thus to dream, still let me sleep.
>
> (IV.1.59-61)

Nous sommes plongés dans un autre univers, celui de *A Midsummer Night's Dream*, de *The Tempest* ou de *As You Like It* régi par des codes nouveaux, des codes différents, ceux de l'imaginaire.

Ceci ne veut pas dire que l'ordre traditionnel n'est pas présent dans la pièce, au contraire, même s'il est parfois traité de façon parodique. Le duché d'Illyrie semble être bien administré, avec une police efficace. On peut d'ailleurs s'étonner de la place que prend l'épisode de l'arrestation d'Antonio, sinon pour illustrer le triomphe de la loi. Le palais ducal est bien gardé, il en est de même de la maison d'Olivia. Ordre public et ordre social vont de pair. Chacun est conscient de la hiérarchie, et respectueux des usages. Par exemple, Valentin, seigneur et messager d'Orsino, n'a pas pu être admis chez Olivia et a dû se contenter d'une réponse transmise par une servante. Sir Toby stipule que sa nièce Olivia ne doit pas épouser un homme au-dessus de sa condition, que ce soit par le rang, l'âge ou l'esprit (I.3.102-3), précepte que, dans son propre cas il n'appliquera pas à la lettre. Pour entrer au service de duc, homme « vertueux, noble et de grande maison », Viola veut se faire passer pour un castrat, et une fois dans la place on lui fait miroiter une carrière fulgurante (I.4.2). Dans le duché d'Illyrie, les rapports entre les gens sont parfaitement ordonnés. C'est un univers policé et urbain où chacun prétend respecter les règles. C'est ainsi qu'Olivia décide de vivre cloîtrée pendant sept ans pour porter le deuil de son frère (I.1.25-31). Viola fait assaut de politesse quand elle est provoquée pour un duel dont elle ignore la cause. L'honneur et la défense de l'honneur obéissent à des règles bien précises (III.4.211-63). Mais toutes ces conventions ne sont qu'apparences, elles ne semblent exister que pour être transgressées. Le duel entre Viola et Sir Andrew devient une parodie, depuis les motifs de la querelle jusqu'au simulacre de combat (III.2 et III.4). Les allusions à l'ordre et à la loi ne sont que des éléments de dérision utilisés pour leur impact comique, comme l'illustre la remarque de Sir Andrew après sa prudente reculade devant Sebastian :

> Nay, let him alone, I'll go another way to work with
> him. I'll have an action of battery against him if there be

> any law in Illyria. Though I struck him first, yet it's no
> matter for that.
>
> (IV.1.32-5)

Nous sommes dans un monde bien organisé, même s'il est peuplé de personnages ridicules. Sir Andrew, le chevalier à la triste figure et même Sir Toby ne font guère honneur aux compagnies de chevalerie[1]. Quant à l'ordre dont rêve Malvolio, celui grâce auquel il régnerait en maître et pourrait se venger des humiliations qu'il subit, c'est une subtile satire de la hiérarchie et des rapports entre maîtres et serviteurs. L'ordre idéal, le système pyramidal dont Ulysse fait l'apologie dans *Troilus and Cressida* est ici placé dans une double perspective ironique puisqu'il s'agit du commentaire de la lettre de Maria, (II.5.131-68) lettre qui est une contrefaçon. Même si cela peut paraître anecdotique, l'ordre économique est présent dans la pièce, non seulement à travers les actes de piraterie dont Antonio s'est rendu coupable, mais aussi à travers la vénalité du bouffon. Cette vénalité n'est pas accidentelle car elle est récurrente. Feste fait payer son esprit, fait payer ses chansons, fait payer ses interventions. Tout a donc un prix, et selon Feste, même le plaisir a son prix, « pleasure will be paid, one time or another[2]. » (II.4.69-70)

Pour en revenir aux rites qui ordonnent la vie sociale, les rites de l'amour tiennent une place importante dans *Twelfth Night*. Lors de la première rencontre entre Viola/Cesario et Olivia (I.5), celle-ci s'enquiert de la façon dont elle est aimée : adoration, larmes, soupirs et sanglots. Lors de la deuxième rencontre (III.1) chacun, ou plus exactement chacune suit les règles d'une extrême courtoisie, tient un discours émaillé de « concetti », utilise toute la gamme des ambiguïtés sur les rapports entre maître et serviteur, entre réserve et désir, entre jeu et sincérité[3]. L'échange des anneaux, compliqué et faussé par le fait qu'il s'effectue par procuration révèle aussi la valeur des codes et des conventions amoureuses, que ce soit la bague qu'Olivia demande à Malvolio de remettre à Viola (I.5.291), ou le bijou qu'Orsino demande à Viola de remettre à Olivia (II.4.124). Enfin, les amours les plus fantasques finissent toujours par rentrer dans l'ordre, c'est-à-dire qu'ils finissent par un mariage. C'est par exemple la cérémonie hâtive qui unit Olivia et Sebastian (IV.3.22 et sq.) ; l'ironie dramatique souligne le caractère artificiel de cette union puisque l'épousé est un sosie. Ce qui n'empêche pas le prêtre de rappeler la validité du contrat :

> A contract of eternal bond of love,
> Confirmed by mutual joinder of your hands,
> Attested by the holy close of lips,
> Strengthened by interchangement of your rings,

---

1. « Les ordres de chevalerie, qui jadis étaient des preuves de vertu, ne sont maintenant que des signes de la faveur des rois » J.-J. Rousseau, Gouv. de Pologne, ch. 13, Littré (entrée ordre n°20). Shakespeare semble anticiper les nombreuses allusions satiriques que firent les dramaturges jacobéens à propos des chevaliers faits par Jacques Ier dans les premières années de son règne.
2. Sir Toby donne six pence, Sir Andrew ajoute un teston pour une chanson (II.3.30-3) ; le duc à son tour donne de l'argent (II.4.66) ; Viola fait de même (III.1.53) ; Sebastian aussi (IV.1.18) ; Feste en fait même un jeu avec le duc (V.1.24-43).
3. A titre d'exemple, voir le dialogue entre Olivia et Viola (III.1.93-100), et le commentaire de Lothian et Craik dans l'édition Arden.

> And all the ceremony of this compact
> Seal'd in my function, by my testimony;
>
> (V.1.152-7)

Même Sir Toby épouse Maria, comme d'ailleurs le projet en avait été conçu (II.5.171). Dans ce domaine comme dans les autres la forme est respectée.

Mais l'ordre n'est qu'apparence, comme le déguisement qui dissimule la vraie nature d'un personnage le temps de la représentation. C'est Feste qui nous renvoie à la sagesse populaire en citant le proverbe selon lequel l'habit ne fait pas le moine : « *Cucullus non facit monachum* » (I.5.50-1). Si on en croit la première définition de l'ordre par Littré, c'est : « une disposition des choses selon des rapports apparents et constants, simples ou complexes[1] ». Si la constance ne semble pas appartenir au domaine théâtral, paradoxalement, tout, dans *Twelfth Night* a une place et une fonction bien précises. Même la beauté doit être inventoriée, c'est ce que stipule Olivia qui veut que chaque particularité, chaque détail soit étiqueté, inventorié, rappelant ainsi les blasons chers aux poètes de la Renaissance :

> [...] I will give out divers schedules of my beauty. It shall be inventoried and every particle and utensil labelled to my will, as, *item*, two lips, indifferent red; *item*, two grey eyes, with lids to them; *item*, one neck, one chin, and so forth.
>
> (I.5.233-37)

Malvolio, pour qui chacun et chaque chose doivent entrer dans un cadre, a du mal à définir Viola/Cesario, « trop jeune pour être un adulte, trop vieux pour être un enfant, juste à la morte-eau entre le garçon et l'homme » (I.5.150-55). Cette analyse, somme toute exacte et lucide, est faite par un personnage ridicule, un « puritain » comme le qualifie Maria (II.3.136), avocat de l'ordre, agissant selon des règles établies, infatué de lui-même, se croyant bourré de perfections, en un mot un âne prétentieux (II.3.138-42). Ainsi dévalorisé par son représentant, l'ordre est placé dans une perspective ironique. Il en est de même de ce qu'on peut appeler la logique du fou, logique en diagonale, celle de Feste dont nous reparlerons plus loin, mais aussi celle de Sir Toby qui pousse le raisonnement jusqu'à l'absurde : se coucher après minuit, c'est évidemment se coucher de bonne heure :

> [...] To be up after midnight and to go to bed then is early; so that to go to bed after midnight is to go to bed betimes. Does not our life consist of the four elements?
>
> (II.3.6-9)

Les quatre éléments qui évoquent les classifications scientifiques sont immédiatement tournés en dérision par Sir Andrew qui les réduit à deux : le boire et le manger. Ainsi l'ordre est bien présent dans *Twelfth Night*, mais il semble qu'il ne serve que de repoussoir au désordre pour en faire mieux ressortir toutes les facettes. Quand Malvolio reproche à Sir Toby de

---

1. Littré (entrée Ordre n°1).

dépasser toute mesure, ce dernier lui répond qu'il observe parfaitement la mesure quand il chante (II.3.88). Chacun possède sa propre idée de l'ordre, et celui-ci est constamment remis en question.

III. Dialectique de l'ordre et du désordre

Mise en question et mise en perspective de l'ordre et du désordre constituent l'un des moteurs principaux non seulement du comique, mais aussi de la comédie. Tout le mécanisme est fondé sur le principe d'harmonie et de disharmonie. Les références à la musique, la place qu'occupent les chansons mériteraient une étude particulière[1]. Orsino donne le ton dès l'ouverture de la pièce. Mais au thème déjà si riche de la musique s'ajoute la notion d'excès entraînant le déséquilibre qui est une autre forme du mouvement. Nous venons de voir que Sir Toby et Sir Andrew, dans leur démesure, malgré ripailles et beuveries, gardent la mesure tout au moins quand ils entonnent un canon. Inversement le délicat mélomane qu'est le duc Orsino semble perdre la mesure quand il évoque l'amour que peut éprouver une femme. Il choisit des images étonnantes, dignes d'un professeur d'anatomopathologie pour décrire les désordres de la passion :

> There is no woman's sides
> Can bide the beating of so strong a passion
> As love doth give my heart; no woman's heart
> So big, to hold so much. They lack retention.
> Alas, their love may be called appetite,
> No motion of the liver, but the palate,
> That suffer surfeit, cloyment, and revolt.
> But mine is all as hungry as the sea,
> And can digest as much. [...]
>
> (II.4.92-100)

Il est malade de l'excès d'amour comme de l'excès de musique. La frontière entre plaisir et douleur est fragile et aisément franchie. Et c'est sur cette frontière si facilement franchissable que se jouent non seulement les effets comiques, mais aussi, pour Orsino et pour Malvolio, les effets émouvants qui donnent à la comédie une dimension presque pathétique. Les transgressions sont aussi une forme de cette dialectique entre l'ordre et le désordre. « Où il n'y a point de loi établie, ni de préceptes donnés, on ne saurait accuser personne de transgression[2] ». Or, dans *Twelfth Night*, l'action naît presque essentiellement des transgressions : usurpation d'identité, amours impossibles, mariage hâtif, mépris des règles de l'hospitalité et de l'honneur, perversité des farces de mauvais goût, au moins pour celui qui en subit les conséquences. Olivia s'empresse d'oublier le deuil qu'elle s'était imposé, Orsino s'empresse d'oublier la belle comtesse pour épouser Viola qu'il avait déjà apprécié(e) sous le déguisement de jeune homme.

---

1. Voir l'ouvrage de John H. Long.
2. La Mothe Le Vayer, *Vertu des païens*, cité par Littré (entrée transgression).

La dialectique de l'ordre et du désordre se retrouve non seulement dans le jeu de l'harmonie et de la disharmonie mais aussi dans la juxtaposition et superposition de l'apparence et de la réalité. Les déguisements en sont l'aspect le plus évident, le plus conventionnel aussi dans le théâtre élisabéthain. La première raison est technique puisque les femmes n'étant pas autorisées à se produire sur scène, les rôles féminins étaient tenus par de jeunes acteurs. C'est ainsi que Viola déguisée en Cesario ne fait qu'être elle-même. Shakespeare et les dramaturges de son temps ont exploité cette contrainte jusqu'à en faire un procédé dramatique. Mais dans *Twelfth Night* il y a une véritable réflexion sur le déguisement qui sème le trouble et le désordre et va bien au-delà du simple emprunt d'habits :

> Olivia   I prithee tell me what thou think'st of me.
> Viola   That you do think you are not what you are.
> Olivia   If I think so, I think the same of you.
> Viola   Then think you right, I am not what I am.
> Olivia   I would you were as I would have you be.
> Viola   Would it be better, madam, than I am?
>   I wish it might, for now I am your fool.
>
> (III.1.136-42)

Viola ajoute même une dimension morale puisqu'elle juge que le déguisement est une sorte de profanation, une usurpation de la réalité : « Disguise, I see thou art a wickedness » (II.2.27).

Le trouble est encore accentué par le fait que Viola et Sebastian sont jumeaux : « même visage, même voix, mêmes habits et deux personnes, réfraction naturelle qui est et n'est pas » dit Orsino (V.1.209-10). Shakespeare utilise une image très révélatrice : « A natural perspective[1] » et quelques vers plus loin (259) « glass ». Cette référence aux illusions d'optique semble particulièrement pertinente dans cette pièce et dans son rapport avec la technique théâtrale en général. Nous avons donc sur scène des personnages doubles, interchangeables qui sont leur miroir réciproque, les deux moitiés d'une pomme comme le dit Antonio :

> How have you made division of yourself?
> An apple cleft in two is not more twin
> Than these two creatures.
>
> (V.1.216-8)

Ainsi s'établit un rapport permanent entre l'ordre et le désordre qui abolit la notion de réalité. « Rien de ce qui est, n'est » (IV.1.8) dit Feste qui croit reconnaître Viola/Cesario en Sebastian. Ce qui n'empêche pas certaines dérives jusqu'à l'absurde si on tente de suivre le raisonnement du même Feste qui a emprunté les habits du curé Topas : « for what is 'that' but 'that' and 'is' but 'is'? » (IV.2.16-7). Mais n'est-ce pas le rôle du bouffon de souligner ce qui est important sous le couvert de la dérision par des formules à

---

1. Voir note de Lothian et Craik, dans l'édition Arden (143, 145). Voir également les notes d'E. Story Donno, dans l'édition Cambridge University Press, 1985, rep. 1989, (142 note 201, 144 note 249).
   Dans *Macbeth*, Shakespeare utilise aussi l'image du miroir (glass), et d'autres dramaturges de son temps utilisent le mot « prospective glass » allusions aux appareils optiques très en vogue à l'époque, qui permettent de grossir, de rapprocher, de déformer.

double ou triple détente ? Seuls les personnages secondaires sont sans problèmes et pourrait-on dire sans grand intérêt, dans les limites de notre étude. Le capitaine – anonyme – qui a sauvé Viola incarne l'équilibre et illustre l'adéquation entre l'apparence et la réalité, comme le souligne cette dernière :

> I well believe thou hast a mind that suits
> With this thy fair and outward character.
>
> (I.2.47-8)

Le rapport entre l'apparence physique et la vraie nature de l'homme, thème favori de Shakespeare dans les sonnets et dans d'autres pièces, est abordé plusieurs fois dans la comédie. C'est ainsi qu'Antonio trompé par la ressemblance de Viola avec Sebastian accuse ce dernier de duplicité, encore s'agit-il d'une accusation indirecte, réfractée, puisqu'il s'adresse à Viola, sosie, image de son frère :

> But O, how vile an idol proves this god!
> Thou hast, Sebastian, done good feature shame.
> In nature there's no blemish but the mind.
> None can be called deformed but the unkind.
> Virtue is beauty, but the beauteous evil
> Are empty trunks o'er-flourished by the devil.
>
> (III.4.356-61)

A la fin de la comédie, quand tombent les masques, quand Orsino comprend qu'il a définitivement perdu Olivia, il oppose la noirceur d'un cœur de corbeau qui peut se cacher sous l'apparente douceur d'une colombe (V.1.127).

L'opposition entre apparence et réalité n'est qu'un aspect du rapport conflictuel entre l'ordre et le désordre. Dans *Twelfth Night*, on peut parler d'une véritable mise en équation et de mise en mouvement de ce rapport. C'est d'abord la représentation des désordres de la passion amoureuse déclinée sur tous les modes. Sans entrer dans le détail, rappelons la maladie d'amour dont souffre Orsino, maladie atténuée et si soudainement guérie par Cesario/Viola, le tout sur un arrière-plan assez équivoque dû au déguisement. Rappelons aussi l'exploitation comique des émois de Malvolio, le jeu complexe d'intermédiaire et les stratagèmes dont use Viola pour épouser le duc, la versatilité et la passion dévorante d'Olivia, sans compter les prétentions ridicules de Sir Andrew et les amours ancillaires de Sir Toby[1]. Pour reprendre le cas de Malvolio, il y a une mise en scène des désordres du cœur et de l'esprit qui aboutit à un spectacle dans le spectacle : « a common recreation » (II.3.127) « sport royal » (II.3.160). La représentation des désordres mentaux devient un jeu, une action. Le malheureux est enfermé dans une chambre noire, scène sur la scène. Il devient un objet de curiosité offert par Maria aux spectateurs : « Observe him, for the love of mockery » (II.5.16). La fiction dépassant la réalité théâtrale, elle-même illusion, au point que Fabian le fait remarquer à ses acolytes : « If it were played upon a

---

1. C'est là un point discutable car, bien que Maria soit au service d'Olivia, elle est de bonne famille.

stage now, I could condemn it as an improbable fiction. » (III.4.122-3) Ces éléments, comme la représentation des désordres de Sir Toby et de son double parodique qu'est Sir Andrew, font partie intégrante de l'intrigue, ou plutôt devrait-on dire des intrigues.

Si la dialectique de l'ordre et du désordre est essentielle à la bonne marche de la comédie, elle a aussi sa rhétorique[1]. Feste, le bouffon, est un corrupteur de mots. Il sème le désordre dans la syntaxe et le lexique. Il retourne les mots comme on retourne un gant de chevreau : « A sentence is but a chev'rel glove to a good wit, how quickly the wrong side may be turned outward[2]. » (III.1.11-3) Les métaphores les plus conventionnelles comme les flèches de Cupidon sont dénaturées, et dans la bouche de Sir Toby, le messager de l'amour se sert d'une arbalète ou une catapulte (« stone-bow ») pour frapper l'œil de sa victime (II.5.43). L'écriture elle-même est déguisée, Maria imitant parfaitement celle de sa maîtresse : « I can write very like my lady your niece; on a forgotten matter we can hardly make a distinction of our hands. » (II.3.148-50). Les lettres, isolées, perdent leur identité pour devenir les clés du royaume de l'imaginaire, comme les mystérieuses initiales « M.O.A.I. » que Malvolio tente d'interpréter[3]. (II.5.103)

La mise en équation dramatique de l'ordre et du désordre apporte une dimension supplémentaire à la pièce. C'est une réflexion sur le théâtre, sur la comédie et sur les limites du désordre, même et surtout si c'est le désordre de la fête. « *Twelfth Night* is the summing-up of a major phase in Shakespeare's writing, the last romantic play at the end of a decade, because it deals with the psychological value of revelry and its limits as well; it is a comedy about comedy[4]. » En effet, par le jeu des paradoxes, c'est Malvolio, le personnage le plus caricatural, l'archétype de la dupe, qui risque de faire naître la compassion chez le spectateur. Il est la victime de jeux assez pervers, et grâce à sa sincérité et à sa lucidité retrouvée, il abandonne son masque comique. La malédiction qu'il lance à la fin (V.1.368) a quelque chose d'inquiétant qui se situe aux frontières du tragique. Feste, le bouffon vénal, joue avec virtuosité de toutes les tonalités, et le corrupteur de mots est peut-être corrupteur tout court. La mélancolie d'Orsino a des accents pathétiques. Le mariage de Sebastian avec Olivia est plutôt immoral sinon amoral. C'est, pour lui, davantage l'issue d'une bonne fortune que celle d'un grand amour. Il semble donc que *Twelfth Night* soit un vaste chantier de déconstruction, où règne le désordre. Désordre apparent puisque c'est celui du théâtre. « Etes-vous comédien ? » demande Olivia à Viola qui répond : « Je jure que je ne suis pas ce que je représente » (I.5.175-6). Nous sommes plongés dans un monde sans repères, un monde d'improbable fiction

---

1. Voir les pages consacrées à *Twelfth Night* par Henri Suhamy.
2. Shakespeare utilise la même image dans *Romeo and Juliet*, (II, 4, 80). L'interrogation sur les mots et leur sens se retrouve dans la plupart des pièces, et un personnage de *All's Well...* porte le nom révélateur de Parolles.
3. Voir note de Lothian et Craik dans l'édition Arden (68) que les critiques peuvent être aussi perplexes que Malvolio.
4. Salingar (242).

comme le dit Fabian cité plus haut, un monde, celui de l'illusion où le seul ordre est celui de l'imagination et du rêve.

*   *
*

Au-delà du miroir trompeur de la scène, la comédie nous propose une réflexion sur la représentation sensible de l'ordre et du désordre, en d'autres termes sur la sagesse et la folie. Derrière les proverbes et les aphorismes émaillant la pièce, et qui sont l'expression d'un certain équilibre des choses de la vie, Shakespeare remet tout en question. L'inversion des rôles est un moyen à la fois de démolir et de reconstruire. C'est ce que proclame Feste quand il en appelle à l'esprit :

> Wit, an't be thy will, put me into good fooling! Those wits that think they have thee do very oft prove fools, and I that am sure I lack thee may pass for a wise man. For what says Quinapalus? 'Better a witty fool than a foolish wit.'
>
> (I.5.29-33)

L'insouciance, la joie de vivre de *Twelfth Night* s'inscrivent dans un système spéculaire complexe grâce auquel chaque personnage se renvoie son image. C'est le bouffon qui sert d'interprète au fou, – les termes deviennent interchangeables – c'est Feste qui lit la lettre de Malvolio : « Look then to be well edified when the fool delivers the madman. » (V.1.284-5). La leçon du fou, s'il y en a une, est une mise en perspective. Le dramaturge nous tend un kaléidoscope et le prisme magique des miroirs combine les petits fragments éparpillés pour en faire une parfaite figure géométrique. L'ordre naît du désordre, et pour prendre une autre image qui allie l'art à l'illusion d'optique, Shakespeare semble nous offrir, dans *Twelfth Night*, une gigantesque anamorphose de l'ordre.

Bibliographie

- Beecher D. A. et Ciavolella M., *A Treatise on Lovesickness*, Syracuse: SUP, USA, 1990.
- Fluchère Henri, *Essais critiques, Shakespeare*, Paris: La Pléiade, Gallimard, 1959, vol. III.
- Laroque François, Shakespeare et la fête, Paris: P.U.F., 1988 ; ou la traduction de J. Lloyd, *Shakespeare's Festive World*, Cambridge: CUP, 1991, rep. 1993.
- Littré E., *Dictionnaire de la langue française*, Paris: Gallimard / Hachette, 7 vols, 1965.
- Long John H., *Shakespeare's Use of Music: A Study of the Music and its performance in the Original Production of Seven Comedies*, Gainsville: Florida UP, Florida, 1961.
- Salingar Leo, *Shakespeare and the Traditions of Comedy*, Cambridge: CUP, 1974, pb 1976.
- Suhamy Henri, *Le Vers de Shakespeare*, Paris: Didier Erudition, 1984.

L'instantané dans *Twelfth Night*
Raphaëlle Costa de Beauregard

La pièce est d'ordinaire étudiée au « plan du contenu », le « plan de l'expression[1] » étant considéré comme une sorte d'illustration de ce que disent les personnages. Mais des analyses théâtrales portant sur des œuvres plus modernes[2] se sont efforcées de montrer que le spectateur a bien deux textes devant lui, et que, par ailleurs, le spectateur est sollicité par deux types de signes, les signes verbaux (texte dramatique) et les non-verbaux (texte spectaculaire). Nous partons de l'hypothèse que le « plan du contenu » a pour forme le texte dramatique[3], c'est-à-dire, dans la théorie de l'énonciation, le plan de l'énonciation + énoncé diégétique[4] et que le « plan de l'expression » a pour forme le texte spectaculaire, c'est-à-dire, l'énonciation + énoncé théâtral. Cette hypothèse nous permettra de construire deux types de signes : ceux, verbaux, dont la forme est le texte dramatique et dont la substance est l'énoncé diégétique et son énonciation correspondante (un personnage déclare qu'il croit quelque chose ou va faire quelque chose, et il déclare cela d'une certaine manière, c'est-à-dire en utilisant à son niveau des signes non-verbaux, bien entendu, mais adressés à son interlocuteur), et ceux, non-verbaux, dont la forme est le texte spectaculaire s'adressant seulement au spectateur (qui voit autre chose que le personnage) et la substance un regard et donc un savoir privilégié, où se développent des comparaisons et des effets d'ironie.

---

1. La distinction entre le plan du contenu et le plan de l'expression est faite par Louis Hjelmslev. Cette distinction repose sur le fait qu'à chacun des plans correspond un jeu de signifiants, ou forme, et de signifiés, ou substance, où s'inscrivent les signes.
2. Cf. Anne Ubersfeld.
3. Voir par exemple le texte de Barber (ch. 10). Le texte est republié dans Palmer (112-136).
4. Pour une initiation théorique, voir l'ouvrage de Ducrot et Todorov.
   Rappelons rapidement ici que l'énoncé est le contenu (le dit) et l'énonciation la manière dont cela est dit (le dire). Rappelons aussi que le passage entre le plan de l'énoncé et le plan de l'énonciation n'est pas une relation fixe ; dans un roman, lorsque l'énoncé du narrateur est délégué à un personnage, celui-ci prend en charge le récit (se met à raconter une histoire à son tour –, ce qui donne un récit dans le récit, i.e. une « mise en abyme ») cette translation des fonctions s'appelle le débrayage. Lorsque le personnage redevient un simple sujet de la diégèse (c'est-à-dire le lieu, temps et personnage concernant l'action), on appelle embrayage l'opération inverse qui se déroule alors. Cette théorie peut fort bien s'appliquer au théâtre, c'est là le sens de l'analyse présentée ici. Ainsi, lorsque Maria devient metteur en scène, il y a débrayage de la fonction du metteur en scène, et lorsqu'elle redevient simplement personnage, il y a embrayage vers la source d'énonciation théâtrale (le metteur en scène est en effet l'une des figures de l'énonciation théâtrale). Pour une présentation de cette double énonciation (énonciation + énoncé du personnage vs énonciation + énoncé d'un « sujet-scripteur » implicite), voir Ubersfeld (265).

En admirant Sir Andrew Aguecheek au moment où il exécute un entrechat, le spectateur va-t-il découvrir derrière le rideau d'apparences peu flatteuses un danseur de charme bien doué pour séduire Olivia ? Ou bien au contraire, y aura-t-il un écart entre l'idée que Sir Andrew prétend se faire de ses charmes de séducteur et la raideur maladroite de cet entrechat ? Certes, nous pouvons suivre le regard ironique de Sir Toby. Mais il faut ajouter que cela dépend aussi du metteur en scène et de l'acteur, lesquels peuvent fort bien nous proposer une lecture différente de celle qui est inscrite dans le texte dramatique.

C'est en effet, en dernier ressort, la binarité même de cette valorisation de l'exécution de l'entrechat qui signale la différence entre le verbal et le non-verbal, lequel est par nature ambivalent, et, par conséquent, soumis à l'investissement sémantique direct par le spectateur en situation de focalisation visuelle. Seul le spectateur est à même de décider de la réussite ou du ridicule de cet entrechat. En d'autres termes, l'entrechat s'adresse à Sir Toby, et appartient de ce fait à la diégèse, mais il s'adresse aussi (de la part de la source d'énonciation théâtrale, et non du personnage, cette fois-ci) à nous directement.

L'exemple, cité ci-dessous, montre bien la différence entre le texte dramatique (texte dit par Sir Toby avec son énonciation correspondante) et le texte spectaculaire (on appelle « texte » dans ce cas ce qui s'adresse au spectateur seul, même si ce « texte » est non-verbal). Tandis que Sir Toby exprime son ironie à la fois par la syntaxe et par l'intonation ou la gestualité, le spectateur de l'entrechat reste libre d'évaluer celui-ci à sa manière. Le sens est donc induit et construit par le spectateur à partir des écarts entre les niveaux (ou « plans ») des signes.

> Sir Toby   […] let me see thee caper.
> [Sir Andrew capers]
> Ha, higher ! Ha, ha, excellent.
> (I.3.131-3)

Le jugement de Sir Toby peut ne pas être explicite et, dans ce cas, être impliqué par le contexte connu du spectateur, c'est-à-dire son persiflage constant à l'égard de son compagnon (voir ce qu'il dit auparavant : « And I can cut the mutton to't. », I.1.114)

Tandis que, répétons-le, l'évaluation du spectateur est distincte et peut fort bien être contraire. L'entrechat constitue un énoncé spectaculaire et son énonciation relève de l'interprétation que lui donne l'acteur. Il s'agit donc d'une icone théâtrale[1] où le code de la danse devient signe[2] de codes

---

1. Pour une présentation claire de la notion d'icone en analyse sémiotique, voir l'ouvrage de Martine Joly. On remarquera qu'icone est à distinguer ici d'icône, terme religieux faisant référence à un genre d'image très particulier (47).
2. Rappelons ici pour mémoire que la scène de théâtre (qu'il s'agisse de la scène « en tablier » des Élisabéthains ou de la scène cubique en perspective du théâtre italien) a la même fonction que le cadre, à savoir, de modifier le signifié des objets du monde qui sont prélevés dans notre environnement (ici, la danse) et placés dans l'univers sémiotique : ces objets deviennent des signes, c'est-à-dire renvoient à autre chose qu'à eux-mêmes (ici à la grâce ou à son contraire, la gaucherie). Cet effet de sens est appelé sémiotisation, c'est-à-dire la polarisation sémantique de l'élément (objet, unité lexicale) en un signe et son

différents, soit celui de la grâce, soit celui de la gaucherie. Et sa valeur énonciative dépend de notre compétence à lui donner un sens en l'évaluant d'une manière positive ou négative.

L'écart entre les deux réceptions de l'icone spectaculaire entraîne un écart en ce qui concerne notre réception du texte dramatique ; ici en particulier, lorsque Sir Toby déclare « let me see thee caper », le spectateur reçoit deux signifiés distincts : celui, diégétique, qui constitue les paroles de Sir Toby, et celui, plus proprement énonciatif, faisant référence à notre statut d'énonciataire privilégié, qui peut se représenter par quelque chose comme : « en effet, voyons ça ! ». Le texte dramatique se caractérise par un écart entre deux niveaux de réceptions, ce qui est appelé « double énonciation ».

En nous appuyant sur cet exemple, nous chercherons à analyser le niveau énonciatif des effets visuels énoncés dans le texte spectaculaire (et dans le texte dramatique, puisque les indications scéniques élisabéthaines sont, par convention, inscrites dans le texte dramatique davantage que dans les didascalies[1]). Cette analyse nous amènera sans doute à constater que la réussite de cette pièce est liée à une constante référence à l'énonciation spectaculaire, c'est-à-dire à la subjectivité spectatorielle. C'est donc l'instant théâtral qui est au centre de la pièce, et non la diégèse, laquelle est placée, non sans malice, sous le signe de la folie – instant théâtral dont le corrélat au plan du contenu est, selon nous, une éthique de l'instantané, et par conséquent, du vécu.

Sans doute est-ce là le sens de la comparaison relativement obscure exprimée par Viola lorsqu'elle commente les faits et gestes de Feste :

> And like the haggard, check at every feather
> That comes before his eyes.
>
> (III.1.63-64)

A la lumière de l'exposé théorique qui précède et des analyses qui suivent, nous proposons de voir dans cette image non seulement une définition du rôle du fou, mais aussi, celle assigné à l'énonciataire, c'est-à-dire au spectateur de la pièce.

---

contraire, et l'appartenance à une classe paradigmatique (ici, l'art : Sir Toby : « My very walk (i.e. nature) should be a jig. (i.e. art) », I.3.121).

1. Par exemple, le choix entre la poésie et la prose comporte des indications scéniques telles que : ton noble, élégance, élévation et grandeur de l'énonciation du texte dramatique, et du texte spectaculaire (gestes, allure générale, costumes), ou ton ordinaire, quotidien, « vulgaire » au sens littéral de « habituel », de cette énonciation. Ne pas relever le passage de la poésie à la prose et l'inverse dans un texte élisabéthain est donc une erreur grossière, le lecteur en conviendra.

Les entrées et les sorties des acteurs / personnages : effets visuels et effets de motivation[1]

Certains effets visuels sont liés aux entrées en scène des personnages. Ainsi en est-il par exemple de l'entrée en scène de Malvolio métamorphosé en « amoureux transi » à ce qu'il croit. Celle-ci est soigneusement préparée par une suite de textes y faisant référence, à la manière de miroirs proleptiques où serait esquissée par avance la silhouette grotesque. Ceci a pour effet de créer un horizon d'attente chez le spectateur, une perspective en profondeur, et une focalisation totale sur Malvolio lorsqu'il finit par entrer en scène.

Ce spectacle est en effet mis en abyme à la fois du fait de la pièce dans la pièce, lorsque les trois compères se cachent dans le jardin pour observer Malvolio tomber dans le piège tendu par Maria devenue metteur en scène (II.5.13-16) et aussi du fait d'une suite de portraits affichant par avance les accessoires indispensables : bas jaunes, jarretières croisées, et la grimace appropriée : un sourire sempiternel.

Tout d'abord, nous découvrons ces « portraits » lorsque Malvolio lit la lettre à voix haute (II.5.142-45 et 165-7), et lorsqu'il la commente en répétant la liste des trois accessoires dont il doit se munir (II.5.156-8). Après le départ de Malvolio, Maria revient sur scène et commente la métamorphose à l'aide d'un nouvel inventaire de ces mêmes accessoires (II.5.189-90). Enfin, la même Maria vient chercher les trois joyeux lurons et promet de leur faire voir une autre pièce dans la pièce, à savoir cette fois-ci la confrontation entre Malvolio déguisé en amoureux transi et Olivia ne reconnaissant plus son fidèle serviteur (III.2.63-74). Les commentaires d'Olivia apportent une évaluation finale à l'effet sensationnel créé par Malvolio muni de ses accessoires (III.4.10-53).

L'énoncé du texte dramatique dans ces portraits en chaîne comporte des répétitions, à la fois dans l'énumération, et, lors de la scène finale, dans le dialogue. Celui-ci est marqué par la répétition en écho, ce qui crée un effet d'anadiplose bouffonne tout en signalant l'incompréhension d'Olivia qui ne peut enchaîner un nouvel énoncé à partir des fragments qu'elle répète (par ex. : « Remember who commended thy yellow stockings », dit Malvolio en citant par cœur la lettre, c'est-à-dire ce qu'il attribue à Olivia elle-même : « Thy yellow stockings ? » reprend Olivia, III.4.45-7). L'énonciation de ce texte dépend d'effets de voix tels que : la surprise et la joie lorsque Malvolio lit la lettre, la certitude lorsqu'il parle d'évidence ; l'ironie lorsqu'il s'agit de Maria ; l'étonnement lorsque c'est le tour d'Olivia.

---

1. Par motivation on entend l'effacement des traces d'énonciation, ce qui crée l'illusion que la fiction se déroule réellement devant nous ; son contraire est la dénudation, c'est-à-dire la mise en évidence de la source d'énonciation (coups de pinceaux moins finis en peinture, effets poétiques en prose, par exemple, ou encore débrayages et embrayages tantôt à peine visibles (réalisme classique) tantôt au contraire très soulignés (postmodernisme)).

L'énoncé du texte spectaculaire[1] comporte la gestualité codée /surprise/ et /joie/ : jeux de bras, de jambes, qui s'ajoute à celle codée /lecture/ : geste de la main, tenue de la lettre loin/près des yeux, et contraste avec les kinèmes connotant la certitude : hochement de tête, par exemple. L'énonciation est liée au contexte puisqu'il s'agit d'un spectacle dans le spectacle, et que notre réception est représentée par les observateurs, pour lesquels tout ceci est comique. Et pourtant, tout comme pour Shylock dans *Le Marchand de Venise*, nous avons aussi tout loisir de mêler à ce rire une pincée d'amertume, voir de sympathie pour la victime.

Ainsi, selon la subjectivité du spectateur, la valorisation de la scène sera soit identique à celles des farceurs (identification secondaire avec les personnages[2]) soit distincte et, dans ce cas, c'est le dispositif théâtral qui est focalisé : nous nous identifions avec le metteur en scène. Puisque ici le metteur en scène est débrayé, c'est-à-dire diégétisé : c'est Maria, on peut se demander pourquoi elle n'est pas au premier plan, détachée des spectateurs (eux-mêmes débrayés/diégétisés), pour assister à la scène qu'elle a montée de toutes pièces.

Mais Maria étant absente, notre position n'est pas nécessairement la sienne. En effet, elle revient sur scène après le départ de Malvolio, ce qui peut paraître gratuit à moins de considérer que son absence marque justement la distance critique entre le dispositif théâtral lui-même et son débrayage et sa diégétisation avec le rôle de Maria. Si elle représente la manipulation pure et simple des acteurs par le metteur en scène, son absence ne peut que souligner la différence entre cette scène et le théâtre, puisque ici l'acteur est bien involontaire, et le rôle qu'il joue le met en cause directement. C'est en effet ce que rappelle Sir Toby à Maria :

> Sir Toby (to Maria) Why, thou hast put him in such a dream that when the image of it leaves him, he must run mad.
> (II.5.182-4)

C'est donc l'ignorance de Malvolio qui fait de lui une victime, et son talent d'acteur pour le rôle qu'il s'apprête à jouer, s'il est lié à son ambition dont nous avons vu un exemple au début de la scène (il s'imagine en Comte Malvolio, époux d'Olivia, exerçant un pouvoir absolu sur Sir Toby Belch en qui il voit un parasite ruineux et fauteur de troubles), ne s'en trouve pas moins mis à distance en tant que spectacle dans le spectacle, laissant ainsi place à une éventuelle sympathie de la part du spectateur.

---

1. Pour une étude des variantes d'interprétation, voir Brown (207-19). Ce texte figure aussi dans Palmer (188-203).
2. En sémiotique filmique, Christian Metz reprend une distinction antérieure entre identification primaire (avec le dispositif filmique) et identification secondaire (avec les personnages). Quoique le théâtre comporte une grande variété d'angles simultanés là où la caméra en impose un seul par plan (Ubersfeld, 167), il nous semble qu'il y a lieu de distinguer deux niveaux d'identification pour le spectateur de théâtre. C'est en particulier le principe de l'anamorphose dans *Les Ambassadeurs* d'Holbein (1533) : le lecteur s'en souvient, le personnage ne voit pas le crâne, et tant que nous sommes en face de lui, nous ne le voyons pas non plus ; pour voir le crâne, nous devons changer d'angle. Autrement dit, l'angle de face est relatif à l'énoncé diégétique (plan du contenu), et l'angle latéral à l'énoncé du dispositif pictural (plan de l'expression).

L'ironie de Maria à son retour n'est donc pas nécessairement la nôtre, et elle-même constitue pour le spectateur un spectacle, puisqu'elle manipule non seulement Malvolio pour se venger de lui, mais aussi les trois farceurs pour les séduire (au point que deux d'entre eux se proposent tout naturellement de l'épouser, II.5.171-75).

Quant à l'incompréhension d'Olivia, ici encore l'énoncé spectaculaire : gestes d'étonnement, d'interrogations, entraîne une énonciation du dispositif théâtral du fait de la robotisation du personnage, ce qui est bien entendu source de comique. Par l'écart entre notre savoir et le sien en ce qui concerne la lettre, chaque marque d'étonnement et d'incompréhension conforte notre propre savoir tout en faisant de son ingénuité un spectacle en soi. D'où une mise à distance du personnage par l'addition d'un regard ironique au regard sympathique qu'elle aura sans doute suscité lors des scènes précédentes.

Cette brève analyse s'inscrit dans l'ensemble des conventions selon lesquelles l'effet de motivation donne au spectacle un caractère vraisemblable, et engendre un effet de réel. D'où le paradoxe comique selon lequel l'invraisemblable, c'est-à-dire l'aveuglement de Malvolio qui le conduit à se déguiser d'une manière extravagante, paraît fort crédible. Cet instant soigneusement préparé, loin d'être instantané, relève de la temporalité construite et du prévisible, et donc de la motivation.

Effets visuels et effets de dénudation

Cependant, cette suite de scènes constitue un sous-ensemble en contrepoint, dans une pièce de théâtre qui est au contraire régie par l'absence de motivation. Pour reprendre le critère choisi ci-dessus, celui des entrées et des sorties, celles-ci sont caractérisées en majeure partie par l'absence de motivation, tant en ce qui concerne l'apparition que la disparition des personnages.

Certes, lorsque Malvolio et Viola/Cesario entrent par deux portes opposées (II.2), il y a motivation : Malvolio a dû rattraper le messager d'Orsino pour lui remettre une bague. Ou encore, lorsque Orsino vient en personne faire sa cour à Olivia (V.1), c'est que Viola/Cesario ne veut plus des avances d'Olivia (III.4.194-210).

Mais que dire de l'entrée en scène d'Orsino au début de la pièce, ou de l'arrivée inopinée de Viola, à la scène suivante ? Et surtout, que dire de celle de Sébastien (II.1), ou, plus surprenant encore, de son mariage (IV.3) ? Sans oublier la provocation en duel de Viola/Cesario, fondée sur une erreur qui rappelle celle concernant la pseudo-Hero à la fenêtre dans *Much Ado About Nothing*. Le coup de théâtre par lequel se termine la scène quatre de l'acte trois, c'est-à-dire l'arrivée inattendue d'Antonio, appartient également au sensationnel, à l'imprévisible, et cela, non seulement pour les personnages, mais aussi, il faut le dire, pour nous qui, cette fois, ne sommes avertis de rien, puisque Antonio a annoncé son intention de ne jamais se montrer.

Cette scène (III.4) est sans doute la plus représentative de cet état de fait dans la pièce, dont on a pu dire qu'il s'agissait du code de l'aventure romanesque et d'une métaphore du caractère imprévisible et changeant de la vie[1].

En contrepoint de l'entrée tant attendue de Malvolio, nous assistons à l'entrée inopinée d'un serviteur annonçant le retour de Viola/Cesario qui a été simplement indiqué comme possible dans le monologue d'Olivia en proie aux affres d'un amour malheureux. La précipitation avec laquelle Olivia sort en dit long sur son état d'esprit. A son agitation s'ajoute celle de Sir Toby qui fait alors son entrée, appelé en renfort, tandis que nous le savions aux aguets, en train d'observer la scène. Malvolio fait une sortie tout aussi précipitée.

Quant au projet de l'enfermer dans le noir qui est alors annoncé, il est à peine esquissé que déjà nous sommes plongés dans la nouvelle intrigue concernant le duel entre deux couards, dont on apprend presque aussitôt qu'ils ne s'affronteront que du seul regard : « This will so fright them both that they will kill one another by the look, like cockatrices. » (III.4.188-89). Mais cette intrigue, ainsi que celle du traitement qui sera infligé à Malvolio, s'effacent au moment même où elles sont introduites, du fait que nous voyons déjà Olivia revenir sur scène en compagnie de Viola/Cesario et, après quelques mots rapides, lui donner un médaillon contenant une miniature.

Le départ d'Olivia sur ces entrefaites nous laisse en présence de personnages qui n'ont aucune raison de se quereller mais qui, néanmoins, par le jeu des insinuations et des accusations, en viennent aux mains. Du moins est-ce ainsi que l'action devrait se dérouler si Viola/Cesario ne quittait pas inopinément la scène en compagnie de Fabian à la recherche de Sir Andrew, lequel entre aussitôt sur scène sans eux, en compagnie de Sir Toby. Mais les premiers ont tôt fait de revenir sur scène à nouveau, et ne sont sauvés d'une véritable bataille que par l'intervention d'Antonio (III.4.299-303), lui-même cherchant à échapper à la police qui arrive sur ses talons, et promu défenseur de Viola/Cesario par le plus pur des hasards.

De sorte que l'espace scénique subit des déformations continuelles, tantôt signe du temps qu'il faut aux personnages pour se rattraper les uns les autres (Olivia/Viola, Malvolio/Sir Toby, Viola/Sir Andrew), tantôt lice où s'affrontent des partenaires dont les projets ne coïncident pas (Olivia/Viola, Malvolio/Olivia, Sir Toby/Viola), ce qui engendre des malentendus. L'entrée en scène d'Antonio consacre en quelque sorte la prolifération des quiproquos dont la spirale devient pour ainsi dire l'estampille de la pièce.

Le jeu des entrées et des sorties dans cette scène crée en effet une image de tourbillon, de course-poursuite et de partie de cache-cache, c'est-à-dire tout le contraire d'un effet de réel.

---

1. Williams (193-9).

Certes, l'énoncé du texte dramatique est riche en évocations de la folie comme en témoignent les exemples suivants : « I am as mad as he, /If sad and merry madness equal be. » (III.4.14-5) déclare Olivia, sans savoir que Malvolio a quitté sa mélancolie habituelle pour un sourire perpétuel, ce qui invalide la référence même à la folie. Et devant le spectacle surprenant qu'offre le nouveau Malvolio, elle s'exclame : « Why, this is very midsummer madness » (III.4.53), ce qui est aux antipodes de ce que l'on attend, à savoir « Twelfth Night madness ». L'énonciation des personnages est ponctuée de marques d'agitation et de passion déraisonnable.

Mais l'énoncé spectaculaire, en favorisant un rythme accéléré, ainsi que la superposition de trois intrigues/course-poursuite différentes auxquelles vient s'ajouter d'une manière inattendue une quatrième (Antonio et la police), crée un effet de raccourci et de mise en abyme dont l'énonciateur, à savoir, ici, le spectateur, a une vue globale très différente des visions parcellaires et morcelées des actants des différentes intrigues. Les personnages sont victimes de confusions individuelles diverses : Cesario est aimé d'Olivia et jalousé par Sir Andrew, et il y a erreur sur la personne, puisque Cesario n'est autre qu'une femme, c'est-à-dire dans les deux cas un partenaire illusoire. Mais le texte spectaculaire, lui, suggère au contraire une perspective en spirale doublée d'une superposition, ainsi qu'il a été suggéré, ce qui comporte un caractère esthétique indéniable, et projette sur ce désordre apparent une forme d'ordre lié au rythme, à la répétition, aux effets de symétrie.

A la motivation qui suscite un horizon d'attente en ce qui concerne Malvolio s'oppose donc une dénudation du dispositif énonciatif spectaculaire. En effet, si le premier nous plonge dans un univers réaliste par la structure proleptique des différents miroirs annonçant la métamorphose de Malvolio, le second nous invite à considérer cet univers d'un œil circonspect et ironique. En outre, nous focalisons sur la dimension esthétique du spectacle davantage que sur les quatre intrigues. Or, est-il besoin de le rappeler, ces quatre intrigues s'entremêlent ici au point que seul le coup de théâtre (autre forme de dénudation énonciative spectaculaire) pourra rétablir un semblant de cohérence, dédoublant Cesario qui devient à la fois Viola et Sébastien.

Il est donc certain que les coups de théâtre successifs ont pour effet de valoriser l'instantanéité de l'action, et l'instant présent en ce qui concerne le temps spectatoriel ; en dénudant le dispositif théâtral, c'est aussi la présence spectatorielle qui est dénudée, une présence focalisée sur le spectacle et sa mise en abyme davantage que sur les intrigues elles-mêmes. Nous sommes dès lors confrontés à l'éthique maniériste selon laquelle l'instant, le fugitif et l'insaisissable, le « je-ne-sais-quoi », sont valorisés dans le cadre plus vaste d'une éthique de l'écart aux confins de l'excès[1].

---

1. Voir par exemple Baldassare Castiglione.

Effets visuels et effets de miroir

Ainsi que l'étude de la scène quatre de l'acte trois l'a montré, notre attention est plus souvent focalisée sur l'énonciation spectatorielle que sur le déroulement diégétique dans cette scène centrale. On peut en dire autant, semble-t-il, de toute l'œuvre. Le coup de théâtre final (V.1.219-50) rétablit une symétrie d'ensemble qui évoque bien entendu les lois naturelles, puisque aux couples malheureux Orsino/ Olivia et Olivia/Cesario se substituent ceux d'Orsino/Viola et d'Olivia/Sébastien.

A cette inversion symétrique qui gère l'espace final de l'acte cinq, en regroupant les personnages deux par deux, répondent des effets de dédoublement au niveau de l'énoncé spectatoriel, puisque à la double image qui accompagne toutes les entrées en scène de Viola/Cesario se substituent deux images simples et monovalentes, celles de Viola et de Sébastien.

Par contre, la double image Viola/Cesario se duplique tout d'abord, puisque nous avons d'une part Viola/Sébastien, lors de l'entrée en scène d'Antonio à la fin de la scène quatre de l'acte trois, et, d'autre part, Cesario/Sébastien lors du mariage au quatrième acte. De tels effets de gémellité et de prolifération des doubles, qu'il s'agisse de leur réunion ou de leur séparation, attirent immanquablement notre attention sur l'énonciation spectaculaire, puisque les personnages ont, pour nous, tantôt une vue double, tel Orsino, par exemple, lorsqu'il s'exclame : « One face, one voice, one habit, and two persons/ A natural perspective, that is and is not. » (V.1.209-10), tantôt une vue de myope, tel Antonio ou Olivia se méprenant sur l'identité de Viola ou Sébastien.

C'est donc leur vue qui devient spectacle pour nous, puisque nous en savons plus qu'eux. En d'autres termes, tandis qu'ils perdent tout repère du fait de leur ignorance et de leur courte vue, égoïsme ou désir, comme l'on voudra, nous assistons à une galerie de miroirs où défilent les spectacles de ce qu'ils croient voir.

Il en va de même en ce qui concerne les effets sonores. Tout d'abord, au niveau diégétique, ce qui est chanson pour l'un est bruit pour l'autre. Il s'agit bien entendu de la scène de célébration de la Nuit des Rois (II.3) où nous entendons six chansons différentes au beau milieu de la nuit, au moment où ceux qui se couchent tard deviennent ceux qui se lèvent tôt (II.3.1-8). Cette scène s'intègre dans le déroulement de la diégèse puisqu'il s'agit des amusements de Sir Toby et de son compagnon, Sir Andrew, devenus l'espace d'une nuit les homologues de Falstaff lui-même, si l'on en croit Maria, et surtout Malvolio (II.3.68-70 et 81-86).

Mais il s'agit aussi pour nous d'un symbole renvoyant au titre même de la pièce, et par conséquent à l'œuvre dans son ensemble. Cette nuit de chansons et de dons fournit à la pièce un contexte culturel majeur[1],

---

1. Cf. François Laroque.

motivant ainsi la satiété des uns (Orsino rassasié de musique, I.1.2) et les excès des autres (les trois fols, II.3.15-6). La multiplicité des dons s'en trouve également expliquée, puisque aux nombreuses pièces d'or que nous voyons changer de main, auxquelles s'ajoutent bagues et médaillons, correspond l'usage d'offrir des présents entre la nuit de Noël et la nuit des Rois.

L'énonciation spectaculaire permet ici encore au spectateur d'établir des liens symboliques entre des fragments de scène souvent sous le signe de l'improbable, tels que les dons en argent d'Orsino à Feste (II.4.6), de Viola au capitaine (I.2.17) et à Feste (III.1.42 et 52), ou d'Antonio à Sébastien (III.3.38-47), mais toujours disposés en miroir les uns par rapport aux autres.

Ces rapports symboliques sont non seulement liés à la circulation des pièces d'or dont nous sommes les seuls à mesurer la fréquence, mais aussi à des effets de mise en abyme du spectateur renvoyant à notre propre rôle d'énonciataire spectaculaire.

L'exemple le plus évident en est sans doute le moment où Olivia soulève le voile dont elle vient de masquer son visage et donne à Viola/Cesario un autoportrait, préambule au portrait en miniature qu'elle lui donnera plus tard. Non seulement cette icone théâtrale fait écho aux moqueries de Sir Toby (I.3.117-19) auxquelles il a été fait allusion plus haut, mais elle réfléchit la direction de notre regard, depuis le monde diégétique mis en place par le texte dramatique, vers le monde esthétique du texte spectatoriel.

En se voilant d'abord pour se dévoiler ensuite, Olivia raccourcit à un seul instant, lequel devient par là même un instant privilégié, la rencontre avec le messager d'Orsino. De même la miniature qu'elle lui donne renvoie à un instant privilégié, ainsi qu'en témoigne le miniaturiste Nicholas Hilliard[1] rapportant les instants vécus où il a pu voir le visage de sa reine, et, par analogie, les visages des autres dames et gentilshommes de la cour venus poser pour lui.

La primauté de l'instant, et de l'instantané est également caractéristique de la vision amoureuse. Orsino est amoureux d'Olivia dès qu'il la voit, car elle lui est apparue comme une vision miraculeuse. Il s'exclame en effet :

> O, when mine eyes did see Olivia first
> Methought she purged the air of pestilence ;
> That instant was I turned into a hart,
> And my desires...
>
> (I.1.18-21)

Si la référence au mythe d'Actéon est pour le moins typiquement maniériste, ce qui crée d'emblée un univers précieux dont le château d'Anet ou celui de Fontainebleau en France illustrent bien l'esprit, l'instant miraculeux qui donne le ton à toute la pièce est aussi, pour nous spectateur, l'instant matérialisé par la musique, par chacune des très nombreuses chansons qui ponctuent le déroulement des scènes comme autant de

---

1. Cf. Costa de Beauregard.

« tableaux ». C'est aussi l'instant miraculeux de l'amour d'Olivia pour Cesario :

> Thy tongue, thy face, thy limbs, actions, and spirit
> Do give thee five-fold blazon. Not too fast. Soft, soft–
> Unless the master were the man. How now ?
> Even so quickly may one catch the plague ?
> Methinks I feel this youth's perfections
> With an invisible and subtle stealth
> To creep in at mine eyes.
>
> (II.1.282-88)

On le voit, c'est la rapidité de la révélation, ainsi que son caractère insaisissable, ce « je-ne-sais-quoi » de l'art maniériste, aussi appelé la grâce, qui fascinent le personnage.

La mise en abyme du spectateur se fait selon un mode semblable. Les passages analysés ci-dessus témoignent de la prééminence du regard instantané, ponctuel et du caractère insaisissable de l'expérience spectaculaire. Ils témoignent aussi de la subjectivité du spectateur qui doit à tout instant décider si ce qu'il voit et entend est de l'ordre du bruit ou, au contraire, de l'ordre de la musique, ou encore, gouverné par l'excès à satiété ou par la subtilité d'une multitude de contrepoints.

Bibliographie

- Aston Elaine and Savona George, *Theatre as Sign-System A Semiotics of Text and Performance*, London : Routledge, 1991.
- Baltrusaitis J., *Anamorphoses*, Paris : O.Perrin, 1969.
  Le Miroir, Paris : Seuil, 1978.
- Barber C. L., « Testing Courtesy and Humanity in *Twelfth Night* », *Shakespeare's Festive Comedy*, Princeton: Princeton U. P.,1959.
- Brown John Russell, « Directions for *Twelfth Night* », *Shakespeare's Plays in Performance*, Londres: Edward Arnold.
- Castiglione Baldassare, *Il Cortegiano*, 1528. Traduit par Sir Thomas Hoby, *The Book of the Courtier*, 1561, London: Dent, 1975.
- Costa de Beauregard R., *Nicholas Hilliard et l'imaginaire élisabéthain*, Paris: CNRS, 1991.
- Ducrot Oswald et Todorov Tzvetan, *Encyclopedic Dictionary of the Sciences of Language*, Oxford: Blackwell, 1979. Traduit par C. Porter du *Dictionnaire encyclopédique des sciences du langage*, Paris: Seuil, 1972, et coll. Points.
- Eco Umberto, *Le Signe* (1973), Bruxelles : Labor, 1988, aussi en Livre de Poche.
- Elam Keir, *The Semiotics of Theatre and Drama*, London & New York : Routledge (1980) 1987.
- Evans Bertrand, *Shakespeare's Comedies*, Oxford : O.U.P., 1960.
- Freeman R., *English Emblem Books*, London : Chatto & Windus, 1970.
- Golaszewski M & Costa de Beauregard R.,*Texts & Comment English Literary Texts with an Introduction to Critical Analysis* Paris : Ellipses,1992.
- Greenblatt Stephen, « Resonance and Wonder », Peter Collier & Helga Geyer-Ryan, eds. *Literary Theory Today*, Cambridge : Polity Press, 1990, 74-90.

- Greimas A. J. et Courtès J. *Semiotics and Language An Analytical Dictionary* (original en français *Sémiotique : dictionnaire raisonné de la théorie du langage* Paris : Hachette, 1979) Bloomington :Indiana University Press, 1982.
- Hjelmslev Louis, *Prolégomènes à une théorie du Langage*, 1943. Traduction française Una Canger et Annick Wewer, Paris: Minuit (1968), 1971.
- Joly Martine, *L'Image et les signes, Approche sémiologique de l'image fixe*, Paris: Nathan, 1994.
- Laroque François, *Shakespeare et la fête*, Paris: PUF, 1988. Traduction J. Lloyd, *Shakespeare's Festive World*, Cambridge: Cambridge University Press, 1991.
- Martinet M. M., *Le miroir de l'esprit dans le théâtre élisabéthain* Paris : Didier Erudition, 1981.
- Metz Christian, *L'énonciation impersonnelle ou le site du film*, Paris: Méridiens Klincksieck, (1991) 1994.
- Palmer D. J., *Twelfth Night A Selection of Critical Essays*, collection Casebook Series, London: Macmillan, 1972.
- Panofsky E., *Meaning in the Visual Arts* (1955) Harmondsworth : Peregrine Books, 1970.
- Strong Roy, *The English Icon : Elizabethan and Jacobean Portraiture* London & New York : Paul Mellon 1969.
- Ubersfeld Anne, *Lire le Théâtre*, Paris: Edts. Sociales, 1978.
- Whitney G., *A Choice of Emblemes and other Devises* 1586 Scolar Press.
- Williams Porter, Jr., « Mistakes in *Twelfth Night* and their Resolution », *PMLA*, lxxvi, 1961.

D'Éros à Moria, de Platon à Érasme
Michel Naumann

L'Angleterre élisabéthaine du passage du XVIe au XVIIe n'est pas cet âge d'or que la postérité a voulu y voir, portée par un élan nationaliste d'idéalisation. Il existe une légende noire contre l'Espagne et une légende lumineuse en faveur de l'Angleterre. Il convient de se souvenir qu'il ne s'agit que de légendes.

En tenant compte des œuvres qui ont pu en être des sources et du fait que l'ouvrage de Meres, *Palladis Tamia*, ne cite pas *La Nuit des Rois* dans sa liste des pièces de Shakespeare en 1598 alors que dans son journal intime Manningham affirme avoir assisté à cette comédie le 2 février 1602, on estime qu'elle a été composée entre 1598 et 1600. Le règne de la Reine vierge est alors déjà bien long. La symbiose entre les initiatives de la souveraine, son génie politique et les aspirations de son peuple est ébranlée. L'autoritarisme d'Élisabeth I apparaît de plus en plus comme tel. La guerre avec l'Espagne s'éternise, la victoire facile contre une Invincible Armada qui n'a pas eu l'occasion de montrer sa valeur est oubliée, les Anglais découvrent un adversaire tenace et fier. Sur mer la qualité des équipages portugais et la valeur des vainqueurs de Lepante s'affirment. La crise économique larvée, quelques mauvaises récoltes, des prix qui baissent et le développement de l'usure dans les campagnes montrent que la situation est complexe. Yeoman, membre d'une classe entre les extrêmes, homme de la campagne qui a réussi à Londres, toujours donc dans l'entre-deux, dans l'ambivalence, Shakespeare devait ressentir l'ambiguïté d'un grand règne qui s'enlise. On ne peut certes pas lire *La Nuit des Rois* comme une comédie sombre, un peu à la manière du critique polonais Jan Kott qui avait tendance à considérer le grand dramaturge anglais à partir de l'expérience stalinienne et post-stalinienne de son pays, mais la réduire à un pur enchantement, un hymne enjoué à l'amour et à la vie, reviendrait à oublier et le contexte historique de l'époque de la composition de cette pièce et les questions qui la traversent.

La situation de Viola, il faut bien l'admettre, tourne souvent au cauchemar. Nous rions de la voir contrainte de défendre la cause de l'homme qu'elle aime auprès d'une rivale, ses craintes lorsqu'elle doit se battre en duel sont d'autant plus amusantes que son adversaire est également terrorisé, mais dans les deux cas elle affronte les questions essentielles de la vie, l'amour et la mort, et un metteur en scène pourrait très facilement faire ressortir le côté angoissant de la situation de l'héroïne, prise dans un piège qui se referme impitoyablement. Que dire des tortures que lui promet le Duc lorsqu'il est amené à croire qu'elle l'a trompé ? Le rire côtoie le gouffre. La farce dont Malvolio est victime évoque les procédures inquisitoriales lorsqu'il est enfermé et questionné, ainsi que les pouvoirs inquiétants de ceux qui sont en mesure de définir la frontière entre la raison et la folie. *La Nuit des Rois* est certes une pièce que traverse une vitalité joyeuse, mais jamais une pièce légère.

Si la complexité de la réalité que traduit cette comédie relevait de conditions politiques, sociales et économiques anglaises, les moyens d'analyse et de perception à la disposition des Élisabéthains étaient largement internationaux, ou, tout au moins, européens. Il y avait à cette époque une vie culturelle continentale assurée par les Humanistes qui communiquaient en Latin. L'imprimerie permettait une importante circulation de documents. Le grand tour des jeunes aristocrates leur donna l'occasion de découvrir l'Italie, alors le centre de rayonnement de la Renaissance. Un siècle avant Shakespeare les plus audacieux des Humanistes, portés par la montée fulgurante de la rationalité marchande, annonçaient l'aube du triomphe des sciences et des arts. Ficino (1433-1499) revisitait Platon et affirmait qu'en se libérant du corporel la raison serait en mesure de rendre l'homme à son origine divine. Pic de la Mirandole (1463-1494) dans une fable célèbre déclarait que Dieu ayant oublié de donner à l'homme une nature, celui-ci en devenait le créateur par son libre arbitre. La créature se trouvait en mesure de construire un monde harmonieux qui de l'amour des corps et du beau à l'amour du bien reposait sur celui qui avant d'être Cupidon, compagnon plutôt ridicule de Vénus, fut le premier des Dieux selon Parménide et l'ordonnateur de l'univers, Éros. Mais si la raison pouvait élever l'homme, il restait capable de dégénérer jusqu'à l'animalité la plus basse. Angoissante liberté ! De plus le rêve d'ordre et d'harmonie de la république des Humanistes partageait certaines caractéristiques de l'Utopie : une rationalité sûre d'elle-même, élitiste, génératrice d'impatience, voire d'intolérance. Dostoievski, impitoyable critique des illusions rationalistes, déclara que 2 + 2 était un principe inhumain et l'un de ses personnages reconnaît dans *Les possédés* que la perfection en ce monde implique l'exclusion des neuf dixièmes de l'humanité. Certains à la Renaissance pourraient avoir eu des intuitions semblables. Dès le XVe certains penseurs s'inquiétèrent donc du caractère abstrait du néo-platonisme italien et invoquèrent le primat d'une raison modestement pratique avec Cristoforo Landino (1424-1498) et Pietro Pomponazzi (1462-1524). Le premier rappelait l'importance du corps et des réalités sociales auprès de l'âme, le second modérait le platonisme de ses prédécesseurs en revenant à Aristote. Mais entre ces optimistes et ces pessimistes, Érasme (1469-1536) affirmait le caractère contradictoire de la vie, sa folie subversive et pleine de vitalité, symbolisée par la Déesse de la folie, Moria.

La Nuit des Rois nous présente d'une part des personnages que nous nommerons les enfants d'Éros parce qu'ils sont mus par une recherche d'harmonie, à travers l'amour, la contemplation, l'ordre, d'autre part les enfants de Moria dont la fonction est de mettre en évidence grâce aux armes que sont le rire et l'absurde, les dangers de régression et de perversion qui guettent les premiers, les guérir et les faire advenir à une humanité plus ouverte qui reste l'unique espoir d'accomplissement du grand rêve de la Renaissance.

I. Les enfants d'Éros

Le psychanalyste indien Kakar nomme « carré de base du moi » le résultat de l'expérience de la relation corporelle de l'enfant à la mère : symbiose, harmonie, participation aux rythmes du corps, notamment les battements du cœur et la respiration, sentiment de sécurité et de plénitude... Éros, enfant du manque, représente l'élan, l'aspiration vers cette unité primordiale perdue dans le processus de croissance. Celui-ci implique une séparation qui, si elle vise à l'indépendance de l'être, n'en passe pas moins par un itinéraire imposé par les adultes, une autorité génératrice d'angoisse et l'ouverture à un univers menaçant.

a. Orsino

Le Duc Orsino dès la première scène évoque cet Éden perdu :

> If music be the food of love, play on,
>
> (I.1.1)

La musique renvoie aux bruits, rythmes et battements du corps maternel, mais aussi à la musique des sphères, chaque planète produisant une note, c'est-à-dire à l'espace, surtout à l'espace céleste au delà de la lune, immuable, composé d'éléments supérieurs, moins lourds, plus spirituels. Les mondes supérieurs sont plus à même d'évoquer la stabilité, la sécurité, la plénitude de l'expérience primordiale. Le monde sub-lunaire est celui des changements, de l'histoire et de la chute, il est trop perturbant pour représenter parfaitement le corps maternel.

Ces relations entre musique, espace, expérience primordiale, amour sont renforcées par le choix des sens mis à contribution : à l'ouïe s'ajoutent le toucher, évoqué par la caresse de l'air dans lequel se fond la chanson de Feste, le fou et le musicien, et l'odorat qui reconnaît dans la douceur du vent le parfum des violettes. La vue, sens non impliqué dans le rapport au corps maternel, est exclue.

> O, it came o'ver my ear like the sweet sound
> That breathes upon a bank of violets,
> Stealing and giving odour. [...]
>
> (I.1.5-7)

La sensualité du passage est intense : « bank », rive, côte, petit mont, et les violettes, fleurs de Vénus, s'associent en un mont de Vénus que caresse un vent léger qui est d'ailleurs personnifié et qui respire, la respiration partagée de la mère et de l'enfant étant un des fondements de l'expérience primordiale. L'aimée d'Orsino est certes cette Vénus puisqu'elle est souvent décrite comme une colombe, l'oiseau de Vénus, mais aussi celle que « respire » le Duc et qui purifia l'air :

> Methought she purged the air of pestilence;
>
> (I.1.19)

La musique est aussi un aliment, une mère nourricière : « food of love », « appetite », « give me », « surfeiting » qui n'est pas sans nous faire songer à un excès de nourriture... Le choix des mots est à cet égard fort clair. L'amour qui a saisi le cœur d'Orsino est un enfant affamé et une force cosmique qui englobe tout, Éros. L'image de la mer, origine de la vie naturelle et mère, comme Vénus dans le grand poème du philosophe Lucrèce, est exemplaire (I.1.11). N'oublions pas que le ciel selon la Bible est composé des eaux d'en haut que Dieu sépara des eaux d'en-bas. Nous rejoignons ainsi la musique céleste que le murmure de la mer peut fort bien évoquer.

Mais cette musique de l'espace, des cieux, de la mer et de l'amour est ambivalente. Expression de l'élan du désir et de la vie, elle se transforme en son contraire, la satiété, la mort (I.1.3). Tendre vers l'Éden originel c'est remonter le temps, régresser, rejoindre l'inexistence pré-natale et trouver la mort. La fusion avec le corps maternel est d'ailleurs, simultanément, une expérience de plénitude et de destruction. L'amour est désigné par la métaphore de la mer qui absorbe tout, la mère dévorante.

Il atteint des hauteurs désignées par un mot, « pitch » (I.1.12), qui appartient au vocabulaire fauconnier. Il a donc partie liée avec la chasse. Il poursuit Orsino comme une meute poursuit le cerf. (I.1.20) Le passage est célèbre à cause du jeu de mots « hart » / « heart », mais n'oublions pas que le cerf est dans le Cantique des Cantiques le symbole des apparitions furtives. Pourquoi fuir ? On peut se demander si l'amour n'est pas finalement un jeu cruel dont l'issue doit être retardée parce qu'elle nous inquiète. Quelle autre explication à cette peur aurions nous que la crainte provoquée par sa composante incestueuse ? Orsino assume donc l'image de l'amant courtois traditionnel qui joue avec le désir et s'attache d'autant plus à une indifférente qu'elle repousse l'issue par trop inquiétante de l'amour.

L'aspiration incestueuse est positive en tant que fondatrice d'un idéal d'harmonie, mais négative en tant que régression. Le Duc est pris au piège du désir qui ne peut s'accomplir, qui s'exaspère et devient possessif et destructeur. La pièce relève deux dangers. D'une part, un narcissisme qui l'empêche de reconnaître l'autre dans sa liberté :

> *Viola*   But if she cannot love you, sir?
> *Orsino*   I cannot be so answered. [...]
>
> (II.4.86-87)

D'autre part, une jalousie violente et destructrice :

> Come, boy, with me, my thoughts are ripe in mischief.
> I'll sacrifice the lamb that I do love
> To spite a raven's heart within a dove.
>
> (V.1.125-7)

L'arbitraire et la cruauté appartiennent à l'imago de la mère mauvaise, celle qui, pour l'enfant encore incapable d'autonomie et cloué au berceau, l'abandonne sans pitié. L'harmonie que devait instaurer la puissance d'Éros est donc compromise. A bien des égards Olivia, qu'aime Orsino, appartient au même univers mental.

b. Olivia

Leurs deux noms commencent par O. La voyelle, son qui s'engendre de lui même et peut se perpétuer à l'infini alors que la consonne exige la présence d'une autre lettre, symbolise un certain repli narcissique. L'ouroboros, le serpent qui avale sa queue, tourne indéfiniment sur lui-même sans pouvoir s'élever à un niveau supérieur. O est une île, symbole de l'isolement où s'enferment Orsino et Olivia... Le cercle symbolise la totalité, l'omphalos, le nombril du monde, le centre. La totalité englobe, dépasse, résout les contradictions. Nous aurions là la dimension positive du désir incestueux qui réunit ce qui s'oppose. Mais à la périphérie est la chute pour les gnostiques et ces deux personnages entendent bien ne pas se risquer hors des univers protecteurs qu'ils se sont construits mais qui les paralysent. O est une ville entourée de murailles, cité protectrice autant que prison, ce qui nous fait songer aux sept murs de la cité idéale de Campanella mais représenterait fort bien la demeure d'Olivia. Or une maison symbolise souvent la personnalité de celui ou celle qui l'habite. Olivia n'offre-t-elle pas un anneau à Viola comme un appel à l'aider à sortir d'elle-même ? On ne peut éviter de penser aussi à l'anneau de Gygès qui le rend invisible et lui permet d'accéder au pouvoir le plus tyrannique. Une telle volonté de puissance dominerait-elle Olivia ? Chaque point du O, enfin, possède son correspondant symétrique, ce qui fait de cette lettre le symbole du miroir. Or Olivia et Orsino sont captifs de leur image.

Vierge vertueuse, belle indifférente et inaccessible, Olivia désire se retirer du monde. Son père et son frère sont morts. Laissée sans protecteur, elle semble craindre le monde, porte le voile et s'enferme dans son palais. Il faut pour la voir faire le siège de cette demeure au portes de laquelle veille un Cerbère redoutable, Malvolio. Viola-Cesario vient à peine d'arriver que Maria lui montre la sortie et l'héroïne doit fermement établir qu'elle a jeté l'ancre dans ce « port » décidément fort peu hospitalier. (I.5.182) Elle suggère, plus tard, d'installer une hutte devant le jardin d'Olivia pour un amant-ermite afin de conquérir la belle. Sa crainte des hommes pourrait être confirmée par son cachet qui représente Lucrèce, la patricienne romaine que viola le roi étrusque Tarquin. Alors qu'Orsino ne peut se détacher des imagos maternelles, elle ne peut dépasser un attachement excessif pour ces deux hommes qui viennent de la quitter.

Si le Duc fait preuve d'instincts cruels, Olivia joue le rôle de la Dame sans pitié : nous avons déjà relevé les thèmes contradictoires de la colombe – Vénus, la paix, la douceur, la lumière – et du noir corbeau. Il y a bien sûr une part de mauvaise foi à présenter comme cruelle une femme qui ne fait qu'exercer le seul pouvoir que la société lui a laissé, celui de refuser un mari, mais nous découvrons chez Olivia un certain plaisir à jouer son rôle de recluse, plaisir sadique de la beauté qui se voile et ne semble indifférente ni à la frustration, ni à la curiosité qu'elle provoque chez Cesario. Elle se dissimule et se montre tour à tour, un thème qui épouse fort bien celui de l'anneau de Gygès que nous avions déjà évoqué. Nous savons en outre que l'idéalisation des parents va de pair avec une sacralisation de sa propre image et une domination du principe de plaisir sur le principe de réalité qui favorise un fantasme de toute-puissance. Elle plaisante certes en proposant d'établir un inventaire des éléments de sa beauté, mais la plaisanterie pourrait trahir une pointe de vanité. Son image de beauté parfaite et vertueuse lui donne un pouvoir qui est certainement précieux pour une personne que la mort de ses protecteurs a fragilisée, mais qui la confirme dans un repli narcissique et régressif à composantes incestueuses.

Pour preuve nous ferons remarquer que l'amour d'Olivia pour Viola, loin d'être déterminé par l'attirance qu'exercerait un autre différent d'elle, est en fait très narcissique. Il s'adresse à une femme, ou, plus exactement, à une jeune fille déguisée en homme. Ce page est en outre une image d'elle-même, Viola étant l'anagramme d'Olivia, et une personne qui, comme elle, vient de perdre son père et son frère. Viola-Cesario ne révèle rien de ces points communs, mais l'inconscient peut deviner ce qui n'est pas dit.

Présent dans le thème des attachements incestueux ou saphiques d'Olivia, le rêve d'un monde sans contradictions dominé par la puissance d'Éros est encore pris au piège de ses propres forces régressives. Le Duc et la Comtesse sont pourtant loin d'être livrés à la perversion. Ce sont des personnages fondamentalement sains, qui conservent un contact avec le monde extérieur et une faculté d'écoute qui les sauveront. Mais est-ce le cas de celui sans lequel Olivia ne pourrait assurer sa tranquillité et la bonne marche de son domaine, l'intendant Malvolio ?

c. Malvolio

Malvolio a été décrit par les critiques comme un Tartufe anglais, plus précisément comme un personnage qui permettrait à Shakespeare de critiquer les puritains. Il n'est pas absurde de le classer parmi les enfants d'Éros car le rêve humaniste d'un monde rationnellement fondé fut repris sur un mode plus austère et réaliste par ces héritiers de Platon et Saint Augustin que furent les calvinistes. Avec Malvolio, Shakespeare nous présente ce qui pourrait être, de son point de vue, la version dégradée et pervertie d'un rêve que l'histoire n'a pas confirmé.

La première apparition du personnage est l'occasion pour l'auteur de nous le montrer comme quelqu'un qui vénère son image (I.5.68-9) au point d'être incapable de la moindre spontanéité, notamment de rire (I.5.82). Est-ce cette fascination qui fait de lui une volonté fondée sur la méconnaissance de soi et des autres, un mal-vouloir, Mal-volio. L'image de soi que développe chaque enfant d'Éros est liée au mode de fonctionnement de son corps, aux rapports qu'il établit avec son entourage et à sa façon d'atteindre une forme de plaisir. Chez Malvolio, intendant, homme d'argent et d'ordre, il ne peut s'agir du rire, libérateur et orgasmique, mais plutôt du contrôle anal, enraciné dans une forme précise de dépendance aux exigences de la mère. La maison est souvent une image du corps. La volonté de contrôle apparaît dans les réprimandes adressées par Malvolio aux hôtes, serviteurs et parents d'Olivia qui lui semblent déranger le calme et le bon fonctionnement du palais :

> Is there no respect of place, person, nor time in you?
> (II.3.86-7)

Scrupuleux, méticuleux, maniaque dans son service à l'égard d'Olivia, il est de ceux qui justifient perpétuellement leur existence en s'imposant de multiples devoirs. N'est-ce point là le type de rapports qui s'installent entre la mère et l'enfant au stade anal ? Nietzsche compare les hommes qui se chargent ainsi de devoirs et de tâches souvent hautement morales à des animaux de bâts. Leur ressentiment est intense vis-à-vis de ceux qui prennent l'existence avec plus de légèreté. Ils ne peuvent concevoir la vie comme un don, elle sera toujours une dette. Ils justifient leur existence par leurs vertus et se construisent une image d'eux-mêmes prestigieuse qu'ils vénèrent et invoquent pour justifier tous leurs droits.

Malvolio tire une grande vanité de ses responsabilités et de son intégrité. Cette image lui ouvre, pense-t-il, toutes les portes : « To be Count Malvolio! ». (II.5.32) Shakespeare semble anticiper la surprenante fascination qu'exercent les titres de noblesse sur certains puritains supposés être plutôt favorables à un ordre bourgeois : Robinson Crusoe, tout en défendant les valeurs du travail, ne dédaignera ni le titre de gouverneur de son île ni celui de roi ! Comme les autres enfants d'Éros Malvolio laisse apparaître une inquiétante volonté de puissance. Malgré son âge et son aspect rébarbatif ce Pantalone ou Tartuffe anglais compte réussir grâce aux femmes. Après la disparition du père et du frère d'Olivia il lui semble qu'il peut espérer l'impossible. N'est-il pas le seul homme responsable du domaine ? Sa vanité lui fait confondre l'estime que lui témoigne Olivia et un sentiment plus profond. Il monte la garde, en fils jaloux et agressif, devant les portes du palais de la dame et supporte fort mal la présence de Cesario et les intentions du Duc (II.2.1-16).

Lorsque, surprise de son accoutrement pour la séduire, Olivia lui propose de prendre un peu de repos, il comprend cette allusion au lit comme une invitation. A cette vanité s'allie donc un sens étroit de la monosémie. Les jeux du Fou qui font ressortir la polysémie des mots lui font horreur. Le langage, don de la mère à l'enfant est sacré et intangible pour les enfants d'Éros, langue-poème pour le Duc, paroles pieuses pour Olivia, mais chez

Malvolio il atteint une rigidité qui cache peut-être l'angoisse de n'être qu'un masque.

Comme nous opposions le prestige d'Éros à l'aspect ridicule de Cupidon, nous pouvons mettre en contradiction les deux hommes épris d'Olivia et nous demander si Malvolio n'est pas une image dérisoire de l'avenir des valeurs que représente le Duc.

A travers les enfants d'Éros, Shakespeare met en évidence les risques – perversion, volonté de puissance, régression – qui menacent le grand rêve de la Renaissance et fait même une analyse ironique des puritains qui l'ont repris à leur façon. Il ne cède à aucune vision pessimiste du devenir de ce projet, mais se ralie plutôt aux positions d'Érasme qui utilise toute la puissance subversive et régénératrice de Moria pour le sauver.

II. Les enfants de Moria

Au moment où Shakespeare compose *La Nuit des Rois* Bruno, qui a tenté de penser une totalité qui inclut les contradictions, est condamné au bûcher et Jakob Boehme est saisi par une vision décisive pour sa mystique qui entend saisir les aspects les plus contradictoires du divin. Le problème de l'unité des contraires et de la compréhension d'un monde conflictuel travaille donc l'Europe à la charnière du XVIe et du XVIIe. Cette unité perdue, cherchée, retrouvée parfois au prix d'une chute dans l'hérésie, apparaît dans le thème de l'inceste que nous n'avons cessé d'évoquer. L'inceste pour les alchimistes est la réunion de ce qui est séparé, de ce qui s'oppose : la mère et le fils, le père et la fille, le frère et la sœur, et, à un autre niveau, du sujet et de l'objet, de l'esprit et la matière, de l'âme et du corps... Qu'il soit présent au cœur des personnalités des enfants d'Éros est hautement significatif d'une aspiration profonde, mais ce symbole est complexe, il désigne aussi bien le but que la cause de l'échec, cette régression que nous avons constatée. L'hébreu, que les Humanistes redécouvrent, inspire philosophes, poètes, mystiques, penseurs ésotériques... Or il possède un mot, *hesod*, qui signifie à la fois générosité et inceste, dont on dit qu'il est négatif vu du côté des hommes et positif vu du côté de Dieu. Avec les enfants d'Éros la négativité l'emporte. Chez les enfants de Moria, elle est tenue en échec.

a. Viola

Viola-Cesario, le garçon-fille, est le double féminin de Sebastian. A un premier niveau elle est ce jumeau qui, dans la tradition des comédies de Plaute, crée le désordre, la confusion et provoque le rire orgiaque et régénérateur. La douzième nuit après Noël était l'occasion de fêtes, de danses, de mascarades et de Saturnales. *La Comédie des Erreurs* a témoigné du goût de Shakespeare pour ces situations de confusion et de substitutions d'identité. *Les Deux Gentilshommes de Vérone* a déjà mis en scène un personnage qui fait la cour à l'être aimé au nom d'une tierce personne. Shakespeare profite largement des traditions antiques et médiévales, des sources espagnoles, comme Lope de Vega, et italiennes, avec des versions de *La Nuit des Rois* créées à Sienne, Florence et Venise. Mais ce qui nous intéresse ici est le constant dédoublement de Viola : elle est toujours secrètement elle-même et publiquement l'autre. Elle réunit les contraires en un personnage.

N'est-elle pas une voyageuse ? Ulysse par son naufrage, et Pénélope par son sexe, elle est donc une Pénélope partie à l'aventure, condition peu commune à cette époque, originale et paradoxale, que bien après Shakespeare Margaret Cavendish tentera d'exploiter. Voyageuse elle restera comme nous l'avons vu lorsqu'elle affirme jeter l'ancre dans ce port qu'est la demeure d'Olivia. Un bateau qui arrive amène un surplus de vie, réveille les rêves engourdis, renouvelle notre vision du monde. Le naufrage, ingrédient indispensable du roman grec, peut être plus qu'un point de départ pour l'action. Comme Robinson abordant son île, Viola abordant l'Illyrie commence une nouvelle vie. Comme Ulysse abordant les rives du royaume d'Alcinoü, elle a laissé derrière elle l'engourdissement que représentaient pour le roi d'Ithaque les sirènes ou Calypso.

Il s'agit donc d'une naissance, tout au moins celle de Cesario, mais peut être surtout de la résurrection de Jonas. Comme le prophète elle perturbe la vie de ceux qu'elle approche et les sauve. N'est-elle pas, nous l'avons déjà vu, l'agneau, dont la sacrifice est source de rédemption ? Cet autre agneau qu'était le Christ se réclamait du signe de Jonas. Quelle force salvatrice confère donc un naufrage à celui qui en réchappe ? Dans son voyage sous les eaux Jonas rencontre Coré[1], l'adversaire de Moïse, au pied du Mont où Abraham voulut sacrifier Isaac. Cette mise en relation de l'opposant au projet divin et du plus grand acte de foi montre qu'à l'amour de Dieu rien n'est impossible et que celui qui s'y livre concilie les contraires et prononce un grand oui à toute la vie. Que cette découverte s'effectue au fond des eaux ne doit guère nous surprendre. La mer, les eaux d'en-bas, entretient un rapport subtil avec le ciel, les eaux d'en-haut, ne serait-ce que celui d'avoir été originellement le tohu bohu qui englobait toutes les contradictions. Royaume de l'informe, image de la mort, la mer est l'abîme qui nous contraint à nous remettre en question. Source de vie elle nous amène à soupçonner dans ce néant l'appel d'une présence contrainte pour se faire entendre d'utiliser le langage de l'absence. L'intuition de cette unité apparaît chez Viola lorsque, consciente des multiples contradictions qui l'assaillent, aimée par Olivia qui la prend pour Cesario et défendant auprès d'Olivia la cause d'Orsino qu'elle aime, elle se donne en confiance au temps qui seul peut dénouer cette situation. (II.2.40-1)

En tant qu'agneau sacrificiel que le Duc va offrir à sa colère lorsqu'il croit qu'Olivia a épousé Cesario alors qu'elle a épousé Sebastian, Viola évoque le Christ. En tant que femme, c'est une Koré, une de ces figures de la mythologie grecque, jeunes filles enlevées, sacrifiées, jetées aux enfers et ramenées

---

1. La rencontre de Jonas et Coré fait partie des récits non-bibliques sur Jonas. Cette tradition juive, utilisée par les écrits alchimistes, met en présence du prophète un rebelle et un opposant à Moïse : Coré. Le récit de la révolte de Coré et ses fils est fait dans le *Livre des Nombres*, 16, 1-35.

à la vie. On songe volontiers à un culte agraire, et de fait la vision shakespearienne d'une descente au chaos, d'une anomie, broyant l'ordre suranné et enfantant un ordre nouveau, peut-être grâce à la rédemption apportée par un juste sacrifié, répond au thème de l'agneau. Mais la dévotion et les rituels consacrés aux Korés furent aussi urbains. Il faut alors mettre la torture, le dépècement et la renaissance de la Koré en relation avec Orphée, l'artiste. Celui-ci détruit, déstructure la vision banale, une expérience que représente l'éclatement du corps, puis recompose une vision originale, ce que symbolise la résurrection. Lui aussi affronte les contradictions de la vie et tente de les surmonter, de découvrir une nouvelle unité. Viola représente donc la voie de la recherche artistique et l'incomparable floraison de la Renaissance.

Cette plénitude est symbolisée par Viola-Cesario, le garçon-fille, l'unité des contraires, c'est-à-dire l'inceste positif des alchimistes ou l'orange originelle de Platon. Elle est le Rebis, le Splendor Solis, Discordia Concors, terre et eau, soufre et mercure, soleil et lune, la pierre philosophale qui transforme en or pur le métal vulgaire ou corrompu des âmes qu'elle rencontre. Elle participe de ce grand mythe solaire qui fascinait les Européens au point de leur faire prendre n'importe quelle vague dorure entrevue en Inde ou en Amérique pour de l'or. La pièce tout entière tourne autour de Viola comme les planètes autour du soleil. L'astre du jour symbolise l'intelligence divine, une harmonie des attractions et effluves dans le cosmos, il crée les cycles de mort et de renaissance, les saisons dispensatrices de vie. Au couchant il évoque l'œuf primordial et philosophal. Sa lumière constitue la pluie d'or des alchimistes. Il embrase le monde comme l'amour embrase l'être. L'or de sa couleur sert à tisser les vêtements de Dieu.

Selon Léon l'Hébreu et certains évangiles apocryphes l'androgyne sera rétabli à la fin des temps. Viola est donc le devenir du monde. Son arme pour accomplir la transmutation des âmes d'Olivia et Orsino : la mise en évidence de la folie mauvaise qui aveugle le Duc et jette Olivia dans les bras d'une femme. Dans cette tâche elle a un allié de marque : Feste.

b. Feste

Les points communs entre Viola et Feste, le fou, sont multiples. Si la jeune fille symbolise l'inceste positif, le fou d'Olivia symbolise la bonne folie. Mais qu'est-ce qu'un fou ? L'envers d'un roi, un roi mort, un roi aux enfers. Le fou de Lear ne se prive pas de le suggérer à son maître. Mais cette chute ne provoque pas son malheur. Feste semble être un homme heureux. Il a donc vaincu la mort et de l'autre rive il a ramené une folie capable de confondre la sagesse. L'expression est de Saint Paul et concerne le Christ. Feste est le Christ, comme Viola, non pas l'agneau, mais le Christ ressuscité, surtout le Christ joyeux, bouffon, buveur et subversif des fêtes médiévales.

Comme Viola il se déplace sans cesse du palais d'Orsino au palais d'Olivia alors que les enfants d'Éros sont peu mobiles. Peut-être faudrait-il lier leur peu de goût pour le mouvement avec une conception de l'espace intangible et leur tendance à se croire le centre de l'univers. Feste, en tant que fou, a pour divinité tutélaire Mercure, qui, avant d'être le Dieu des menteurs, fut une force phallique et surtout le Dieu des voyageurs. Nous sentons bien que, comme la jeune fille, l'errance ne lui fait pas peur.

Le rapport avec le temps, inexistant pour le Duc et Olivia qui lui préfèrent l'espace, est aussi fort pour Feste que pour Viola, mais si Viola se voit contrainte d'espérer, c'est-à-dire de croire en l'avenir, le Fou, lui, affirme la valeur du présent :

> What is love? 'Tis not hereafter,
> Present mirth hath present laughter.
> What's to come is still unsure.
> In delay there lies no plenty,
> Then come kiss me, sweet and twenty.
> Youth's a stuff will not endure.
>
> (II.3.45-50)

Si elle symbolise les arts de la Renaissance, il compose avec humour et subtilité et sa musique touche le cœur raffiné d'Orsino. Tous deux sont des maîtres du verbe, spirituels, adroits à saisir les sens cachés. Feste est un nominaliste pour qui les mots n'ont aucune réalité : il suffit d'en retourner habilement le sens comme s'il s'agissait d'un gant.

> [...] But indeed, words are very rascals since bonds disgraced them.
>
> (III.2.19-20)

Viola est moins sensible à une trahison des mots qu'on pourrait attribuer, en continuité avec le thème mercurien, à leur réification par l'instrumentalité marchande : Mercure est le Dieu des marchands autant que des menteurs. Mais lorsqu'elle défend la cause d'Orsino ses mots ne disent pas la vérité de son cœur et lorsqu'elle invente l'histoire de la sœur de Cesario pour convaincre le Duc que les femmes aussi peuvent aimer, les mots du mensonge portent la vérité de son amour.

Ils sont tous les deux contraints de se déguiser, Feste par sa profession et Viola – femme seule et sans protection sur une terre étrangère – par prudence. Ils sont donc privés d'une image de soi affirmée devant le monde et en laquelle ils seraient tentés de croire, tentation qui coûte cher puisqu'elle prend au piège du miroir Olivia et Orsino et leur fait préférer le mirage à la vie.

Enfin, les enfants de Moria reçoivent en héritage le mythe solaire que l'on croyait réservé aux enfants d'Éros. A l'or pur de la personnalité de Viola répond l'hymne au soleil tout-puissant de la folie que prononce Feste :

> Foolery, sir, does walk about the orb like the sun, it shines everywhere.
>
> (III.1.37-8)

Le rire partage t-il avec la pierre philosophale le pouvoir de tout transformer en or ? Bakhtine, critique littéraire des œuvres majeures de la Renaissance et des grands maîtres du rire n'hésiterait pas à l'affirmer mais il ajouterait probablement, ayant analysé sociologiquement la tradition carnavalesque et la philosophie des fous, qu'en passant d'Éros à Moria nous glissons d'un verbe élitiste au verbe populaire.

III. Éros dénoncé par Moria

Viola et Feste agissent de manière non concertée, mais de pair. La jeune fille tente de convaincre Olivia que son deuil est folie s'il prive le monde de sa beauté et d'une copie de cette beauté, c'est-à-dire un enfant. Feste de son côté, dans un magistral syllogisme, a déjà établi la folie de sa maîtresse qui ose pleurer un frère qu'elle croit pourtant au paradis. Ils libèrent les enfants d'Éros de leurs attachements régressifs et incestueux, ils leur enseignent qu'on ne peut accomplir un désir qu'en s'en détachant, que l'avoir peut être la tombe de l'être. Leur présence introduit le troisième terme par lequel l'autre cesse de n'être que les projections du désir aveugle. Tous les deux offrent une possibilité de salut à Malvolio : Feste en lui jouant un tour qui devrait permettre à la victime de comprendre l'étendue de sa vanité, évidente dans son empressement à croire une fausse lettre d'amour d'Olivia ; Viola en comblant Orsino qui tente alors de faire partager à l'intendant la joie de l'harmonie retrouvée. Elle montre et combat l'intolérance violente qui est une composante du caractère du Duc et pourrait un jour menacer son gouvernement jusque là équilibré et admiré, il fait l'inquiétante démonstration de l'intolérance des sociétés dans la dernière phase de la farce administrée à Malvolio, une intolérance que partage le rêve d'un monde ordonné par Éros.

Poussé par la fausse lettre d'amour d'Olivia à s'exposer vêtu de façon ridicule, Malvolio est tenu pour fou, enfermé et persécuté par Feste et ses amis. Il apprend à connaître la cruauté d'un ordre répressif auquel il était tout dévoué et l'iniquité de ceux qui possèdent le pouvoir de définir la folie et la raison. Le théâtre joue l'arbitraire de l'État devant le public qui rit. L'État qui n'est qu'une scène de théâtre pour Dieu Le fait-il rire... ou pleurer ? La pièce aborde alors des questions que l'on pourrait appeler des questions politiques. Entre les théories de l'absolutisme (représentées par Bodin sous d'autres cieux) et de la souveraineté populaire (Jean Althusius), Shakespeare devait plutôt se rallier à un compromis (qu'élaborera plus tard un Grotiù), non sans refuser éventuellement sa chance à la virtù d'un prince qui interpréterait justement l'attente d'une époque (Machiavel), mais lorsqu'il donne la parole à la folie son texte va très loin car elle est subversive et dit ce que nul n'ose penser.

Feste se déguise. Il devient Sir Topas le prêtre qui va interroger Malvolio. Topas, de *Topos* « le lieu », le contraire de l'utopie (qui est de nulle part), le conformisme en place, borné et redoutable. Top-ass, le haut semblable au bas, la médiocrité au pouvoir, le visage-cul qui ne pense pas mais chie, qui ne parle pas mais pète, image médiévale et folklorique encore bien vivante à la Renaissance, magistralement utilisée par Rabelais et Quevedo, merveilleusement analysée par le Prix Nobel Otavio Paz dans son essai *Rire et Pénitence*.

L'institution s'institue, prise de pouvoir, coup de force, triomphe du mensonge banal et médiocre :

> *Bonos dies*, Sir Toby, for, as the old hermit of Prague, that never saw pen and ink, very wittily said to a niece of King Gorboduc, 'That that is, is.'
>
> (IV.2.13-5)

Les forces en présence sont définies d'emblée :

> Sir Topaz the Curate, who comes to visit Malvolio the lunatic.
>
> (IV.2.22-3)

Le pouvoir utilise tous les mots qui peuvent servir son combat : « Lady » devient « ladies » pour faire de Malvolio un débauché, « dark » qui évoque la pièce où la victime est enfermée montre au pseudo-Topas que son âme est dominée par l'ange des ténèbres, Satan. Le pouvoir peut affirmer qu'une barricade est transparente et l'accusé de mauvaise foi, ou fou. Il exige que le malheureux admette la théorie de la réincarnation des âmes, inacceptable pour un puritain, et en attendant la réponse le laisse dans les ténèbres de sa prison. De même l'enfant n'échappe aux ténèbres de sa dépendance et n'accède à l'humanité qu'en se faisant reconnaître comme semblable aux adultes qui ont défini cette voie pour le soumettre afin de faire taire, en revivant leur propre soumission, les angoisses dont elle les a affligés. Exiger de l'agressé qu'il se sauve en s'identifiant à l'agresseur a toujours constitué le fond de toute vie sociale.

Moria accuse et guérit parce que ses accusations peuvent être vécues moins comme un risque de déstructurer nos dispositifs défensifs que comme une entrée immédiate, joyeuse, accomplie par l'alchimie du rire, à un degré d'être plus humain et plus ouvert. Viola et Feste provoquent le chaos, la confusion, l'anomie, mais ces moments sont hautements créatifs, ils dénouent, libèrent, ouvrent. Dans les calendriers liturgiques et traditionnels, les fêtes, leurs thèmes, leur agencement, travaillaient à accomplir ce pas en avant. Les enfants de Moria sont ferments de rédemption. La pièce se termine avec trois mariages. La noce est un autre symbole alchimique du retour à l'unité. Si Malvolio ne s'y rallie probablement pas malgré les offres d'Orsino, c'est que Shakespeare sent que sa société est prise dans une histoire conflictuelle et que, grosse d'une grave confrontation à venir, si elle peut temporairement dépasser une période d'anomie, le nouveau consensus ne sera pas éternel. Pourtant, malgré ce pas-encore qui traverse la réalité subjective comme la réalité objective, en ces mariages nous sommes autorisés à voir le pré-apparaître d'un succés parce que l'anticipation est une propriété majeure de la conscience. (Ernst Bloch)

La Renaissance a envisagé pour la première fois dans l'histoire de l'humanité de construire une totalité rationnelle. Parce qu'il est l'enfant du manque, parce qu'il est énergie tendue pour le combler, parce qu'il cherche à y parvenir en insistant sur la possession, ce qui était particulièrement adapté à l'essor marchand de l'Europe, Éros a semblé incarner ce projet. Mais l'avoir a empêché l'écoute de l'absence, imposé la méconnaissance, fait régresser et perverti le désir. L'héritage d'Éros est donc passé à Moria.

Bibliographie

- Bakhtine Mikaïl, *Esthétique et théorie du roman*, Paris: Gallimard, 1978.
- Kott Jan, *Shakespeare notre contemporain*, Paris: Gallimard, 1967.
- Paz Otavio, *Rire et Pénitence*, Paris: Gallimard, 1983.

Mimétisme et jeux de miroirs dans *Twelfth Night*

Annie-Paule de Prinsac

Dans *Twelfth Night*, les barrières extérieures à la satisfaction des désirs amoureux que l'on rencontre habituellement dans les comédies ont été éliminées : pas de parents grincheux qui s'opposent au mariage des jeunes amoureux, pas d'autorités qui le dénoncent. Orsino et Olivia sont tous deux jeunes, beaux et nobles et le chagrin d'Olivia semble l'unique obstacle à leur union. S'il y a eu conflit en Illyrie, celui-ci appartient au passé et l'adversaire le plus belliqueux du duc apparaît sous les traits bien débonnaires d'Antonio, le pirate qui sauve Sebastian et risque sa propre vie par amour pour lui : « His life I gave him, and did thereto add / My love without retention or restraint, / All his in dedication » (V.1.74-6). Ainsi, la présence, clandestine, mais point gratuite, d'Antonio dans la pièce sert de contrepoint discret à l'intrigue principale. Il offre, en effet, le seul exemple d'amour désintéressé de la pièce, et le seul qui soit paradoxalement générateur de vie. On pensera à la tendresse virile et paternelle des *Sonnets*. Sa discrétion obtient ce que d'autres, par le zèle, ne peuvent avoir : la révélation de l'identité de celui qu'il aime et auquel il dédie sa vie de façon tout à fait exemplaire, puisqu'il ne demande rien en échange. Pourtant, sa générosité et sa droiture seront, le moment venu, confrontées à la confusion et à la violence qu'engendre la rivalité mimétique.

Ce sont, en effet, les lois du mimétisme qui régissent la plupart des personnages de la pièce. Dans celle-ci, Shakespeare multiplie illusions et malentendus, mensonges et impostures à travers le jeu des déguisements et des masques. Ainsi que Feste, le commentateur le plus lucide, le remarque : « Nothing that is so, is so » (IV.1.8). Personne n'est véritablement ce qu'il croit être, et c'est dans la rivalité que la ressemblance se fait la plus frappante. Comme l'affirme René Girard, dont s'inspire cet essai, « L'égalité croissante [...] n'engendre pas l'harmonie mais une concurrence toujours plus aiguë[1] », puisque selon la théorie du désir mimétique, les hommes, n'ayant plus pour idole un seul homme, se copient les uns les autres, suscitant dans le même temps les rivalités. Or, que remarque-t-on en Illyrie ? D'abord la concurrence entre les grands qui dialoguent par ambassadeurs interposés.

---

1. Girard, *Mensonge romantique et vérité romanesque* (160).

Le duc Orsino, qui dirige le pays, se voit mis en échec par la volonté d'Olivia, dont la maisonnée semble un miroir de la sienne. Cette dernière est également courtisée par Sir Andrew, un chevalier que Sir Toby présente comme « as tall a man as any's in Illyria » (I.3.18). Le refus systématique de Sir Toby d'obéir aux règles de bienséance et de respect qu'exige sa nièce n'est qu'un pas de plus vers cette indifférentiation dangereuse susceptible d'apporter le chaos. Shakespeare semble avoir été particulièrement conscient du problème puisqu'à la même époque, il écrit le fameux discours d'Ulysse dans *Troilus and Cressida* :

> O, when degree is shaked,
> Which is the ladder to all high designs,
> The enterprise is sick! How could communities,
> Degrees in schools and brotherhoods in cities,
> Peaceful commerce from dividable shores,
> The primogenitive and due of birth,
> Prerogative of age, crowns, sceptres, laurels,
> But by degree, stand in authentic place[1]?

Ce discours, trop souvent interprété comme un morceau de politique réactionnaire, révèle aussi les mécanismes du désir mimétique qui mènent à la confusion et à la violence. Car « ce ne sont pas les différences mais leur perte qui entraînent la rivalité démente[2] ». Si un tel chaos est propice à la comédie, ce n'est que dans la mesure où les rivalités demeurent à l'état ludique et où chacun retrouvera sa place à la fin. Il reste que la menace demeure, et ce n'est sans doute pas par hasard que Shakespeare choisit d'intensifier l'effet mimétique et les jeux de miroirs par la présence de jumeaux. Seules quelques conventions séparent la comédie et la tragédie dont le but commun est de représenter la vie.

René Girard affirme que « dans de nombreuses sociétés primitives, les *jumeaux* inspirent une crainte extraordinaire » car « là où la différence fait défaut, c'est la violence qui menace. Une confusion s'établit entre les jumeaux biologiques et les jumeaux sociologiques qui se mettent à pulluler dès que la différence est en crise »[3]. On aura compris l'intuition géniale de Shakespeare qui construit son intrigue sur le parallélisme existant entre les jumeaux sociologiques que sont Orsino et Olivia et les jumeaux biologiques, Viola et Sebastian, comme pour mieux montrer les risques de confusion encourus par le désir mimétique. En l'absence de ces derniers, il n'est d'ailleurs pas difficile d'imaginer un avenir de conflits entre les deux souverains rivaux d'Illyrie, qui rappelleraient les disputes d'Oberon et Titania dans *A Midsummer Night's Dream*.

Les effets du mimétisme ne s'arrêtent pas là puisque Viola, dont la situation est exactement parallèle à celle d'Olivia, se trouve instinctivement attirée par cette dernière (« O, that I served that lady », I.2.38), en particulier lorsqu'elle apprend qu'elle est courtisée par un beau duc célibataire. Olivia

---

1. *Troilus and Cressida* (I.3.101-8).
2. Girard, *La Violence et le sacré* (77).
3. *ibid.* (87).

devient pour elle une sorte de médiateur de son désir presque instantané pour le duc. Mais la hauteur et le narcissisme d'Olivia (« she will admit no kind of suit », I.2.46) contraignent Viola, en apparence du moins, à un stratagème pour entrer au service du duc. Elle se déguise en garçon et prend ainsi la place du frère qu'elle a perdu. D'emblée, cette indifférentiation donne lieu à une violence de fait puisque n'étant pas ce qu'elle apparaît, Viola leurre et Orsino et Olivia sur son identité. La psychanalyse pourrait, quant à elle, s'attarder sur le désir inconscient de la jeune femme de devenir son frère. La perte des différences n'est-elle pas aussi cause de transgression et d'inceste ?

Pour comprendre le rôle de Viola auprès d'Olivia, il est nécessaire, cependant, de revenir sur la relation du couple au début de la pièce. Puisqu'en Illyrie rien, en apparence, ne s'oppose à un dénouement heureux des amours, pourquoi, Orsino, « A noble duke, in nature as in name » (I.2.23) courtise-t-il en vain l'amour de la belle Olivia ? Tous deux semblent faits l'un pour l'autre, pourtant Olivia repousse avec véhémence les ambassades du duc et ne se laisse même pas voir. Comme une déesse mystérieuse, elle semble trôner au-dessus des mortels qui l'entourent. La ressemblance qui devrait les rapprocher les divise. Pourquoi ? Si les larmes qu'elle voue à son frère défunt ne sont pas la véritable raison du dédain d'Olivia – la preuve est qu'elle oublie très vite ce dernier lorsqu'elle rencontre Césario – quelle raison la pousse à cultiver l'indifférence envers Orsino et son entourage, et pourquoi Orsino, de son côté, s'évertue-t-il à conquérir la seule femme qui ne veut pas de lui ?

Pour Orsino, la beauté d'Olivia évoque la pureté : « O, when mine eyes did see Olivia first, / Methought she purged the air of pestilence » (I.1.18-9). C'est cette pureté qui provoque la montée du désir en lui, mais ne vient-il pas de déclarer d'un ton désabusé que l'esprit d'amour se dégrade et meurt lorsqu'il étreint l'objet de sa passion, fût-elle aussi vaste que la mer :

> O spirit of love, how quick and fresh art thou,
> That notwithstanding thy capacity
> Receiveth as the sea, nought enters there,
> Of what validity and pitch soe'er,
> But falls into abatement and low price,
> Even in a minute...
>
> (I.1.9-14)

Il semble qu'Orsino soit en pleine contradiction, affirmant d'une part l'aspect chimérique du désir qui ne saurait survivre au plaisir de la satisfaction, et éprouvant d'autre part le désir le plus romantique[1] qui soit pour Olivia. La pureté d'Olivia ne risque-t-elle pas de perdre sa valeur s'il l'étreint ? Dans un second monologue, il va jusqu'à réutiliser l'image de la mer pour montrer, a contrario, la voracité de son amour qui, cette fois, peut digérer tout ce qui, auparavant, le rendait malade. L'indigestion, « surfeit »,

---

1. « romantique » a ici le sens que lui donne Girard dans *Mensonge romantique et vérité romanesque* : il qualifie *l'illusion* d'une passion unique et personnelle qui n'est en réalité qu'imitation du désir d'un autre.

qui était la sienne, devient celle de la femme, qu'il juge inconstante et superficielle, incapable de soutenir un amour comme le sien.

> Alas, their love may be called appetite,
> No motion of the liver, but the palate,
> That suffers surfeit, cloyment and revolt.
> But mine is all as hungry as the sea,
> And can digest as much.
>
> (II.4.96-100)

On aurait sans doute tort de prendre le premier monologue d'Orsino pour un simple état d'âme, et de ne pas voir l'effet de miroir qu'il entretient avec le second. Orsino transfère l'écœurement et la lassitude qu'il ressent lorsqu'il possède enfin l'objet de ses désirs à l'amour de la femme qu'il ne peut imaginer autrement que léger et changeant. Lui se décrit cette fois comme affamé d'Olivia. Mais n'est-ce pas précisément parce qu'il se place *avant* la possession qui ruinerait sa faim ? Olivia n'apparaît pure et constante que tant qu'elle lui résiste. Si elle se mettait à l'aimer, aussitôt elle deviendrait quelconque et il se lasserait.

Se peut-il que le désir ne consume Orsino qu'autant qu'il n'est point satisfait, et se dégrade aussitôt qu'il possède son objet ? Tout se passe comme si Olivia, en refusant les avances d'Orsino, les provoquait davantage. Plus elle s'isole dans une solitude hautaine, plus il désire l'obtenir. C'est précisément son inaccessibilité qui la rend désirable, le désir d'Orsino imitant en cela le propre désir narcissique d'Olivia. Intuitivement, Orsino sait qu'Olivia lui ressemble, qu'elle est son double féminin. Il perçoit qu'elle entretient avec ses admirateurs le même type de rapports qu'il entretient avec les femmes : elle n'aime pas qu'on lui cède facilement et est irrésistiblement attirée par celui qui lui offre une résistance. Comme l'affirme René Girard, « si elle ne jouissait plus du type de supériorité qu'ils recherchent avidement l'un et l'autre dans leurs rapports avec l'autre sexe, sur-le-champ il cesserait de l'aimer[1] ». La preuve est qu'Olivia oublie instantanément son deuil et sa superbe lorsqu'elle rencontre Cesario « that same peevish messenger » (I.5.290) dont elle aimera le mépris : « O, what a deal of scorn looks beautiful / In the contempt and anger of his lip! » (III.1.143-4). Ne va-t-elle jusqu'à avouer qu'il vaut mieux servir de proie au lion qu'au loup ? (III.1.127).

Orsino et Olivia dont les noms se font écho, sont séparés par leur ressemblance. Tous deux sont orgueilleux et au milieu de la cour dont chacun d'eux s'entoure, c'est l'objet cruel qui se refuse à eux, la voix dissonante, qui éveille leur désir. Le dédain de Viola est pris par Olivia pour un amour de soi supérieur au sien qui excite sa vanité et se désigne comme modèle. Car « l'indifférence n'est jamais simplement neutre. Elle n'est jamais pure absence de désir. Elle apparaît toujours à l'observateur comme la face extérieure d'un désir de soi-même. Et c'est ce désir présumé qui se fait imiter[2]. »

---

1. Girard, *Shakespeare. Les feux de l'envie* (144).
2. Girard, *Mensonge...* (127).

Le désir mimétique se répand d'autant mieux que les personnages sont indifférenciés. L'aveu de Viola/Cesario sur sa naissance aristocratique contribue sans aucun doute à attiser le désir d'Olivia qui se jette à corps perdu sur l'obstacle le plus infranchissable pour elle. De son côté, Viola protégée par son déguisement, maintient à tout moment la distance entre elle-même et son personnage, jusqu'au moment où le désir d'Olivia pour le jouvenceau excite la jalousie d'un autre soupirant, Sir Andrew, qui le provoque en duel. Face à la menace de violence, Viola ne peut feindre la musculature et l'ardeur guerrière qu'elle n'a pas et court le risque de devoir dévoiler son imposture.

Nobliau fréquentant à la maisonnée d'Olivia, Sir Andrew fait également partie des soupirants dédaignés par Olivia. Il sert, avec Sir Toby et ses compagnons, à illustrer à un niveau second la réalité des rivalités mimétiques en attisant le désir d'un troisième soupirant, Malvolio, afin de le punir de sa vanité. Ce dernier, convaincu de l'amour que lui porte Olivia par une lettre dans laquelle Maria imite l'écriture de sa maîtresse, s'imagine déjà détenant les pouvoirs du maître de céans, pour finir en butte aux railleries de la petite troupe, qui n'est pas quitte pour autant. A son tour Sir Andrew se voit bien puni de ses prétentions chevaleresques, lorsque, contre toute attente, Cesario, devenu Sebastian entre-temps, se révèle être plus redoutable qu'il n'y paraissait. Les désirs rivaux se multiplient engendrant malentendus et violence. Dans ce théâtre où chacun semble le double de chacun, Malvolio apparaît, certes, l'épitomé de la vanité et du désir mimétique, mais comme dans toute intrigue à l'intérieur de l'intrigue, cela n'est pas sans réverbération sur les personnages principaux. C'est ainsi que la réflexion d'Olivia : « O, you are sick of self-love, Malvolio, and taste with a distempered appetite » (I.5.85) fait écho au premier monologue d'Orsino, et s'applique indifféremment au duc et à Olivia. La méchante farce qui transforme Malvolio en pantin transi d'amour est aussi le reflet de la déraison de sa maîtresse lorsqu'elle se ridiculise à courtiser une femme sans le savoir. Lorsqu'elle lui demande : « I prithee, tell me what thou think'st of me » (III.1.136), on ne peut pas ne pas penser à l'espérance béate de Malvolio qui se rêve le bien-aimé de sa maîtresse : « I have heard herself come thus near, that should she fancy, it should be one of my complexion... » (II.5.22-24). Le jour n'est pas loin, après tout, où l'abolition des privilèges permettra au majordome d'épouser sa maîtresse sans ridicule !

Même dans une comédie, Shakespeare ne mélange pas complètement les bouffons avec les héros, et à l'heure des découvertes et de la réconciliation, le vaniteux Malvolio sert de bouc émissaire, tandis que Sir Toby et Sir Andrew prennent de leur côté une sérieuse correction. La paix ne peut revenir que si l'on purge la communauté du mal ; l'arrogance et la vanité de Malvolio qui lui font croire qu'il peut prétendre à sa maîtresse, font de lui la victime parfaite. Pourtant la réunion définitive des amoureux est conditionnée par son retour, puisque lui seul, semble-t-il, sait où trouver le capitaine qui détient les possessions de Viola. Orsino et Olivia comprennent-ils qu'il n'est que le miroir grossissant de leurs propres défauts ? La vérité est que Malvolio, comme les autres, est victime du désir mimétique, et celui-ci est parfaitement incarné par l'apparition soudaine du jumeau de Viola, Sebastian.

L'arrivée de Sebastian jette réellement la confusion en Illyrie. Même le subtil Feste s'y trompe et ne parvient pas à séduire celui qu'il prend pour Cesario avec ses traits d'esprit. Sir Andrew et Sir Toby, dans leur désir de donner une leçon sans risque au jeune homme qu'ils savent timoré, s'apprêtent sans le savoir à recevoir quelques coups. Sebastian ne sait pas qu'il est le double d'une sœur qui avoue l'imiter en tout point (« For him I imitate », III.4.374) : il est à la fois le révélateur qui vient dénouer le nœud des désirs impossibles, et la victime involontaire de ces mêmes désirs. Quand Olivia, que les rebuffades de Cesario n'ont cessé d'exciter, le supplie une fois de plus de s'abandonner, il est comme pris en otage par la force d'un désir auquel il cède, éberlué mais ravi. Soupçonnant une méprise dont Olivia elle-même est inconsciente, Sebastian est trop heureux du sort qui lui échoit. Il choisit de fermer les yeux tandis que l'amour bien réel d'Antonio se voit bafoué par Cesario qui ne le reconnaît pas. Au milieu de cet imbroglio, c'est la violence réelle qui fait irruption avec la menace d'Orsino de sacrifier sinon celle qu'il aime, du moins celui qui est devenu son rival :

> Since you to non-regardance cast my faith,
> And that I partly know the instrument
> That screws me from my true place in your favour,
> Live you the marble-breasted tyrant still.
> But this your minion, whom I know you love,
> And whom, by heaven I swear, I tender dearly,
> Him will I tear out of that cruel eye
> Where he sits crownèd in his master's spite.
> Come, boy, with me, my thoughts are ripe in mischief.
> I'll sacrifice the lamb that I do love
> To spite a raven's heart within a dove.
> (V.1.117-127)

La jalousie et le dépit ont conduit le noble Orsino à la violence réciproque et l'on n'est pas loin, cette fois, de verser dans la tragédie. Toutefois le cocasse de la situation qui voit un Cesario brûlant d'amour s'empresser de mourir pour son maître, sauve la comédie sans pour autant mettre fin à la violence des rivaux. C'est Olivia qui à présent est atteinte, puis renvoie le coup avec le témoignage du prêtre. Le dépit d'Orsino semble le rendre visionnaire et son invective révèle le vrai sans qu'il le sache : « O thou dissembling cub! ». Au milieu de la confusion générale, Sebastian se retrouve enfin face à face avec la sœur qui a poussé la gémellité au point de feindre son apparence et son sexe.

> One face, one voice, one habit, and two persons!
> A natural perspective, that is and is not.
> (V.1.209-210)

Orsino résume bien le problème majeur de l'indifférentiation : « la disparition de certaines différences naturelles peut donc évoquer la dissolution des catégories au sein desquelles les hommes sont distribués, c'est-à-dire la crise sacrificielle[1] ». On peut ajouter que les catégories même de l'entendement sont détruites, puisqu'il n'est plus possible de distinguer le vrai du faux, le réel de ses images.

Tout est bien qui finit bien : Olivia aura son homme fort, et Orsino trouve la femme qui a su, tout au long, le séduire sans s'abandonner ni se révéler. Pourtant, l'insistance avec laquelle il veut voir Viola habillée en femme avant d'en faire sa reine montre assez le trouble que la ressemblance des jumeaux a jeté dans son esprit. Et le costume lui-même, qui n'est comme chacun sait qu'une convention de théâtre, sera-t-il une assurance que telle confusion n'est plus possible ?

Rien n'est moins certain. En effet, Feste, dont la chanson sert de coda à la pièce, rappelle le spectateur à la lucidité. Avec un bon sens plein de mélancolie, il annonce le retour à la réalité tandis que la troupe au complet vient saluer. A ce moment-là, comment douter du rire, peut-être empreint d'une légère inquiétude, que provoquait au 17e siècle l'apparition de l'acteur – à l'époque, et jusqu'à la Restauration, de jeunes garçons imberbes jouaient les rôles féminins – redevenu lui-même et saluant dans le rôle de Viola aux côtés d'Orsino. Shakespeare pouvait-il offrir une image plus troublante de la confusion mimétique que celle d'un théâtre reflétant le monde, dans lequel un garçon joue le rôle d'une femme déguisée en garçon que l'on prend de surcroît pour un autre ?

Bibliographie

- Girard René, *Mensonge romantique et vérité romanesque*, Paris: Grasset, 1961.
  La Violence et le sacré, Paris: Grasset, 1972.
  Shakespeare. Les feux de l'envie, Paris: Grasset, 1990.
- Shakespeare William, *Troilus and Cressida*, Aubier-Flammarion, 1969.

---

1. Girard, *La Violence...* (86).

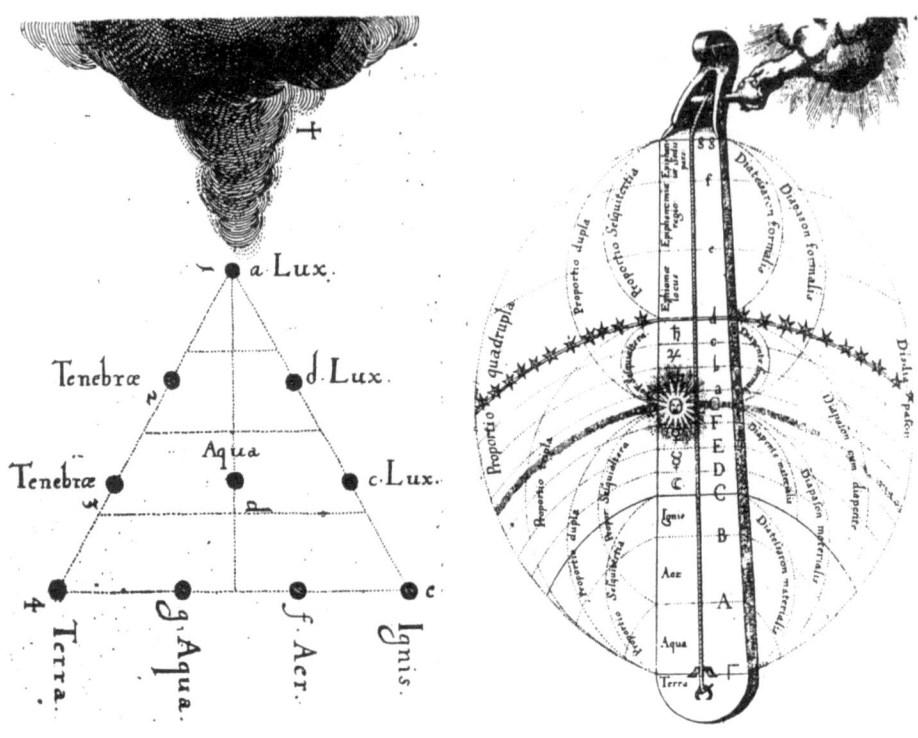

De l'Illyrie à l'Égypte : vers l'Épiphanie de *Twelfth Night*

Margaret Jones-Davies

Twelfth Night et les sources égyptiennes

A une certaine période de la vie de Shakespeare, son écriture est émaillée de références égyptiennes. Il y a par exemple le crocodile[1] dans *Hamlet* (1600), le mouchoir de Desdémone qu'une Égyptienne avait donné au Maure (*Othello*, 1603) et *Twelfth Night* (1601) est assombrie par un curieux brouillard égyptien (IV.2.45). Ajoutons deux références à Pythagore, qui, on le sait, était fortement tributaire de la religion égyptienne (IV.2.50-1 et 58-9). Enfin, la comédie frôle la tragédie lorsque, à l'acte V, les mœurs barbares d'un voleur égyptien sont citées par Orsino comme modèle de comportement amoureux.

L'évocation de l'Illyrie fait trop vite oublier ce paysage exotique et ésotérique et souvent, dans les mises en scène actuelles la pluie insistante de la chanson finale de Feste suggère plus le climat anglais que le principe de l'Esprit Humide selon Pythagore. Alors, plutôt que de se tourner vers d'éventuelles sources égyptiennes, les éditions successives des pièces limitent l'exploration de l'archéologie de la pièce aux traditionnelles références à Plaute et à la comédie italienne.

Pourtant les jumeaux de *Twelfth Night* ne ressemblent pas beaucoup aux deux Ménechmes de Plaute, cyniques intrigants de même sexe, dont la gémellité est utilisée pour tromper les proches transformés en ces dupes de l'illusion gémellaire que l'on rencontre dans *Gl'Ingannati* de 1531, comédie d'inspiration plautinienne. Certes Apolonius et Silla se rapprochent plus des jumeaux shakespeariens de sexe différent dans le récit lyrique qu'écrivit Barnabe Rich en 1581 à partir des sources romaines et italiennes. Mais Viola et Sebastian semblent venir d'origines plus lointaines, d'espaces plus mythiques. Leur quête est de celles qui confinent à la mort, aux limites d'un monde qu'il faut transgresser pour rejoindre la lumière.

L'analyse de la pièce gagne à être confrontée à une lecture intertextuelle, plus ample que celles des sources habituellement proposées. Le thème de la gémellité n'est pas comme dans Plaute prétexte ici à un simple comique de

---

1. *Hamlet* (V.1.272).

situation. Il est relié aux termes de dialectiques savantes qui parcourent la pièce et la structurent. Dans *Twelfth Night*, il y a des ténèbres hideuses (IV.2.31), des brouillards d'ignorance (IV.2.45), des mers cruelles et enragées (V.1.72), des soleils fulgurants de vérité (V.1.264-6) qui suggèrent pour les jumeaux shakespeariens un lien de parenté avec Isis et Osiris, le couple gémellaire qui s'unissait déjà dans le sein de leur mère Rhéa pour donner naissance à Horus l'Ancien ou Apollon. Leurs péripéties inspirèrent l'herméneutique de la religion égyptienne dont on retrouve de nombreux échos dans les textes de la Renaissance. Frances Yates a souligné l'importance des sources hermétiques dans le corpus élisabéthain. L'Hermès du *Corpus Hermeticum* assimilé au Mercure exilé en Égypte pour avoir tué Argus, devint, comme le dieu égyptien Thot, le dieu de l'éloquence et du silence, et on peut penser que la problématique du secret et de la révélation si présente dans *Twelfth Night* en est sans doute tributaire. Même si le texte de Plutarque *Isis et Osiris* que Shakespeare utilisa pour *Antony and Cleopatra* (1607) ne fut traduit en anglais qu'en 1603 par Philemon Holland, les constantes références que l'on y trouve aux mythes et à la religion égyptienne étaient connues et utilisées. D'autre part des philosophes ésotériques comme Robert Fludd (1574-1637), auquel nous reviendrons, puisèrent largement dans les œuvres imprégnées de culture égyptienne comme celle de Pythgore. Quant au récit d'Héliodore, *Les Éthiopiques* traduit en anglais en 1569 et source avérée d'un passage de la pièce, il situe une grande partie de son action dans le delta du Nil et raconte les Mystères d'Égypte. L'initiation aux Mystères d'Isis, si proches des rites secrets des Mystères d'Éleusis, est aussi racontée par une œuvre d'Apulée dont Shakespeare s'était déjà servi pour écrire *A Midsummer Night's Dream* (1595), *L'Âne d'Or ou les Métamorphoses* (traduit en anglais par W. Adlington en 1566). Dans ce texte fondateur, le héros Lucien transformé en âne, doit au seul pouvoir magique de la déesse égyptienne Isis de retrouver sa forme naturelle. Dans *Twelfth Night*, comme dans *A Midsummer Night's Dream*, les nuits d'été (III.4.53) sont l'occasion de dangereuses métamorphoses qui transforment certains personnages en ânes. Maria voit les oreilles de Malvolio bouger comme celles d'un âne (II.3.117), mais celui-ci n'est pas le seul à subir cette suprême humiliation. Le clown (II.3.17 et V.1.15-6), comme sir Andrew Aguecheek (III.2.11), ont aussi à craindre du destin de telles cruautés.

Ainsi Isis et ses rites secrets inspirent le voyage aux frontières de la mort des personnages de *Twelfth Night* qui, tels des initiés, se perdent au milieu des ténèbres, subissent des terreurs mortelles, des métamorphoses avant de bénéficier de l'époptie, cet éblouissement où s'accomplit le divin en eux.

Secret et Révélation : le voyage initiatique de Viola et de Sebastian

Le parcours des deux jumeaux qui se réunissent à la fin de la pièce est comme un voyage initiatique au cours duquel la vérité se dévoile petit à petit. *Twelfth Night* commence dans une atmosphère lourde de secrets et se termine dans la révélation par le prêtre de ce qui était resté caché :

| Olivia | Father, I charge thee by thy reverence
Here to unfold - though lately we intended
To keep in darkness what occasion now
Reveals before 'tis ripe - what thou dost know
Hath newly passed between this youth and me. |
|---|---|

(V.1.147-151)

Comme dans la quête d'Isis, il y a une forte coloration sexuelle de ce parcours herméneutique. Isis est à la recherche du dernier morceau du corps fragmenté d'Osiris, son phallus. Ce qui sera révélé par le prêtre est l'union sexuelle entre Olivia et Sebastian et ce qui est caché au début est l'identité sexuelle de Viola : « What I am and what I would are as secret as maidenhead » (I.5.206-7). Le doute sur la mort présumée de son frère jumeau jette un voile d'ombre sur les forces ennemies de la mort : le sexe, la beauté et l'amour. Séparés par la mer violente, comparable symboliquement à la mer du mythe égyptien, l'élément naturel du principe du mal, Typhon-Seth, les deux jumeaux ne pourront se retrouver que lorsque la véritable sexualité de chacun d'entre eux aura pu être révélée. De la même façon, la mort du père et du frère d'Olivia la dissimule derrière un voile et lui interdit les jeux de l'amour qui révéleront sa beauté (I.5.222-3).

La séparation des jumeaux a pour effet de rendre insupportable pour Viola sa différence sexuelle d'avec son frère. Car ici, paradoxalement, à l'inverse des Ménechmes de Plaute, les jumeaux n'expriment pas la ressemblance mais une différence fondamentale. Ces jumeaux sont si différents que Viola se voit obligée, pour gommer cette différence, de devenir le double de Sebastian, c'est-à-dire de se transformer en homme. Mais cette dissimulation de son propre sexe n'est qu'une étape de son parcours vers la révélation de son identité sexuelle qu'elle ne pourra admettre qu'à la fin. Stephen Greenblatt l'explique :

> If a crucial step in male individuation is separation from the female, this separation is enacted inversely in the rites of cross-dressing; characters like Rosalind and Viola pass through the state of being men in order to become women. Shakespearean women are in this sense the representation of Shakespearean men, the projected mirror images of self-differentiation[1].

Viola ne peut être une femme, c'est-à-dire s'identifier aux autres femmes, appeler Olivia sa sœur (V.1.317), révéler son secret, se *livrer* au monde (I.2.39) – on le voit le terme est violent – que lorsque en retrouvant son frère dans sa présence physique, loin des ombres de la mort, elle pourra définir sa sexualité par rapport à la sienne. Pour l'heure malgré son désir de s'identifier à une femme, dont la situation lui paraît identique à la sienne, elle est empêchée par les circonstances d'entrer au service de la comtesse Olivia (I.2.38-9). Cette impossibilité matérielle symbolise son incapacité temporaire à être ce qu'elle est et la nécessité où elle se trouve de s'identifier à un homme. Elle entre donc au service du duc. L'identification au sexe du duc et

---

1. Greenblatt (92).

de son frère qui passe par le déguisement masculin lui permet du même coup de ressusciter son frère en le retrouvant dans le miroir :

> I my brother know
> Yet living in my glass.
>
> (III.4.370-1)

Viola établit un rapport narcissique avec son double dans le miroir. Dans *Le Double* (1914), Otto Rank parle d'une version du mythe de Narcisse selon laquelle « Narcisse devient inconsolable après la mort de sa sœur jumelle... Un jour, il voit son propre reflet et tout en sachant que c'est sa propre image qu'il voit, il ressent un soulagement de son chagrin d'amour[1] ». Bien qu'il existe comme le dit Rank « une connexion intime... entre un tel amour narcissique et sa signification mortelle[2] », Shakespeare fait du miroir un symbole de vie. Il faudra pourtant qu'un double moins illusoire qu'un miroir accompagne Viola. Le capitaine est un autre substitut de son frère, comme lui détenteur du secret de sa véritable sexualité (I.2.50), double condamné au silence (I.2.58) comme son frère condamné au silence d'une mort présumée. C'est à ce capitaine que l'on demandera à la fin les preuves tangibles de la vérité : les vêtements de femme de Viola (V.1.248-9). Le « cucullus non facit monachum » (I.5.50-1) du clown est contredit par la signification herméneutique des vêtements de Viola, considérés comme révélateurs de sa sexualité et jouant un rôle dans son voyage initiatique comme les vêtements sacrés des rites d'Isis[3]. Ainsi ce capitaine représente dans sa fonction le secret et la révélation. Il en est de même d'Antonio symbole du secret en ce qu'il doit vivre caché mais symbole aussi de la révélation lorsqu'en laissant parler les armes, il révèle que Cesario n'est pas un homme. Les connotations sexuelles du duel sont évidentes quand Sir Toby Belch demande à Viola de sortir son épée de son fourreau : « strip your sword stark naked » (III.4.241-2). Ainsi pour que le miroir finisse par dire vrai, il faut que le reflet narcissique soit brisé, il faut que les doubles des jumeaux, ces deux capitaines qui leur ont sauvé la vie les aident à passer de la dissimulation à la vérité, de l'état d'eunuque (I.2.59) à celui d'être sexualisé.

La quête du frère de Viola est aussi une quête du père. Le frère et le père portent d'ailleurs le même nom (V.1.226). Viola ne se dira fille de Sebastian son père qu'à la fin du voyage. Dans l'espace du deuil et du manque son identité ne se dédouble pas, elle se décuple à l'infini dans une indifférenciation sexuelle étourdissante :

> I am all the daughters of my father's house,
> And all the brothers too; [...]
>
> (II.4.120-1)

Le texte exprime pour la première fois une faille dans l'identification narcissique avec son frère : c'est comme si elle n'osait pas briguer ici le titre de

---

1. Rank (81).
2. *ibid.* (83).
3. Plutarque (77, 382 C).

fils de son père, comme s'il y avait enfin des limites à son identification avec son frère lorsqu'il s'agit de se définir par rapport au père. Elle peut certes faire semblant d'être les filles de son père et leurs frères mais pas les fils de son père. En attendant que Sebastian puisse se définir comme le fils de son père, il est encore dans les ténèbres :

> My stars shine darkly over me.
>
> (II.1.3-4)

Dans cette période de sombre latence où la véritable identité des jumeaux reste dissimulée, Sebastian est encore proche de sa mère :

> I am yet so near the manners of my mother
>
> (II.1.36)

De même, Viola porte encore comme son frère les signes d'une appartenance à la mère. Malvolio le remarque qui trouve ce garçon bien féminin : « One would think his mother's milk were scarce out of him. » (I.5.155) C'est encore pour les jumeaux une période de gestation dans le sein de la mère, une période narcissique d'identification au même, d'indifférentiation sexuelle qui précède le moment où chacun pourra se dire fille et fils de son père. En attendant les capitaines jouent leurs rôles de substituts et Isis n'a pas encore trouvé le phallus d'Osiris.

Révélation et transgression

Liée à la découverte de la sexualité, la révélation de la vérité est présentée comme une transgression du secret des deux femmes Viola et Olivia. C'est pourquoi toute la pièce semble se jouer en-deçà et au-delà des limites symbolisées par la porte (gate) de la maison d'Olivia, véritable lieu de transgression du secret dissimulé. Cette porte est le centre géographique de la pièce et fait pendant aux portes de l'Enfer, limites ultimes du mal (II.5.195). Mais il arrive que la porte de la maison d'Olivia dont l'étrange portier est Malvolio, représentant cette triste politesse (III.4.5) du puritain désireux de garder pour lui-même le secret de sa maîtresse, devienne la porte de l'Enfer. C'est alors que Sir Toby Belch voit en Viola/Cesario, reléguée encore à l'extérieur de la maison, la personnification de la Luxure qui frappe aux portes de l'Enfer dans les moralités médiévales : « Lechery? I defy lechery. There's one at the gate. » (I.5.120) C'est pourtant le seul personnage qu'Olivia admet à l'intérieur, ordonnant que désormais sa porte reste fermée à toute autre intrusion. « Let the garden door be shut » (III.1.90).

Le personnage de Viola représente une curieuse ambivalence devant la transgression. D'un côté, en tant que double du duc elle est bien la Luxure qui frappe à la porte, franchissant toutes les limites de la bienséance lorsqu'elle obéit à la lettre aux injonctions d'Orsino de dépasser toutes les limites de la politesse, « leap all civil bounds » (I.4.21), pour transmettre à Olivia le message de son amour. Viola prend le risque de passer pour un être grossier, sans réserve, insistant, impoli : « I heard you were saucy at my gates » (I.5.189) lui dit Olivia et elle convient qu'elle a été grossière. N'est-elle pas coupable de la même « rude transgression » dont s'accuse le roi de *Love's Labours Lost*[1] ? Le mot « rudeness » s'applique d'ailleurs à elle (I.5.203-5), ce même mot qui sert à définir Sir Toby Belch, ce « rudesby » (IV.1.49), et la mer, symbole du mal, du dépassement des limites (V.1.72). Ne lit-on pas dans l'*Isis et Osiris* de Plutarque que :

> la mer est à l'écart de notre monde, hors de ses frontières : ni partie, ni élément, mais corps étranger à la fois corrompu et malsain[2] ?

La mer sert à décrire ce qui est excessif dans la passion de l'amour. Elle est une bouche géante qui engouffre tout pour l'annihiler, pour l'abaisser (I.1.9-14). Il est ironique qu'Orsino applique cette métaphore négative à l'amour des hommes dont il cherche à montrer la supériorité sur celui des femmes. L'amour des femmes, dit-il, n'a pas d'estomac, ne peut pas tout digérer. Il ne provient pas du foie, le siège de la passion, mais n'est qu'une gourmandise de la bouche dont les femmes se lassent vite et qu'elles rejettent, n'ayant pas de retenue (II.4.92-100). Mais malgré sa « grossièreté », Viola en ce qu'elle n'est pas Cesario représente aussi l'inverse de l'océan débordant d'une passion mortelle. Elle fait preuve de cette retenue qui l'amène à garder en elle-même le secret de son amour pour Orsino. Le révélation qu'elle fait à Orsino de l'amour secret de sa sœur imaginaire, qui n'est autre qu'elle-même, illustre parfaitement la retenue, « retention » (II.4.95) qu'Orsino prétend ne jamais trouver dans l'amour des femmes. La dissimulation de l'amour, « she never told her love » (II.4.110) est un signe de vérité ici. Le « willow cabin » (I.5.257) que Viola menace de construire aux portes d'Olivia s'oppose à ce monument où la Patience peut s'installer et sourire devant le malheur (II.4.114-5).

Intéressante ambivalence de Viola/Cesario entre la courtoisie et la grossièreté, entre la retenue et le débordement, ces dualités qui structurent la pièce. Par le biais de ce personnage, la pièce explore la notion de limite et celle de transgression. Si cette dernière est condamnée quand elle exprime un désir si peu maîtrisé qu'il en devient poison mortel, elle est considérée comme nécessaire lorsqu'il convient de franchir une porte trop exclusivement gardée par Malvolio. Viola représente alors le mouvement salvateur qui permet le voyage initiatique de l'âme lorsque le corps l'alourdit d'une immobilité paralysante. Ce thème que l'on retrouve chez des néo-platoniciens comme Macrobe par exemple est présent dans le mythe d'Isis où la déesse représente « le mouvement du monde » qui s'oppose à la « résistance obstructive » de Typhon-Seth. Isis sépara par incision les deux jambes réunies de Zeus[3]. Cette référence éclaire un dialogue assez mystérieux de la pièce où Sir Toby invite Viola à pénétrer dans la maison d'Olivia malgré les obstacles :

---

1. *Love's Labours Lost* (V.2.432).
2. Plutarque (7, 353 E).
3. Plutarque (62, 376 B).

Sir Toby	Will you encounter the house? My niece is desirous you should enter if your trade be to her.
Viola	I am bound to your niece, sir: I mean: she is the list of my *voyage*.
Sir Toby	*Taste your legs*, sir, put them to *motion*.
Viola	My legs do better understand me, sir, than I understand what you mean by bidding me taste my legs.
Sir Toby	I mean, to go, sir, to enter.
Viola	I will answer you with *gait* and *entrance*.

(III.1.73-81 ; c'est moi qui souligne)

En jouant sur l'homonymie « gait » (allure) et « gate » (porte) au moment où elle va entrer chez Olivia qu'elle décrit comme le but de son voyage, Viola dit que la limite doit être transgressée pour mettre en mouvement l'âme du monde. La porte, la limite (gate) devient alors mouvement, allure (gait), la pénétration dans le lieu secret étant la dernière étape du voyage des initiés.

Sebastian est aussi confronté à la transgression. Dans son cas c'est au nom de la politesse qu'il révèle à Antonio son véritable nom et le nom de son père. Devant la délicatesse de son interlocuteur qui ne cherche pas à forcer son secret, Sebastian ne peut que se révéler à lui :

Sebastian	I perceive in you so excellent a touch of modesty that you will not extort from me what I am willing to keep in. Therefore it charges me in manners the rather to express myself.

(II.1.10-3)

Ainsi les jumeaux font dans ce voyage l'expérience des limites, apprenant à transgresser le secret lorsque la transgression permet la révélation.

Les personnages secondaires représentent tous des degrés divers de transgression. Leurs excès qui les rendent en général plus risibles que troublants sont sans cesse vilipendés. Le nom de Sir Toby Belch (belch = faire un renvoi, roter, I.5.115) signifie les excès de l'oralité. Une référence intertextuelle à *Othello* permet de relier les manières grossières de l'oncle d'Olivia à celles de son prétendant Orsino. En effet, si Orsino considère que la métaphore de l'estomac trop rempli caractérise excellemment l'amour des hommes (II.4.99-100), Emilia la déconstruit à l'avantage des femmes :

Emilia	Tis not a year shows us a man. They are all but stomachs, and we all but food; They eat us hungerly, and when they are full, They belch us[1].

L'oralité est le lieu de tous les excès. C'est la bouche de l'Enfer qui est ici suggérée. Olivia a pour son oncle des mots très durs qui le relèguent aux confins du monde, au-delà de toutes les limites, dans les montagnes :

Olivia	[...] Ungracious wretch Fit for the mountains and the barbarous caves,

---

1. *Othello* (III.4.99-102).

>   Where manners ne'er were preached, […]
>
>   (IV.1.45-7)

Référons-nous à nouveau à Plutarque selon lequel,

> Les Égyptiens donnent le nom de Nephtys aux confins de la terre, aux parties qui avoisinent les montagnes ou qui touchent la mer[1].

Ainsi sur la carte géographique de *Twelfth Night* Orsino et Sir Toby sont les habitants de ces confins sauvages de la terre que n'adoucissent pas les mœurs civilisées.

La pièce oppose les personnages policés, civilisés, aux barbares sans foi ni loi, incapables de se contenir, révélant tout ce qui doit rester secret. Olivia elle-même cède à ce travers :

> *Olivia*   I have said too much unto a heart of stone,
>   And laid mine honour too unchary out.
>   There's something in me that reproves my fault,
>
>   (III.4.194-6)

Si au début, Olivia semblait symboliser par le voile dont elle cache sa beauté la retenue extrême, à deux reprises elle révèle à Viola/Cesario sa passion, lorsqu'elle dévoile sa beauté physique (I.5.222-5) et lorsque dans des vers rimés qui disent sa passion mieux que les vers blancs ordinaires, elle déplore que la raison ne puisse cacher son cœur :

> *Olivia*   […] Love's night is noon.
>   Cesario, by the roses of the spring,
>   By maidhood, honour, truth, and everything,
>   I love thee so, that maugre all thy pride,
>   Nor wit nor reason can my passion hide.
>
>   (III.1.146-150)

Ainsi, paradoxalement, l'amour idéalisé d'Olivia représente le manque de retenue qu'Orsino déplore chez les femmes. A ce stade temporaire de son évolution vers le dévoilement de la vérité, Olivia, la femme voilée aux passions débordantes n'est pas éloignée de l'hypocrisie puritaine d'un Malvolio qui transgresse très vite les limites de sa vertu imparable. Le fou n'est pas dupe qui sait qu'une vertu sans tache n'existe pas plus qu'un péché sans vertu : la vertu est bariolée comme le vêtement du fou, comme soit dit en passant les vêtements multicolores d'Isis qui disent l'union des contraires[2] : « Virtue that transgresses is but patched with sin » (I.5.43-4). On pense au même défi à l'intolérance qu'est un passage de *All's Well that Ends Well* :

> The web of our life is of a mingled yarn, good and ill together; our virtues would be proud if our faults

---

1. Plutarque (38, 366, B).
2. Plutarque (77, 382 C).

> whipped them not, and our crimes would despair if they
> were not cherished by our virtues[1].

Le fou représente l'équilibre. En l'écoutant chanter quatre fois son refrain sur la pluie qui ne cesse de tomber en épilogue à la pièce, on pense qu'il pourrait bien faire allusion à l'élément humide de la tétrade pythagoricienne reproduite par Fludd (voir illustration p. 78). Le fou ne serait-il pas l'Esprit Humide, seul capable d'apporter l'équilibre entre les quatre éléments, les ténèbres et la lumière ?

L'esprit de tolérance du fou, son réalisme constitue la limite, la *via media* qui empêche le débordement tragique vers la folie ou la mort. Toutes les comédies de Shakespeare sont aux confins de la tragédie, cette contrée de montagnes et de mers, car elles rappellent ce qui empêche la transgression fatale de ces limites. Le parcours initiatique vers la vérité trouve son fondement mythique dans les mystères d'Isis. Il est l'occasion d'une découverte de cette mesure, de cet esprit de la comédie qui permet le maintien de la vie.

Orsino prône au contraire la démesure qui amène avec elle la mort. L'absence de limites aboutit à instituer comme limite ultime la mort. La musique dont Orsino se sert en remède à la passion a une cadence mourante, « a dying fall » (I.1.4). De cette mort de la musique Orsino compte faire mourir l'amour. Orsino, qui demandait à Viola de dépasser en son nom les limites de la décence et de la courtoisie pour atteindre Olivia, n'a plus pour ressources que de devenir barbare comme le chef des voleurs égyptien dont parle Héliodore et de tuer l'objet de son amour (V.1.113-6). La violence d'Orsino annonce celle d'Othello. *Les Éthiopiques* ont sans doute aussi inspiré *Othello*.

Malvolio est réduit à des extrémités semblables. C'est aux portes mêmes de l'Enfer, « the gates of Tartar » (II.5.195), ultime limite du monde que Malvolio apprend que l'imagination avoisine la folie.

Vers l'Épiphanie : le rôle de l'art

Le parcours initiatique des personnages de *Twelfth Night* les mène vers un état d'éblouissement, de victoire sur la mort qu'Aristote selon Plutarque qualifiait d'« époptie » et qui permet grâce aux facultés supérieures, d'échapper au divers, au matériel, au divisible, et d'entrer en contact avec la pure vérité[2]. Ce mot « époptie » signifie la manifestation divine perçue par l'homme dans un moment extatique. Il équivaut à l'Épiphanie (qui est cette même manifestation du point de vue divin) – nom donné à la fête des rois mages, le douzième jour de l'année. Sebastian (IV.3.3) et Fabian (V.1.349) utilisent le mot « wonder » pour parler de cet émerveillement de l'âme. Le titre de la pièce s'explique diversement mais il est aussi probable qu'il se réfère à la manifestation de la vérité.

---

1. *All's Well…* (IV.3.67-71).
2. Plutarque (77, 382 D).

Dans la doctrine d'inspiration pythagoricienne de Robert Fludd (1574-1637), l'Épiphanie est le ciel empyrée, lieu ultime de l'extase de celui qui a réussi à trouver une harmonie entre les trois parties de son corps – ventre (les sens), thorax (l'imagination), tête (la raison) – et les diverses subdivisions du macrocosme (voir illustration p. 78). Parfois Fludd compare l'univers à un monocorde tant semblent parfaites les proportions qui le composent (voir illustration p. 78). Le rapport 2/3 sur lequel Pythagore insiste tant et que l'on trouve dans la quinte, symbole de l'harmonie, est souvent souligné dans *Twelfth Night*, comme si toute la pièce obéissait à la mesure d'un tel monocorde mystérieusement présent. La manière dont les personnages se regroupent par deux (les jumeaux, les deux capitaines, les diverses figures du double) et par trois (les personnages comiques, II.5.13 ; II.3.15-6 et 72) souligne le respect de ces proportions musicales. Le monde de *Twelfth Night* tend vers une telle harmonie, une telle cohérence. Viola ne peut embrasser Sebastian qu'après qu'une parfaite cohérence a été établie entre le temps, le lieu et la fortune, cohérence nécessaire à la découverte de son identité :

> Viola   Do not embrace me, till each circumstance
> Of place, time, fortune, do cohere and jump
> That I am Viola, [...]
>
> (V.1.245-7)

A l'inverse Sir Toby Belch qui représente la démesure des sens ne respecte pas l'art de la proportion que ce soit en musique ou dans sa vie : « Is there no respect of place, persons, nor time in you? » (II.3.86-7) lui demande Malvolio. Le mariage de sir Toby et Maria (V.1.354-5) symbolise l'union de la finesse de l'esprit – Maria est qualifiée de « most excellent devil of wit » (II.5.195) – et la grossièreté des sens. Première étape vers l'union des contraires si nécessaire à l'harmonie recherchée, cette union illustre la fonction du mariage défini comme « a solemn combination of our dear souls » (V.1.373-4). Alors brille sur l'acte V le soleil symbolique que Fludd plaçait au centre parfait de son monocorde, planète qui seule peut maintenir la lumière de la vérité dans ce monde :

> Viola   [...] keep as true in soul
> As doth that orbed continent the fire
> That severs day from night.
>
> (V.1.264-6)

L'art, défini par Fludd comme un miroir reflétant la perfection de la nature, joue un rôle primordial dans l'herméneutique de *Twelfth Night*. Mais avant de permettre l'étape ultime de la découverte de l'harmonie, avant que l'on puisse voir la « natural perspective » qui éblouit les sens (V.1.210), l'art est ce qui détache l'homme de l'état de nature. Dans les mythes de fondation des cités, où, comme l'a montré Dumézil dans *Le Roman des Jumeaux*, les couples gémellaires sont omniprésents, l'art représenté par l'un des jumeaux a une fonction civilisatrice. Les sons mélodieux de la harpe d'Amphyon font s'élever les murs de la ville, comme le rappelle *The Tempest* de Shakespeare.

Osiris participe de cette même mythologie puisqu'il délivra l'Égypte « du dénuement et de la sauvagerie[1] ». Dans *Twelfth Night*, un monde se construit à l'encontre des forces sauvages, primitives et barbares que l'on trouve encore aux confins des montagnes et des mers abandonnées à l'état de nature.

Parmi les prétendants d'Olivia, Sir Andrew Aguecheek compte sur l'état de nature pour accéder jusqu'à la femme aimée. « He hath indeed all most natural », dit de lui Maria avec une ironie méprisante (I.3.26). Pourtant sir Toby présente son ami comme un homme accompli jouant de la viole de gambe et ayant appris par cœur trois ou quatre langues (I.3.23-5). Mais l'intéressé dément de lui-même ses talents artistiques :

> Sir Andrew [...] I would I had bestowed that time in the tongues that I have in fencing, dancing, and bear-baiting. O had I but followed the arts!
>
> (I.3.87-90)

Sir Andrew représente un monde imperméable aux vertus de la civilisation. Incapable de maîtriser son agressivité naturelle, il déteste tout ce qui pourrait l'émousser, les mœurs policées, les bonnes manières. Lorsqu'il apprend qu'il a un rival il a recours aux armes et non à la diplomatie « for policy I hate : I had as lief be a Brownist as a politician » (III.2.28-9). Cette citation permet d'opposer sir Andrew à Malvolio, à la fois puritain, donc adepte de Robert Browne le fondateur de la secte des Indépendants, et politique. L'autre prétendant d'Olivia, à la différence du rustre sir Andrew, prend la résolution de lire les auteurs politiques, de devenir savant dans l'art de gouverner (II.5.152). Mais cet art suppose des qualités que Malvolio n'a pas : il n'est pas versé dans l'art de la lecture et on peut craindre qu'il lise ces auteurs politiques comme il lit la lettre de Maria. Dans *Isis et Osiris*, Plutarque décrit la difficulté de ne pas tomber dans les pièges de l'interprétation dans des chapitres que Malvolio aurait dû lire avant de s'aventurer dans l'exégèse sauvage[2]. Dans *L'Âne d'Or*, qui décrit les rites d'initiation aux Mystères d'Isis au chapitre XXI, Lucius est invité à consulter des livres écrits en caractères mystérieux,

> renfermant un texte noté avec des signes compliqués arrondis en forme de roues avec des traits en spirale comme des vrilles de vigne qui en défendaient la lecture contre la curiosité des profanes[3].

L'art, la science du déchiffrement est une étape essentielle vers l'époptie. Ce n'est pas la vérité que Malvolio découvre lorsqu'il déchiffre les « hiéroglyphes » de la lettre de Maria bien que celui-ci pense être très proche de la lumière : « daylight and champaign discovers not more » (II.5.150). Il entre au contraire dans les ténèbres de l'Enfer et termine son parcours prisonnier dans une pièce sombre (III.4.130). Les ténèbres dans lesquelles il erre sont celles de l'ignorance et c'est pourquoi le brouillard égyptien dont

---

1. Plutarque (13, 355 B).
2. Plutarque (chap. 9, 10, 58...).
3. Apulée (276).

parle le clown (IV.2.45) a sans doute peu à voir avec l'une des plaies d'Égypte comme le suggère les notes de la plupart des éditions. En effet dans la Bible les ténèbres envoyées pour punir les Égyptiens ne sont pas décrites comme un brouillard, tandis que les brumes, les vapeurs et les nuages gardiens de l'humidité sont partout présents dans la description plutarquienne de la religion égyptienne. Il semble que ce soit l'herméneutique égyptienne qui soit ici connotée par cette référence.

Les stratagèmes, ces artifices de l'imagination, sont une étape dans le parcours initiatique vers la vérité, étape imparfaite et causes de confusion certes puisqu'ils sont plus le fruit de l'imagination que de la raison. Sur l'échelle des valeurs de Fludd, l'imagination est une faculté liée au thorax, au ciel éthéré et n'est que le deuxième degré en partant du bas de l'Échelle de Jacob qui en compte six (voir illustration p. 78).

L'instrument des stratagèmes est le texte écrit, source reconnue d'erreurs d'interprétation propice aux inventions de l'imagination depuis que Platon dans le *Phèdre*, le dénonça comme tel. *Twelfth Night* analyse les différentes manières d'être lecteur, c'est-à-dire interprète de la vérité. La lecture de la lettre gonfle l'imagination de Malvolio – « Look how imagination blows him » (II.5.39-40). Si Malvolio est le premier exemple du lecteur égaré, Viola est décrite par sir Toby comme un bon lecteur qui ne se laisserait pas terroriser par la lettre de sir Andrew, trop dénuée d'esprit, trop « ignorant » (III.4.182). Il sera donc plus efficace de tromper Viola par « word of mouth » (III.4.184), c'est-à-dire oralement.

La dialectique de l'écrit et de l'oral, fondamentale dans l'herméneutique développée ici, est reprise lorsque Malvolio devient épistolier à son tour dans l'espoir de clamer la vérité. Si cette lettre réussit à faire passer le message, c'est que pour l'écrire Malvolio ne se contente pas de papier et d'une plume mais il exige à deux reprises de la lumière, symbole de raison (IV.2.110 et 118). Malgré cela, la lettre peut encore être source d'interprétation erronée. Cette lettre de Malvolio a deux lecteurs comme pour montrer qu'une seule lecture, une seule interprétation ne suffit pas pour que se manifeste la vérité. Le premier lecteur est le clown, « a corrupter of words » (III.1.34-5), celui qui joue avec les mots-voyous, « rascals » (III.1.19). Le ton de voix « vox » (V.1.288) qu'il donne à sa lecture, la manière qu'il a de passer de l'écrit à l'oral, entraîne une mauvaise interprétation du message : « I do but read madness. » (V.1.287) Le deuxième lecteur exigé par Olivia lit la lettre de telle sorte qu'Orsino conclut que Malvolio n'est pas fou : « This savours not much of distraction. » (V.1.305) Fragilité des verdicts de la vérité. La folie de Malvolio est une invention de l'imagination de Feste. Si comme dans d'autres pièces de Shakespeare le fou exprime comme on l'a vu l'équilibre, la *via media*, l'union des contraires, ici il n'est pas un lecteur éclairé. Shakespeare veut sans doute signifier qu'il faut gravir encore d'autres échelons avant de se fier à l'imagination.

Le miroir est l'artifice ultime qui, en se rapprochant le plus possible de la nature, peut atteindre la vérité : « The glass seems true » (V.1.259). Il permet enfin de réunir dans une harmonie supérieure les contradictions du langage que le fou se bornait à dénoncer : « Nothing that is so, is so. » (IV.1.8). Dans le miroir naturel que constituent les deux corps réunis de Viola et de Sebastian, le principe aristotélicien de non-contradiction n'a plus lieu d'être : « A natural perspective, that is and is not. » (V.1.210) Viola a réussi l'union paradoxale de l'Art et de la Nature, elle qui avait osé rêver que l'imagination et la vérité se rejoignent : « Prove true, imagination, O prove true » (III.4.366). Comme dans un passage de *A Midsummer Night's Dream* que J. D. Wilson avait rapproché de *Twelfth Night* et que l'édition Arden reproduit (page 81 note 123), l'Art et la Nature se réunissent dans une merveilleuse transparence :

> Transparent Helena! Nature shows art,
> That through thy bosom makes me see thy heart[1].

Le miroir est devenu transparent comme la sphère cristalline de l'Empyrée. Les deux jumeaux ont atteint l'époptie du mythe d'Isis ou l'Épiphanie de l'herméneutique fluddienne. L'on entend alors dans cette haute sphère une musique céleste qui n'a plus rien de la musique « mourante » du premier acte.

Bibliographie

- Apulée, *L'Âne d'Or ou les métamorphoses*, préface de J.-L. Bory, trad. et notes de P. Grimal, Paris: Folio Gallimard, 1975.
- Dumézil G., *Le Roman des Jumeaux*, Paris: Gallimard, 1994.
- Godwin J., *Robert Fludd, Philosophe hermétique et arpenteur des deux mondes* (trad. S. Matton), Paris: J.-J. Pauvert, 1980.
- Greenblatt S., *Shakespearean Negotiations. The Circulation of Social Energy in Renaissance England*, Oxford: Clarendon Press, 1988 (1990).
- Héliodore, *Les Étiopiques*, trad. J. Maillon, texte établi par R.M. Rattenbury et Rev. T.W. Lumb, Paris: Les Belles Lettres, 1935.
- Heninger Jr. S.K., *Touches of Sweet Harmony, Pythagorean Cosmology and Renaissance Poetics*, San Marino: The Huntington Library, 1974.
- Jones-Davies M., « La cruauté de Hamlet et le silence d'Harpocrate », *Incidences de la psychanalyse : Shakespeare, Poe, Dickinson*, Di Mascio, P. (éd.), Presses de l'ENS de Fontenay, coll. Signes (à paraître).
- Lloyd M., « Cleopatra as Isis » in *Shakespeare Survey* n° 12, Cambridge University Press, 1959, p. 88-94.
- Plutarque, *Isis et Osiris, Œuvres morales*, tome V, trad. C. Froidefond, Paris: Les Belles Lettres, 1988.
- Rank O., *Don Juan et le double*, études psychanalytiques, Paris: Petite Bibliothèque Payot, 1973.
- Shakespeare W., *All's Well that Ends Well*, Hunter G.K. (ed.), The Arden Shakespeare, Methuen, 1967.
  Love's Labours Lost, Kerrigan J. (ed.), The New Penguin, 1982.

---

1. *A Midsummer Night's Dream* (II.2.104-105).

Hamlet, Spencer T.J.B. (ed.), The New Penguin, 1980.
Othello, Muir K. (ed.), The New Penguin, 1978.
- Yates F., *Giordano Bruno and the Hermetic Tradition*, Routledge and Kegan Paul, The University of Chicago Press, 1964.

Tragi-comédie de l'amour cruel
Mireille Ravassat

Parmi les quelque deux cents pages de prose que Shakespeare inspira à Victor Hugo, il en est une qui s'applique tout particulièrement à la tragi-comédie douce-amère, *Twelfth Night*, ainsi qu'aux pièces de la fin, le quatuor des tragi-comédies romantiques, *Pericles*, *Cymbeline*, *The Winter's Tale* et *The Tempest*. Hugo écrit : « Un des caractères qui distinguent les génies des esprits ordinaires, c'est que les génies ont la réflexion double[1]. » Dans les pièces citées plus haut, Shakespeare démontre qu'il a, plus que jamais, « la faculté souveraine de voir les deux côtés des choses[2] » en créant des œuvres romantico-réalistes où les contraires ne cessent d'être représentés simultanément.

Dans ces pièces en question se côtoient, avec une insistance particulière, le bien et le mal, l'amour et la cruauté, la vertu et le vice, le beau et le laid, ou encore l'éternel et l'éphémère, en un mot la comédie et la tragédie. La tragi-comédie est un genre littéraire placé sous le signe de l'oxymore, figure de l'affrontement et de la résolution des contraires, tout le théâtre de Shakespeare visant à répondre à l'interrogation perplexe du personnage de Thésée dans *A Midsummer Night's Dream* : « How shall we find **the concord of this discord**[3]? ». L'univers shakespearien ne saurait exister qu'en continuelle mouvance, dans la variété et la dissemblance. Les actions de l'homme et son langage sont doubles. En cela on peut qualifier l'univers de Shakespeare de baroque[4]. Le langage se pare de bigarrures, se dédouble – il n'est qu'un « gant de chevreau[5] » que l'on peut retourner à sa guise. Le langage est changeant comme le « taffetas » (II.4.73). La pièce elle même, *Twelfth Night*, est placée sous le signe de l'ambivalence, de la mouvance, de la subjectivité : son sous-titre est *Or what you will*. Le héros shakespearien du mode tragi-comique est presque toujours dans un état d'entre-deux. Il passe, au cours

---

1. Hugo (345).
2. *ibid*.
3. *A Midsummer...* (V.1.160 ; c'est moi qui souligne).
4. Le mouvement baroque – on peut parler d'une véritable polyphonie européenne – s'est développé approximativement entre 1580 et 1670.
5. Comme dit le bouffon de *Twelfth Night*, Feste « a sentence is but a chev'rel glove to a good wit » (III.1.11-2).

de la pièce, d'un état à un autre. Dans *Twelfth Night* ce changement s'opère par un jeu du travestissement – jeu des apparences pour Viola. En proie au vacillement, le héros shakespearien dans le registre tragi-comique pourrait faire sienne la formule gnomique de Villon dans sa *Ballade du concours de Blois* : « Rien ne m'est sûr que la chose incertaine ».

Le présent propos s'attachera à explorer les quatre domaines de réflexion suivants : tout d'abord, le thème de la cruauté de l'amour dans une perspective pétrarquisante ; puis le thème de la « **blessure d'amour** » et le syndrome d'Actéon ; ensuite viendra une réflexion sur ce même thème tel qu'il est traité dans l'intrigue secondaire et parodique. Le dernier point sera consacré au leitmotiv shakespearien du **naufrage miraculeux** et aux implications du thème de la cruauté de l'amour au plan cosmique.

Dans *Twelfth Night*, ainsi qu'on l'a vu plus haut, le langage offre deux visages. Le discours amoureux ne fait pas exception. Une première facette du langage amoureux consiste à reprendre les clichés hérités de la tradition pétrarquisante. On connaît bien les afflictions contradictoires et simultanées qui s'emparent de l'amant poète en proie aux tourments de la passion. L'amant poète se lamente, à longueur de vers, sur son sort malheureux, sur l'incertitude qui le mine, sur les souffrances que lui fait endurer son démon de maîtresse aux traits angéliques. Grâce à un arsenal d'oxymores clinquants, le poète exprime l'état délicieusement insupportable de l'amour et du désir.

Dès son vers initial, tout de langoureuse mélancolie, « If music be the food of love, play on[1] », *Twelfth Night* s'annonce comme une succession de variations sur le thème de l'amour. « Chewing the food of **sweet and bitter fancy**[2] » Orsino vit un amour contrarié comme a « **deadly life** » (I.5.254) ainsi que Viola, la messagère de l'amour, le déclare à Olivia. Orsino, martyr de l'amour, et Romeo, avant sa renaissance à l'amour sublime de Juliet, mènent une existence de morts-vivants, comme dans le cliché pétrarquisant de l'amoureux qui se consume pour sa bien-aimée de glace. Ainsi Romeo, se lamentant, déclare :

> She hath forsworn to love, and in that vow
> Do **I live dead**, that live to tell it now[3].

Mais Orsino n'est pas seulement un mort-vivant pour la cause de l'amour, il est aussi la victime de ses **douces souffrances**. « The pangs of dispriz'd love[4] » dont parle Hamlet deviennent ici source de volupté. Ainsi, Orsino déclare à Cesario alias Viola :

> [...] If ever thou shalt love,
> In the **sweet pangs** of it remember me;
>
> (II.4.14-5)

---

1. Préfiguration de « music, moody food / Of us that trade in love », *Antony and Cleopatra* (II.5.1-2).
2. Vers emprunté à *As You Like it* (IV.3.101), c'est moi qui souligne.
3. *Romeo and Juliet* (I.1.221-2).
4. *Hamlet* (III.1.72).

Il ne croit d'ailleurs pas si bien dire car Viola est destinée à devenir « his fancy's queen » (V.1.378). Par cet oxymore pétrarquisant Orsino rejoint Roméo dans les affres de l'amour non partagé. Dans *Twelfth Night* le quiproquo du travestissement vient encore compliquer les choses. En effet, lorsqu'à l'acte I, scène 5, Olivia demande à Viola alias Cesario ce qu'elle ferait si elle l'aimait autant qu'Orsino aime Olivia et voyait son amour rejeté, Viola répond par la célèbre tirade qui commence par le vers : « Make me a willow cabin at your gate » (257). Le saule est l'arbre emblématique de l'amour non payé de retour et de la mélancolie. Que l'on songe à la chanson du saule émouvante et pathétique interprétée par une Desdémone innocente et bafouée dans son honneur juste avant d'être assassinée par Othello. Pour ce qui est d'Olivia, le subterfuge vestimentaire est toutefois le ressort d'une situation réellement comique puisqu'elle tombe amoureuse d'une femme habillée en homme. En d'autres termes, elle s'éprend de l'imaginaire Cesario.

On s'intéressera à présent, avant de passer au point suivant, à l'antithèse contenue dans les trois vers suivants prononcés par Orsino :

> Unstaid and skittish in all motions else,
> Save in the constant image of the creature
> That is beloved
>
> (II.4.17-9)

Ici on observera la présence du terme polysémique, « motions », signifiant à la fois mouvement physique et mouvement de l'âme. Les baroques ont composé une poésie et un théâtre de la mouvance. Orsino est donc à la fois pétrarquisant et baroque : pétrarquisant puisqu'il est affligé des alternances simultanées de sensations contraires, et baroque puisqu'il est en proie au vacillement des certitudes et des sensations.

Néanmoins le traitement du thème de la cruauté de l'amour dans *Twelfth Night* ne saurait se résumer à une série de variations effectuées selon un mode d'expression codifié. La « **blessure d'amour** » y est authentique.

C'est par là que, d'une certaine manière, *Twelfth Night* rejoint *A Midsummer Night's Dream*. Dans *A Midsummer Night's Dream* Cupidon n'est pas l'espiègle et juvénile divinité de l'amour, joufflue et rebondie, qui, les yeux bandés, s'apprête à décocher des flèches pour transpercer les cœurs comme dans les clichés iconographiques de la Renaissance selon lesquels Cupidons et angelots se confondent. Dans cette comédie nocturne et onirique le dieu de l'amour est décrit par Shakespeare dans des termes qui ressortissent à un symbolisme réaliste, pour employer une sorte d'oxymore. Que l'on pense à la description qu'en fait Obéron :

> Yet mark'd I where the bolt of Cupid fell :
> It fell upon a little western flower,
> Before milk-white, now purple with love's wound:
> And maidens call it 'love-in-idleness[1]'

---

1. *A Midsummer Night's Dream* (II.1.165-8).

L'amour est violence, ainsi qu'en témoigne l'antithèse chromatique opposant la pureté laiteuse, immaculée, virginale de la fleur et la tache pourpre infligée par la blessure d'amour. On arrive donc au paradoxe oxymorique selon lequel la cruauté s'attache plutôt à l'amour qu'à la haine mais il est un fait bien connu que l'amour et la haine ne sont jamais très loin dans la psychologie humaine. L'arc, le carquois et les flèches de Cupidon nous rappellent qu'être amoureux signifie souffrir, l'étymologie latine du terme « passion » en témoigne[1]. Dans *Twelfth Night* on ne saurait omettre la fortune littéraire de ce topos ou cliché poétique que l'on pourrait qualifier de complexe ou syndrome d'Actéon.

On rappellera, tout d'abord, l'histoire d'Actéon contée par Ovide[2]. Celui-là fut transformé par Diane en cerf pour avoir surpris l'incarnation de la chasteté en train de se baigner nue. L'infortuné Actéon, une fois métamorphosé, fut dévoré par ses chiens. Orsino parle ainsi de l'instant où il aperçut la belle et cruelle Olivia pour la première fois :

> That instant was I turned into a hart
> And **my desires, like fell and cruel hounds,**
> E'er since pursue me.
>
> (I.1.20-2 ; c'est moi qui souligne)

On observera que Shakespeare joue sur l'effet implicite de paronomase, ou homophonie, euphuistique : **hart / heart**. Le cœur de l'amant, comme le cerf, est déchiré par les « deux mains blanches[3] » de la bien-aimée. De nombreux poètes, comme le sonnetiste élisabéthain Daniel, exploitèrent le thème pour en faire l'illustration de la passion non partagée. Voici un extrait de *To Delia*, Sonnet 5, où Daniel décrit Diane en termes oxymoriques :

> With fairest hand, the **sweet unkindest maid**
> Casts water-cold disdain upon my face :
> Which turn'd my sport into a Hart's despaire,
> Which still is chac'd, while I have any breath,
> By mine own thoughts, sette on mee by my faire;
> My thoughts (like houndes) pursue me to my death.
> Those that I fostred of mine owne accord
> Are made by her to murder thus theyr Lord[4].

Pour finir avec cette métaphore, ou analogie, canine appliquée aux tourments de l'amour, on citera cet extrait du poème de Robert de Bonnières, *Le Manoir de Rosemonde*, mis en musique par Henri Duparc : « Comme un chien l'amour m'a mordu. »

Comme toujours dans l'œuvre dramatique de Shakespeare, l'intrigue principale, noble, est reflétée, comme par un effet de miroir, par l'intrigue secondaire, souvent empreinte de connotations burlesques et grotesques.

Twelfth Night n'échappe pas à la règle. En effet, dans une perspective tragi-comique, les amours contrariées d'Orsino et de Viola trouvent leur

---

1. De « pati » = souffrir, subir.
2. Ovide (III, 138 seq.).
3. Verlaine, *Romances sans paroles*.
4. C'est moi qui souligne.

écho parodique dans les calamiteuses stratégies amoureuses de Sir Andrew Aguecheek et de Malvolio. Le premier est l'infortunée victime de Sir Toby qui vante ses prouesses artistiques en tous genres à Olivia tout en le délestant de son argent. Quant à Malvolio, également victime de la cruauté de l'amour, il est grotesquement grugé par Maria. Malvolio est le malheureux dindon de la farce et insupportable puritain qui vient gâcher l'atmosphère festive de la pièce, victime des billets doux et ridicules de Maria dont voici un échantillon :

> But silence like a Lucrece knife
> With bloodless stroke my heart doth gore.
> M.O.A.I. doth sway my life
>
> (II.5.101-3)

Maria, se faisant passer pour Olivia, dont Malvolio s'est épris, se livre ici à une parodie de poème d'amour élisabéthain, poème hiéroglyphe dont l'un des principaux ressorts est la cryptographie, ou écriture codée : « M.O.A.I. doth sway my life » (II.5.103).

Twelfth Night est bien une œuvre où le thème de la cruauté de l'amour est saillant – l'amour est source de souffrances et de blessures. Enfin, ce même thème est à percevoir sur un plan cosmique. S'agissant du thème shakespearien, s'il en est, de la tempête et du naufrage, la violence, voire la cruauté, des éléments peut se révéler bienveillante.

On peut qualifier l'oxymore, « this most **happy wreck** » (V.1.260 ; c'est moi qui souligne), prononcé par Orsino, d'oxymore emblématique qui a pour fonction de résumer, de la manière la plus condensée possible, l'un des thèmes dominants d'une œuvre dramatique, voire de plusieurs œuvres. En effet, le paradoxe du naufrage heureux désigne la thématique des retrouvailles miraculeuses dans des œuvres aussi différentes que *Twelfth Night*, *Pericles* ou *The Tempest*. Il existe, en fait, un leitmotiv du naufrage heureux, ou miraculeux, depuis *The Comedy of Errors* jusqu'à *The Tempest*, via *Twelfth Night*. On retrouve là le topos séculaire de la mer **berceau et tombeau**. La mer, lieu d'union de polarités contraires, sépare les jumeaux, Sebastian et Viola, pour mieux les réunir. Comme dans *The Comedy of Errors*, une tempête et un naufrage jouent un rôle primordial dans *Twelfth Night*. Viola et Sebastian se croient tous deux noyés. Sebastian, la première fois qu'il apparaît, s'exprime en termes oxymoriques : « My stars **shine darkly** over me » (II.1.3 ; c'est moi qui souligne).

Ici on reconnaît la métonymie shakespearienne de « stars[1] » pour fortune / destinée. D'ailleurs Sebastian explicite lui-même la métonymie doublée d'un oxymore qu'il vient juste d'utiliser en parlant de « the malignancy of my fate » (II.1.4). L'itinéraire du voyage qu'il se fixe est totalement erratique : « My determinate voyage is mere extravagancy » (II.1.10).

Enfin, le vœu incrédule de Viola se réalise :

---

1. Cf. par exemple *All's Well that Ends Well*, (I.1.178),
 Helena   [...] We, the poorer born,
    Whose baser stars do shut us up in wishes.

« Tempests are kind, and salt waves fresh in love! » (III.4.375) et Orsino gagne un parangon d'épouse par « this most happy wreck » (V.1.260).

Les prodiges des naufrages miraculeux de *Pericles* et *The Tempest* se trouvent préfigurés. Ce leitmotiv illustre tout un processus oxymorique dont le terme est l'île de la poésie. Sur cette île la providence conduit Prospero à soumettre sa furie à la raison. C'est là toute l'action d'intercession de la « **tempête bénie** », pour reprendre l'oxymore qui se trouve dans la *Dido, Queen of Carthage* de Marlowe[1]. Les éléments bienveillants épargnent miraculeusement les membres d'une même famille. Pour reprendre l'oxymore utilisé par Prospero parlant à sa fille Miranda de leur tribulations maritimes :

> [...] th' winds, whose pity, sighing back again,
> Did us but **loving wrong**[2].

Ici le thème de la cruauté de l'amour appliqué aux éléments apparaît très clairement.

Certes *Twelfth Night* reprend un leitmotiv déjà présent dans certaines comédies du début et qui se retrouve dans les pièces de la fin, celui de la tempête bénie et du naufrage miraculeux, mais la spécificité de *Twelfth Night* réside dans le fait qu'il s'agit de bout en bout d'une comédie douce-amère qui exclut une harmonie complète. Ainsi Sir Toby et Sir Andrew ne sont pas présents lors de la scène finale de réconciliation et de retrouvailles. A l'opposé, dans ses pièces de la fin comme *Pericles*, l'harmonie est totale. Ainsi Marina la bien nommée, car née en mer, fait revivre son père à la lumière après la longue nuit intérieure de ses tribulations maritimes. Pericles trouve en elle un ange terrestre, une incarnation de la sérénité éternelle qui transcende la souffrance humaine et il prononce ces mots typiquement shakespeariens, tant par leur portée philosophique et métaphysique, que par leur expressivité stylistique :

> [...] Yet thou dost look
> Like Patience gazing on kings' graves, and smiling
> Extremity out of act[3]

George Wilson Knight commente ainsi les paroles de Pericles :

> We remember Viola's 'Patience on a monument smiling at grief' (*Twelfth Night*, II.4.116) but these lines hold a deeper penetration. The whole world of great tragedy ('kings' graves') is subdued to an over-watching figure, like Cordelia's love by the bedside of Lear's sleep. Extremity, that is disaster in all its finality (with perhaps a further suggestion of endless time) is therefore negated, put out of action, by a serene assurance corresponding to St Paul's certainty in 'O death, where is thy sting?' Patience is here an all-enduring calm

---

1. Speaks not Aeneas like a conquerer ? / O **blessed tempest** that did drive him in! (IV.4.93)
2. *The Tempest* (I.2.150 ; c'est moi qui souligne).
3. *Pericles* (V.1.137-9).

> seeing through tragedy to the end; smiling through
> endless death to everlasting eternity[1].

Marina permet à Pericles de transcender son expérience de la tragédie humaine. Grâce à son chant, elle le tire de son état de mort-vivant. Lui qui était devenu le pénitent de la condition mortelle de l'homme, déclare à Marina enfin retrouvée :

> Thou hast been godlike perfect, [...]
> And another life to Pericles thy father[2]

Dans cette perspective le thème de la cruauté de l'amour se pare d'une connotation bénéfique à part entière. La tragi-comédie de la destinée humaine, ainsi que la conçoit Shakespeare, selon le schéma du voyage initiatique et tempestueux est régie par une alchimie du bien et du mal, de la cruauté et de l'amour, de l'éphémère et de l'éternel. Il appartient donc à l'homme de distiller l'amour à partir de la cruauté même.

Bibliographie

- Daniel Samuel, « To Delia », *Elizabethan Sonnets*, Maurice Evans (ed.), London: Everyman Classics, 1984.
- Hugo Victor, « William Shakespeare » (1864), *Œuvres complètes, Critique*, Paris: Robert Laffont, Coll. Bouquin, 1985
- Knight George Wilson, « The Crown of Life », *Essays in Interpretation of Shakespeare's Final Plays*, London: Methuen University Paperbacks, 1982.
- Marlowe Christopher and Thomas Nashe, *Dido, Queen of Carthage, a Tragedy*, London: Hurst, Robinson and Co., 1825.
- Ovide, *Les Métamorphoses*, Traduction de Joseph Chamonard, Paris: Garnier Flammarion, 1966.
- Shakespeare William, *All's Well that Ends Well*, G. K. Hunter, London: Methuen, The Arden Shakespeare, 1985.
  A Midsummer Night's Dream, Harold F. Brooks (ed.), London: Methuen, The Arden Shakespeare, 1986.
  Antony and Cleopatra, M. R. Ridley (ed.), London: Methuen, The Arden Shakespeare, 1988.
  As You Like It, Agnes Latham (ed.), London: Methuen, The Arden Shakespeare, 1986.
  Hamlet, Harold Jenkins (ed.), London: Methuen, The Arden Shakespeare, 1986.
  Pericles, F. D. Hoeniger (ed.), London: Methuen, The Arden Shakespeare, 1986.
  Romeo and Juliet, Brian Gibbons (ed.), London: Methuen, The Arden Shakespeare, 1986.
  The Tempest, Frank Kermode (ed.), London: Methuen, The Arden Shakespeare, 1980.
- Verlaine Paul, « Romances sans paroles », Aquarelles, "Green" in *Fêtes Galantes, Romances sans paroles* précédé de *Poèmes Saturniens*, Paris: NRF Poésie gallimard, 1973.
- Villon François, *Œuvres poétiques*, Paris: éditions Flammarion, 1965.

---

1. Knight (65).
2. *Pericles* (V.1.206-7).

THE
History of the two Maids of More-clacke,

VVith the life and simple maner of IOHN
in the Hospitall.

Played by the Children of the Kings
Maiesties Reuels.

VVritten by ROBERT ARMIN, seruant to the Kings
most excellent Maiestie.

LONDON,
Printed by *N.O.* for *Thomas Archer*, and is to be sold at his
shop in Popes-head Pallace, 1609.

Feste
Victor Bourgy

1. Le type

Au début de 1599, le comédien William Kemp quitta la compagnie du Lord Chambellan, où il fut remplacé quelques mois plus tard par Robert Armin. Kemp, pour qui Shakespeare avait récemment écrit le rôle de Dogberry dans *Much Ado about Nothing*, s'était fait une spécialité du clown. Simple rustaud à l'origine, ce personnage avait été façonné par Richard Tarlton (mort en 1588) en un représentant du petit peuple (serviteur, artisan, employé communal...) plus ou moins glouton, salace ou prétentieux selon les rôles ; trébuchant sur le vocabulaire, il était moins malin qu'il ne croyait être, mais toujours drôle. Cette figure extrêmement populaire était devenue pour l'infatigable danseur et le cabotin qu'était Kemp l'occasion d'excès de toutes sortes sur la scène (échanges avec le public, interpolations dans son rôle, grimaces et obscénités). Kemp quitta probablement la troupe parce qu'il récusait la discipline du jeu collectif. Il paraît vraisemblable que Shakespeare pensait à lui lorsqu'il fit dire par Hamlet (1600), dans ses injonctions aux comédiens itinérants :

> And let those that play your clowns speak no more than is set down for them; for there be of them that will themselves laugh to set on some quantity of barren spectators to laugh too, though in the mean time some necessary question of the play be then to be considered. That's villainous, and shows a most pitiful ambition in the fool that uses it[1].

Robert Armin (né vers 1568) fut d'abord orfèvre. Sans renier jamais cette profession, il fut tenté par l'écriture et le théâtre et dès 1590 il s'était fait connaître par un opuscule défendant la « vraie religion » contre les hypocrites comme Malvolio. On le trouve dans les années suivantes tenant les rôles comiques dans la troupe de Lord Chandos, époque à laquelle, semble-t-il, il écrivit une pièce (publiée en 1608), *The Two Maids of More-clacke*, où il mettait en valeur le personnage de Blue John, un simple d'esprit,

---

1. *Hamlet* (III.2.38-45). Pour l'ensemble des pièces de Shakespeare à l'exception de *Twelfth Night* les références renvoient à l'édition à de St. Wells et G. Taylor, *Complete Works*, compact edition. Dans le « mauvais » in-quarto de *Hamlet* (1603), la critique du clown est encore plus cinglante.

en le contrastant avec celui de Tutch, esprit subtil et cultivé. Les deux rôles étaient conçus pour un même acteur : Armin en personne. Le fait que Tutch singe Blue John, qui était bien connu des Londoniens, incite à penser que l'interprète avait des talents d'imitateur ; la présence de chansons suggère en outre qu'il était bon chanteur. En 1600 Armin publia sous le pseudonyme de Snuff ses *Quips upon Questions,* recueil de traits d'esprit (satiriques, licencieux ou burlesques) qu'il avait improvisés en réponse à des questions du public ; et la même année vit encore la publication, sous le même pseudonyme, de *Foole upon Foole* « or Six Sortes of Sottes », six biographies de bouffons célèbres écrites (précise la page de titre) par un amuseur qui n'était pas comme eux un débile (« written by one, seeming to have his mothers witte »). On voit immédiatement ce qui distingue Armin de Kemp : c'est le type du « fool » qui l'intéresse, non le « clown », et son activité d'auteur aussi bien que d'acteur privilégie le thème paradoxal folie/sagesse tel qu'Érasme l'avait exploité déjà dans son *Éloge de la folie*. Pour cet artiste, Shakespeare allait écrire en particulier les rôles de Touchstone (*As You Like It*), Feste (*Twelfth Night*), Lavache (*All's Well that Ends Well*) et du bouffon de *King Lear*.

Il s'agit de personnages d'un type nouveau dans l'œuvre de Shakespeare, qui semblent nés de la collaboration entre le dramaturge et son comédien. Certes, on ne saurait prouver la chose, mais il y a dans ces rôles quelques signes révélateurs. « Touchstone », c'est la « pierre de touche » qui permet à l'orfèvre (et Armin n'était-il pas précisément orfèvre ?) de déterminer le titre d'un bijou en métal précieux. Cette fonction est métaphoriquement celle du nouveau bouffon : mine de rien, Touchstone mesure la qualité de ceux qui se frottent à lui. Feste porte un nom transparent d'une autre manière, mais il se trouve dans son rôle également quelques références à l'orfèvrerie[1] et on peut croire que lui aussi renvoie à Armin : dans *The Two Maids of More-clacke* se rencontre un jeu de mots sur « point », dans son double sens de « case »(?) sur un damier et d'« aiguillette » permettant d'accrocher le haut de chausses au pourpoint ; une facétie analogue sur « points » se retrouve dans *Twelfth Night* (I.5.21-3), comme si Shakespeare avait repris à Armin une plaisanterie de son répertoire[2].

Plus significatif est le fait que les personnages écrits pour le nouveau comédien constituent la transposition à la scène du bouffon institutionnel qui avait diverti les princes au moyen âge et qui intéressait tant Armin, aussi bien pour la diversité du type que pour la subtilité des jeux qu'il autorisait. Le bouffon de cour, qu'il fût débile (on disait « natural ») ou habile, avait en principe toute latitude pour dire ce qu'il pensait, même au prince. On soupçonnait que la Nature inspirait confusément le simplet, et on savait que la menace permanente du fouet retiendrait le simulateur. Dans

---

1. Felver relève dans le rôle de Feste : opal (II.4.74), waters (IV.2.63), trappings (V.1.8) et le nom du curé Topas.
2. Bradbrook semble tenir l'emprunt pour assuré (56), mais il y a déjà un jeu comparable dans *1 Henry IV* (II.5.218-9), ce qui n'interdit peut-être pas l'emprunt.

les derniers temps du moyen âge il n'y a peut-être pas de figure plus typée que ce « fol », vêtu traditionnellement d'un habit bariolé jaune et vert (« motley ») orné de grelots, coiffé d'un capuchon à oreilles d'âne (mais parfois d'une crête de coq, « coxcomb ») et armé d'une marotte (« bauble ») plus ou moins obscène, comme d'autres tiennent un sceptre. Sortant de la cour du prince, le type du « fool » avait envahi les fêtes populaires, et on peut dire qu'avec le *memento mori* (ce rappel insistant de la mortalité à travers la tête de mort et la danse macabre) le thème de la folie humaine (« *stultorum infinitus est numerus* », « *stultorum plena sunt omnia* ») enflammait l'imaginaire occidental vers 1500. C'est d'ailleurs l'époque où il trouve sa formulation la plus achevée : en 1494 Sebastian Brandt avait publié sa *Nef des Fols* (*Narrenschiff*), où toute l'humanité mérite d'embarquer ; en 1509 Érasme donna au thème sa forme paradoxale définitive dans son *Éloge de la folie* (*Encomium Moriae*) : tout le monde est fou, et le « fou » qui symbolise cette universelle condition est peut-être plus sage que les autres dans la mesure où il sait, lui, que tout est folie. Folie devient ainsi un guide sur le chemin de sagesse. Le fol est « morosophe », fou-sage.

Tel est le subtil bouffon dont Armin avait cherché à se faire une spécialité : un malin qui, sous les apparences d'un fol, aurait toute liberté pour dire la folie du monde. Le « wise fool » n'était pas une nouveauté au théâtre (on en rencontre quelques-uns dans les moralités ou interludes du 16e siècle), mais à l'heure où Tarlton puis Kemp occupaient le devant de la scène en exploitant l'incomparable drôlerie du clown, il n'est pas sûr que le public londonien ait été spontanément disposé à apprécier un comique plus retenu (où on rit *avec* plutôt que *de* quelqu'un) et moins évident (puisque c'est un « fool » qui est dans le vrai). Armin avait probablement achoppé à cette incompréhension car il explique dans ses *Quips* comment il avait dû se justifier de tenir le rôle d'un « fou » : celui qui est vraiment bête, répond Armin, c'est celui qui, s'arrêtant aux apparences, juge le comédien à son vêtement grotesque (« antick »), alors que tout son comportement est raisonnable et qu'il a même l'astuce de tirer profit de ce déguisement.

> He playes the Wise man then, and not the Foole,
> That wisely for his living so can do.

La justification qu'Armin offre là de son comique n'est pas sans annoncer le commentaire que Viola fait à propos de Feste (III.1.59-67), éloge qui lui-même vient en complément de celui de Jaques, enthousiasmé par Touchstone, dans *As You Like It*[1]. En fait, Touchstone s'est gentiment payé la tête de Jaques qui n'y a vu que du feu, mais qui rêve à présent de porter lui aussi la tunique du « fool[2] ». Plus mesuré, mais plus subtilement louangeur est le jugement de Viola, qui attire l'attention sur la perspicacité et la circonspection que requiert la profession de « fool ». On croirait, devant ces deux passages où le comique nouveau est présenté, analysé et valorisé, que

---

1. *As You Like It* (II.7.12-87).
2. « motley's the only wear » *ibid.* (II.7.34).

Shakespeare et son comédien avaient jugé plus sûr d'en fournir le mode d'emploi à un public qu'il risquait de déconcerter.

Dans les didascalies régissant les entrées, sorties et attributions du discours, Shakespeare n'est jamais très attentif à la désignation du bouffon (on trouve même parfois le nom de l'acteur !), et dans *Twelfth Night* encore c'est le mot « clown » qui est employé (« Enter clown », « Clown sings », etc.) ; mais il faut noter que dans le discours dramatique à proprement parler – à savoir ce qu'entend l'auditoire – c'est le mot « fool » (ou des dérivés : « foolish Greek », « thy folly », « you can fool no more money out of me ») qui sert régulièrement de référent à Feste[1], parfois même chez ceux qui connaissent son nom (« Here comes the fool i'faith », dit Andrew) ; Sir Toby seul déroge à cette règle en disant « ass » ou « sot ». Jamais de « clown », en tout cas. Armin étant très soigneux dans la composition de ses textes[2], on peut imaginer que cette précision dans la désignation de Feste est imputable à un comédien soucieux de ne pas être confondu avec le bateleur qui l'avait précédé.

2. Le rôle

Ce n'est pas parce que Touchstone et Feste relèvent d'un même type, procèdent sans doute de la même collaboration et sont pratiquement contemporains, que toute différenciation entre eux serait vaine. Feste, création postérieure, représente clairement pour le nouvel amuseur un statut d'émancipation et de détachement bien plus prononcé.

Si Touchstone est un bouffon de cour au service du duc Frederick, que Celia devra circonvenir pour qu'il accepte de quitter la cour, où il se trouve bien[3], Feste est une sorte d'héritage qu'Olivia tient de son père (« a fool that the Lady Olivia's father took much delight in. », II.4.11-2), mais dont elle semble se lasser. Quand ils se rencontrent (I.5.) Feste doit commencer par se défendre. Il a certes toute l'impunité du railleur institutionnel (« There is no slander in an allowed fool, though he do nothing but rail », I.5.88-9), mais on lui reproche de prendre des libertés avec son propre statut (« dishonest », I.5.37, renvoie, pense-t-on, à son vagabondage). Il n'était pas là quand on l'a cherché et, revenant on ne sait d'où au début de I.5., il se fait tout d'abord sermonner pour son absence. Car Olivia, qui le critique, le réclame parfois, et si elle le défend peu après contre les attaques de Malvolio, la menace qui pèse sur lui – bien pire que le châtiment traditionnel du fouet – est qu'il soit congédié (« to be turned away », dit Maria, I.5.16 ; et Olivia l'avertit de même : « I'll no more of you. » I.5.36). Menace bien vaine au demeurant, puisqu'en II.4. on le retrouve dans le palais d'Orsino au petit matin (« He is about the house. » II.4.12), quand le duc demande à réentendre la chanson qu'il lui a chantée la veille au soir. Feste a sans doute passé la nuit sur

---

1. Touchstone est encore désigné comme « the clownish fool » *ibid.* (I.3.129).
2. « A particularly striking aspect of Armin's clowning in his own play is the care with which he writes out all his lines, leaving no room so far as one can discover for the *ad lib.* » Felver (20).
3. Voir *As You Like It* (I.3.128-32 et II.4.14-6).

place… Voilà donc un bouffon très libre de ses mouvements, dont le point d'attache reste la maison d'Olivia (où on peut lui demander de menus services, voir IV.1.1), mais qui a ses entrées partout – y compris chez le duc – et qui se conduit presque comme un artiste indépendant. Si minime que soit la distinction entre les deux termes, c'est Curio qui le définit le plus justement en l'appelant « jester » (II.4.11), car Feste, à l'image d'Armin, se veut amuseur (« joculator », « minstrel », « jongleur ») plutôt que fol domestique.

Incidente à la question de l'appartenance est celle (confuse et peut-être insoluble) de son costume. Dépendant d'Olivia, Feste pourrait très bien porter la tunique habituelle chez les serviteurs des grandes maisons. Mais dans ce cas Orsino n'aurait pas de raison (à moins d'être excessivement distrait) de demander à Fabian et Feste s'ils appartiennent à Lady Olivia (V.1.7). Rencontrant Feste qu'elle a entendu chanter chez Orsino et qui a été décrit devant elle comme l'ancien bouffon du père d'Olivia, Viola semble croire d'abord qu'il vit de sa musique (III.1.1-2), et elle ne lui demande qu'ensuite s'il dépend d'Olivia. Dans les deux cas, Feste trouve une échappatoire pour récuser habilement ce statut de domestique que son habit ne proclame sans doute donc pas. Notons encore que Sebastian (qui ne l'a jamais vu) ne le traite pas comme un serviteur, mais comme un plaisantin à qui il donne la pièce[1] (IV.1.1-19). Enfin, on ne voit pas comment la protestation de Feste (« I wear not motley in my brain. », I.5.51-2) aurait toute sa force s'il n'était vêtu précisément, en tout cas lors de sa première apparition, d'un habit distinctif de son emploi. Ce n'est pas nécessairement l'accoutrement traditionnel du fol (il n'est question ni de marotte, ni de capuchon à oreilles d'âne, et la culotte flottante – « gaskins », I.5.23 – n'est pas habituelle), mais il paraît douteux que Feste n'ait pas été identifiable par son vêtement comme un personnage fantasque. Tout se passe comme si Feste, à qui le rôle de « fool » convient pour les possibilités qu'il lui offre, voulait l'émanciper des contraintes inhérentes à la domesticité[2].

Telle est peut-être la raison pour laquelle il n'accepte l'appartenance à Olivia qu'à titre d'accessoire (« trappings », V.1.8), car le détachement qu'il cultive n'est pas seulement affaire de condition, mais aussi bien d'esprit. Dire que personne ne prête attention à lui (« Nobody heeds him », dit Bradley) est un peu excessif, mais certainement nul ne le traite avec affection et il n'a en retour d'affection pour personne, sauf (curieusement) pour Olivia, qu'il appelle « madonna » (c'est-à-dire « my lady », I.5) et « my princess » (V.1.291). Ce bouffon est même étrangement dénué de traits de

---

1. Une suggestion ancienne reprise par Felver voudrait que Sebastian prît le bouffon pour un entremetteur. Feste lui parlant de sa maîtresse qui l'attend, le quiproquo n'est pas impossible, mais les bouffons sont enclins, dans Shakespeare comme ailleurs, à exploiter la moindre équivoque d'ordre sexuel, et si Feste comprenait que Sebastian le soupçonnât de racolage il ferait sans doute un sort au malentendu.
2. Felver insiste à juste titre sur la nécessité pour Shakespeare et Armin de distinguer le nouveau bouffon par son vêtement même. Le clown portait un grossier vêtement de bure (« russet »). Quand Jaques le rencontre dans la forêt, Touchstone est en « motley ». Felver conclut: « Shakespeare seems to be telling the audience that motley is as proper a garb for laughter as russet » (43). Il ne parvient pas à résoudre l'énigme de l'habit chez Feste (50-51).

caractère : alors que Touchstone est profondément attaché à Celia[1], tient à son confort et a des besoins si pressants qu'il épouse la première chevrière venue, Feste semble indifférent à l'existence. « I warrant thou art a merry fellow, and car'st for nothing. », lui dit Viola (III.1.25-6). Il répond que ce n'est pas vrai, mais ne précise pas ce qui l'intéresse ou le soucie. On dirait qu'il vit au jour le jour, et même au gré des circonstances, sans éprouver ni craintes, ni regrets, ni désirs (il est remarquablement asexué pour un personnage comique élisabéthain). D'humeur toujours égale, incapable de méchanceté, s'amusant de tout, il chante, même quand il est seul (ainsi, à la fin de la pièce), puisqu'il y trouve du plaisir (II.4.67). Le rôle de « jester » se déploie ici comme à l'état pur, prenant appui sur le concept d'insouciance plutôt que sur un tempérament individualisé.

Faut-il alors, comme certains critiques ont été tentés de le faire, préserver une sorte de consistance humaine chez Feste en lui trouvant des défauts ? Dire par exemple qu'il est vindicatif – car il fait payer à Malvolio les mauvais propos tenus naguère contre lui et les lui rappelle – alors qu'il est strictement dans son rôle festif en s'opposant au trouble-fête ? Ou bien excuser sa cupidité éhontée (« a shameless beggar », dit Bradley) en s'apitoyant sur la précarité de son statut (« one is very sorry for Feste ») – comme si le bouffon cherchait à mettre de l'argent de côté pour ses vieux jours – alors qu'il prend la peine de s'en défendre (V.1.42) et qu'en soutirant quelques pièces aux uns et aux autres il ne fait encore que souligner leur naïveté ? Va-t-on le taxer de condescendance – puisqu'il récuse le mot « fool » à diverses reprises – alors que son rôle illustre justement le paradoxe erasmien de la supériorité de la folie libératrice (joie) et démystificatrice (vérité) ?

Il faut accepter Feste tel qu'il est : un rôle plutôt qu'un caractère ; un étrange « personnage », à la fois au cœur de la pièce puisqu'il est partout, et à sa périphérie puisque son rôle est celui d'un observateur et commentateur. Prenons-le donc pour ce qu'il est : l'incarnation d'une joie de vivre qui est le climat de la fête, une sorte d'esprit tutélaire régnant de plein droit (vu son nom) sur la dernière comédie festive que Shakespeare ait écrite. Mais ceci nous entraîne au delà du rôle.

3. La fonction

On a calculé que le rôle de Feste est le troisième de la pièce par le volume, après Sir Toby et Viola. C'est que, sans être particulièrement verbeux, le bouffon se trouve souvent et longuement en scène. Peut-être même est-ce pour cette raison que Fabian est le troisième homme dans l'épisode au jardin, contrairement au projet initial de Maria (« let the fool make a third », II.3.161-2). Shakespeare laissait ainsi à son comédien presque un acte de répit (de III.1.59 à 4.1) avant le grand numéro de IV.2.

---

1. *As You Like It* (I.3.131).

Ce brillant numéro, où Feste affole Malvolio et déconcerte peut-être jusqu'à ses propres acolytes[1], illustre bien la nature de son comique. Quoiqu'il se définisse comme un « corrupteur de mots » (III.1.34-5), Feste donne peu dans le comique verbal (pas de bourdes évidemment chez un esprit aussi délié, mais pas non plus de calembours), et il n'use même guère des aphorismes traditionnels sur la folie – à part le célèbre « Foolery, sir, does walk about the orb like the sun » (III.1.37) qui lui sert de prétexte pour aller où bon lui semble. Son registre de prédilection est plutôt le raisonnement spécieux qui retourne les arguments, l'insinuation déconcertante, l'affirmation pseudo-philosophique mais péremptoire, plus rarement le non-sens. Ce qui séduit dans ce comique, c'est son brio, l'aisance d'un esprit que rien ne prend jamais au dépourvu, qui voit la drôlerie de chaque chose et qui se tire avec panache de toutes les situations. Feste nous charme autant qu'il nous amuse, mais sa fonction est moins de nous divertir que de mettre à distance les autres personnages et la pièce elle-même. Sa contribution à l'action est mince, comparée à cet enjeu.

Il y a dans *Twelfth Night* deux niveaux de comédie correspondant à deux lieux (le palais d'Orsino et la maison d'Olivia), deux styles (le vers et la prose) et même deux ressorts comiques (l'intervention du hasard et le complot ourdi contre quelqu'un). Il y a en somme deux intrigues (une affaire de désordre amoureux et un conflit d'intérêts), auxquelles Feste est diversement mêlé, sans que rien de déterminant se fasse grâce à lui. Avec les amoureux, il n'a que de brèves confrontations où il joue de leur bienveillance. Mais il est aussi perspicace que narquois, et non content de détecter avec un sens très sûr ce qui est risible chez tel ou tel, il adapte jusqu'à son discours et sa manière à chaque interlocuteur. Il en va de même de ses deux chansons d'amour, qui sont subtilement appropriées, la première (« O mistress mine! ») à la situation d'Olivia – bien que celle-ci ne soit pas là pour l'entendre –, la seconde (« Come away, come away, death ») à l'humeur mélancolique d'Orsino[2]. Avec les fêtards en revanche, Feste est plus immédiatement impliqué, soit dans les débordements de Sir Toby, soit dans le complot contre Malvolio, mais la façon dont il garde ses distances n'en est que plus remarquable. En II.3 il n'entre qu'en fin de beuverie, et uniquement pour joindre sa voix à celle des ivrognes ; ailleurs il condamne sans appel l'ivrognerie (I.5.125-7). Dans le traquenard tendu à Malvolio il ne tient qu'un rôle annexe, puisqu'il ne fait pas le troisième homme au jardin, et certains critiques ont loué sa réserve (qui n'est peut-être qu'une mise en réserve), car le stratagème de la fausse lettre d'amour est pour le moins indélicat[3]. Feste ne prend aucune part non plus à l'exploitation que Sir Toby fait de Sir Andrew, si bien que sa seule action à ce niveau de la pièce se résume à la farce où il est tour à tour Sir Topas et lui-même.

---

1. Voir dans l'édition Arden page 124 note 66.
2. Pourquoi la chanson ne correspond pas à l'annonce d'Orsino (qui l'a en principe entendue la veille) est une autre question, peut-être insoluble, qui ne touche qu'incidemment à la pertinence de cette chanson.
3. L'absence de Feste au jardin en II.5 ne l'empêche pas de citer plus loin la pseudo-lettre d'Olivia (V.1.361-7).

Pas plus qu'il n'arrache Malvolio à son délire, il n'est pour rien dans la « guérison » des autres. Le désordre amoureux a donné lieu à des diagnostics fort divers, mais quelle que soit sa nature (complaisance, méprises, blocages, déséquilibre de la personnalité ?) la « clarification » – pour reprendre un mot commode mais juste – n'est pas due à Feste. C'est l'arrivée de Sebastian qui précipite la résolution du désordre, une fois que Viola / Cesario, par le charme ambigu de sa personne, a troublé les cœurs égarés. Feste, qui avait bien vu leur état, n'accompagne pas leur transformation et n'a même pas l'occasion de commenter la guérison de leur mal d'amour. Il n'y a pas ici de « Lord, what fools these mortals be! » comme dans *A Midsummer Night's Dream*[1].

Pour tout dire, Feste n'a pas prise sur les autres personnages. Observateur de ce qui se passe, il est – comme l'auditoire – à quelque distance, sans être toutefois le simple représentant d'un public dont il exprimerait le jugement. C'est plutôt un médiateur qui régit notre implication intellectuelle et sentimentale dans la comédie. Sa fonction, qui est d'abord de nous aider à situer les personnages et à comprendre les enjeux de la pièce, favorise la mise à distance de la comédie elle-même, et en dernier ressort il nous aide à *nous* situer par rapport à elle.

Si le détachement de Feste nous invite à voir comme lui les choses à distance, son égalité d'humeur ne commande pas nos propres réactions. Il trouve stupide Sir Toby, que nous estimons grossier ; sa condescendance envers Viola n'empêche pas notre sympathie pour elle ; avec Olivia, nous jugeons Malvolio plus équitablement que lui. Parce qu'il n'assiste pas à leurs entretiens, les relations troubles mais fascinantes qui s'instaurent entre Orsino, Viola et Olivia, échappent à son commentaire, et chacun y réagit donc librement. De même pour la résolution du désordre, puisqu'il n'en dit rien.

Touchant le groupe des fêtards, il y a une évidente dégradation du climat festif, qui conduit Sir Toby lui-même à prendre la mesure des excès commis (« I would we were well rid of this knavery. », IV.2.67-8). Mais il n'est pas sûr que ce réveil douloureux soit à généraliser et qu'un désabusement comparable doive contaminer nos réactions aux affaires de cœur. Le durcissement passager d'Orsino quand il se croit trahi par Cesario peut n'être encore qu'un de ces obstacles factices que la comédie aime à dresser sur le chemin du bonheur. Ce n'est pas nécessairement, pas plus que le crâne ensanglanté de Sir Toby, le retour en force de la réalité... La désinvolture avec laquelle tout se précipite et s'arrange en quelques minutes nourrit aussi bien le sentiment d'un artifice dont nul n'est dupe. Après tout, Fabian nous a alertés : « If this were played upon a stage now, I could condemn it as an improbable fiction. » (III.4.122-3) Notre incrédulité rejoint le détachement caractéristique de Feste.

---

1. *A Midsummer Night's Dream* (III.2.115).

Le dénouement – moment sensible s'il en est dans une comédie – est-il vraiment heureux ? On a dit que les mariages projetés étaient sans allégresse ; on note que Malvolio s'en va sur une menace, et que le sort de certains comparses n'est pas réglé. Tout cela est vrai, mais faut-il, au niveau de lucidité consentante où cette pièce nous a portés, accorder tant d'importance à la résolution des conflits ? C'est ici que les opinions divergent le plus radicalement[1], et c'est ici, grâce à la chanson de Feste, que *Twelfth Night* touche soudain au terme parfait de la comédie romanesque shakespearienne.

Dans cette ultime section de la pièce, où les commentaires du « fol » font totalement défaut, nous transposons à la comédie elle-même le détachement amusé qui a toujours été le sien, qu'il nous a d'une certaine façon inculqué et qu'il va retrouver dans sa chanson. On ne sait plus trop, peut-être, s'il faut s'amuser ou être las de ces jeux factices et de ces résolutions merveilleuses. Certains pensent que Shakespeare lui-même en était las ; disons, puisque c'est ici la dixième pièce du genre, qu'il en avait « fait le tour », mais il a eu l'intuition géniale que l'atmosphère de fin de comédie n'était pas différente du sentiment qui gagne chacun quand la fête tire à sa fin. Non pas la lassitude du fêtard dégrisé (Sir Toby) quand lui apparaît l'irréalité de ses récents débordements ; c'est plutôt la conscience diffuse que la fête n'a qu'un temps et que la vie de tous les jours doit reprendre. Ce sentiment n'invalide pas la joie passée, il ne gâche pas nécessairement les derniers moments, mais il remet tout en perspective. La comédie, dès lors, n'est plus un mensonge, mais un répit, et si *Twelfth Night* porte ce titre qu'on ne s'explique pas autrement, c'est parce qu'elle nous plonge dans une atmosphère de fin de fête, exactement comme la « nuit des rois », la douzième nuit après Noël, marque la fin d'un cycle de réjouissances annuelles. La chanson de Feste est une passerelle qui nous ramène en douceur à la réalité.

L'authenticité en a été mise en doute, mais peut-on croire que Shakespeare, qui avait dû lutter contre les libertés de Kemp, eût laissé son nouveau comédien s'engager à son tour sur la voie de l'interpolation ? En supposant qu'il y ait eu ici encore collaboration entre lui et Armin, le fait que le bouffon de Lear en chante un couplet[2] permet de penser à tout le moins que Shakespeare l'avait faite sienne. Bradley note de plus que le « that's all one » du dernier couplet est déjà dans le dernier discours de Feste (V.1.364). Que dans ce dernier couplet Feste redevienne Armin, l'acteur saluant son public, n'autorise pas non plus à voir cette chanson comme une autobiographie : on peut y lire, aussi bien, dans les quatre premières strophes, une évocation de motifs développés dans la comédie : « clowning, hostility, love, drink », suggère un critique. La chanson de Feste est à vrai dire parfaitement en situation pour ramener le public à la vie de tous les jours. La suprême habileté de Shakespeare dans cette pièce qui clôt et

---

1. Ainsi, Hunter écrit : « happiness itself is seen as illogical and chancy » (50), mais pour Ruth Nevo « the cure of souls that is conducted homeopathically at the main plot level is the peak achievement of comedy game and human comedy which crowns the early plays » (214).
2. Dans une version différente ; voir *King Lear* (III.2.74-7).

couronne son cycle romanesque est d'avoir fait coïncider comédie et fête. La fête est un répit salutaire que l'on s'accorde, libérateur et tonique, et si la comédie (en tant que genre) est bien « la mise en scène du rêve qu'une seconde chance est offerte à l'humanité[1] », elle est une fête : « c'est la pièce qui nous protège de la pluie et du vent[2] ». Cette assimilation fait de *Twelfth Night* un commentaire de nature métadramatique sur la comédie même. Et Feste y est notre guide.

Bibliographie

- Barber C. L., *Shakespeare's Festive Comedy*, Princeton U.P.
- Bradbrook M. C., *Shakespeare the Craftsman*, Chatto, 1969.
- Bradley A. C., « Feste The Jester », 1916, repris dans *Twelfth Night*, D. J. Palmer (ed.), Macmillan, 1972.
- Felver Charles S., *Robert Armin, a biographical essay*, Kent State University Bulletin, 1961.
- Hunter G.K., *The Later Comedies*, Longman, 1962.
- Nevo Ruth, *Comic Transformations in Shakespeare*, Methuen.

---

1. Nevo (16).
2. Barber (260).

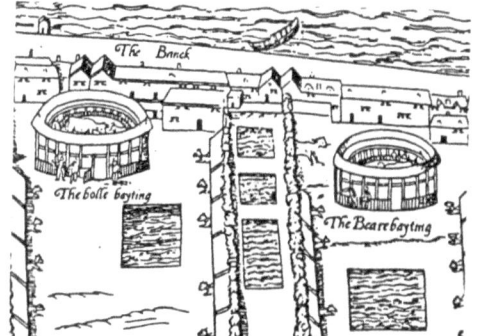

On some aspects of Shakespeare's prose style in *Twelfth Night*

Gilles Mathis

> Is not this something more than fantasy?
> *Hamlet* (I.1.54)

Introduction

As is well-known, since the Earl of Surrey's translation of the *Aeneid* (1540), Sackville and Norton's *Gorboduc* (1561, quoted in *Twelfth Night*) and Marlowe's "mighty line", verse, in particular blank verse (but occasionally decked with rhyme) was the original official medium of the English drama and the iambic pentameter, its basic metre[1].

This is no reason for considering the use of prose in drama (and in *Twelfth Night*) as a deviation from the norm, either national or Shakespearian, for traditionally sixteenth and early seventeenth English century drama (and more particularly comedy) mixes both media, from Gascoigne (the first to drop verse in drama in his *Supposes*, 1566, a translation of Ariosto's *I Suppositi*) to Dekker, Middleton and Rowley through Ben Jonson (primarily a prose writer) and Marston, and in some Shakespearian comedies, prose is the dominant form of expression.

But it is a fact that, Shakespeare being mostly known as a poet-dramatist, especially the writer of largely verse tragedies, critics have usually given much more attention to his verse than to his prose[2]. However the place filled by prose in many plays (even tragic ones[3]) justifies a careful study of Shakespeare's prose style which, like his blank verse but to a lesser extent, suffers an evolution in time, gradually freeing itself from Euphuistic influence to become more and more the emerging "standard" language of

---

1. In this essay, I will use the terms "verse" or "poetry" interchangeably when opposing them to prose. But it should be remembered that "versified speech" is not synonymous with "poetry", understood as a special quality of speech.
2. Perhaps the most easily available study of Shakespeare's prose for the student is Brian Vickers's fairly recent *The Artistry of Shakespeare's Prose*, Methuen & Co Ltd, 1968. A useful stydy altogether although the criticial method is sometimes debatable and the chapter on *Twelfth Night* rather disappointing. Barish's excellent *Ben Jonson and the Language of Prose Comedy* (see bibliography) also contains valuable information on Shakespeare's prose style.
3. Think of *Hamlet*, for instance: Hamlet with Polonius and the courtiers in II.2, including the set speech on man's nature; III.1. with Ophelia (interesting for the verse/prose alternation); III.2. with the famous speech on art and acting, V.1. with the churchyard and Yorick scene, etc.). In *King Lear*, the shift to prose expresses the King's distraction. In both plays, the use of prose has something to do with the theme of madness, feigned or not. Not so with *Julius Cæsar*, where the prose/verse opposition in Brutus' and Antony's harangues of the people on the Forum reflects the contrast between two natures: Brutus' political naïvety and Antony's Machiavellian politics.

London and the Court[1] at a time when Elizabethan language was still in a relative state of flux.

Such a study calls for a few preliminary remarks and words of warning:

- prose and verse are no homogeneous media; they both cover a wide variety of discourses: verse, from the highest form of poetry (narrative, dramatic or lyrical) to the lightest (popular songs and lyrics, drinking songs, limericks, doggerels, etc.[2]); prose, from the most precious, euphuistic style to the most popular and vulgar idiom, and, in this respect, there is as much difference between the prose occasionally used by Olivia, Antonio, Sebastian or Viola and that used by Feste, Maria or the two drunken knights as between the verse of Orsino's romantic love laments and the naughty love songs of the lower characters.

- prose, like verse (and perhaps more), displays a wide range of registers, and swift changes of such prose registers may occur in the same character and sometimes in the same speech, some of them due to the occasional intrusion of Shakespeare's voice in a character's, sometimes at the cost of a breach of logic or decorum.

- to oppose rhetorical to non rhetorical prose is partly a fallacy, for this critical move often implies an underlying confusion between poetry and rhetoric, while overlooking or minimizing the similitudes between poetry and prose, forgetting an elementary truth: as it is naturally metaphorical, language in general is naturally[3] patterned, full of those *schemata verborum* whose learned dress in literary criticism must not fool us into thinking that the devices they designate are foreign to natural expression. What is artificial is not the use of rhetoric, but the excess of it, prose and poetry only differing in the degree of patterning and in the choice of devices (supposedly more elaborate in poetic language[4]). Especially as prose, in an artistic work, is necessarily

---

1. Puttenham, in his *Arte of English Poesie* (1589) has very strict recommendations to "poets" in this respect: "ye shall therfore take the usuall speach of the Court, and that of London and the shires lying about London within lx. myles and not much above" (145).
2. A contrast exploited in the play which opposes the poetic music of Orsino's romantic love and the naughty love-lyrics of the lower characters or fashionable popular airs, and underlined by the Duke himself (II.4.1-6).
3. And *naturally* can be taken here in its most basic sense if one acknowledges the part played, in linguistic expression, by the body's binary structure and rhythms (breathing, heart-beating, walking) or daily activities regulated by all sorts of natural cycles, circumstances which all favour the use of parallelisms and symmetries. Ordinary communication is often argumentative, and argumentative discourse, logical by nature, cannot dispense with parallelisms, antitheses, etc. (think for instance of syllogisms), lyrical expression as well as abusive discourse with repetitions, asyndetons, etc. a whole battery of figures which are also found in poetry.
4. For instance a presupposition like Vickers's: "the unpatterned norm of conversation" (209), needs qualifying. Rhetoric being omnipresent in ordinary language, I see no real point in setting up a general list of the dominant rhetorical figures used in the play's prose passages, for such a list would be no different from so many lists of the kind which could be established for similar discourses, literary or not, Shakespearian or not, ancient or modern, for *mutatis mutandis*, language always uses the same devices in similar situations, the same causes producing the same effects. Nor do I see any relevance in the mere identification of isolated figures which too often reduces stylistic analysis to a pedantic taxonomy. But I

stylized. Art implies invention or wit, and wit, according to Pope is "nature to advantage dressed". So "literary prose", even in its lowest keys, is never a servile imitation of the "popular voice".

- in some cases (especially short replies) it is not always easy to decide whether we are dealing with prose and verse, especially as pentameters can be, by dramatic conventions, truncated or extended (hypo or hypermetrical lines) and perfect pentameters may intrude in a prose exchange (see for instance, *Twelfth Night*: I.3.6, 20, 41, 63-4, 95; II.1.8, 29-30; II.3.60). The illusion of verse is also created when, in a prose speech, we suddenly hear a particularly well-patterned sentence of ten syllables, especially if it opens or ends the speeches, as in *Twelfth Night*, (I.3.13, 22).

It is not my ambition to launch into an exhaustive analysis of the prose style of *Twelfth Night*. The enterprise would require a book-length study. More modestly, I hope to provide a few guidelines for students and two or three more detailed illustrations in order to qualify and temper whatever might seem overtheoretical in broad generalizations while doing justice to Shakespeare's habits of writing, based no doubt on conventions but more often than not inspired by the instinct and flair of a born dramatist, with the happy result that, notwithstanding the many echoes and parallels from one to another, every Shakespeare play has its own mood, atmosphere and style.

The analysis of prose in a play, apart from expected remarks on the basic verbal material, raises two main types of questions concerning on the one hand the distribution of prose in relation to characterization, on the other hand the prose/verse alternation in the developing action: who speaks prose rather than verse, when and why? How can one explain the unexpected shifts from prose to verse or *vice versa*, in the same scene or from one scene to another, involving characters of comparable social status in similar situations?

In other words, to give a few examples from our play, how can we provide answers to queries such as these:

Why is the first encounter between Antonio and Sebastian in prose (II.1., the whole scene except for the concluding aside with its final couplet, a convention and pattern repeated in the next scene between Malvolio and Viola) whereas the second encounter (III.3.) and the last (V.1.) are in verse?

Again, why should that first encounter be in prose while the twin scene between Captain and Viola (I.2.), very similar in situation and subject-matter (Viola evoking her brother's death, Sebastian, his sister's), is in verse?

Why should Viola start speaking prose to Olivia on their first encounter (I.5.) and verse in another similar situation (III.1; she is pleading the cause of

---

do see a point in contextual analysis of rhetorical (or grammatical) devices to account for specific stylistic effects or individual style, which Vickers also practises.

Orsino's love, again), where she also indulges in mock dialectics (with a pun on "servant"), traditionally in prose?

Why, in the same first encounter, do the characters suddenly shift from prose to verse?

Why does Olivia shift from prose to verse with Viola, then Malvolio, in the long final scene of Act I?

Though Orsino has but little verbal contact with Feste (two occasions, only, II.4.41-77 and V.1.1-48), why does he use verse in the first case and prose in the second?

Finally why does Feste always speak prose (when he is not singing) while Fabian, his alter ego and would-be substitute, sometimes uses prose (in the eavesdropping scene of II.5.) and sometimes verse (the final act, V.1.347-59)?

These are as many questions which may puzzle the reader, and prompt another more general one: is Shakespeare's dramatic language "all made of fantasy" (*As You Like It,* V.1.101)? This essay's epigraph from *Hamlet* already adumbrates the answer. An answer which should be sought both in literary tradition and in Shakespeare's own practice which owes much to convention but perhaps even more to his genius for improvisation.

To begin with, let us situate *Twelfth Night* in the Shakespearian canon, from our present point of view.

Of some statistics and general tendencies

Twelfth Night belongs to a group of five plays (four romantic comedies and a history play) all written at approximately the same time (between 1599 and 1600, though the chronology of Shakespeare's plays is far from certain) in which prose dominates as a medium, with more than 1500 lines in prose for an average of 2800 lines per play concerned. These five plays are listed here in decreasing order of prose frequency: *The Merry Wives of Windsor*, the prose comedy par excellence culminating with 85% of prose lines, *Much Ado About Nothing* (70%),*Twelfth Night* (62%), *As You Like It* (55%), 2 *Henry the Fourth,* (52%). By contrast, the frequency of prose lines in the great tragedies ranges from 6% to the 25% (the highest frequency being for *Hamlet* and *Timon of Athens*) and in the final romances we find *Cymbeline* with 10%, *The Winter's Tale* with 20%, *The Tempest* with 17% and *Henry VIII* with only 2%, a remarkably low frequency due to the fact that it is also a history play, a sub-genre by nature averse to prose (*Henry the Sixth*, parts 1 and 3, *King John* and *Richard II* are entirely versified[1]).

---

1. Lyly's *Campaspe* (1581), all in prose, being a notable exception, but the play opposes two prose styles, that of Alexander and his entourage and that of the slaves meeting and joking on the market-place. Also see how the Falstaff scenes in Shakespeare's *Henry IV* are in prose.
   For the statistics, see Vickers's graph (433), itself based on A. Hart's study of the Old Cambridge edition: "The Number of Lines in Shakespeare's Plays", *Review of English Studies* 8 (1932) and compare with H. Suhamy's statistics (530). No strict accuracy must be expected, individual counts may slightly vary from scholar to scholar because of possible mislineations in some editions, still a matter for textual controversy,

This statistical survey yields two basic points: first, prose is above all the vehicle of comedy, in keeping with English tradition and the Classical theory of style based on a hierarchical conception of verbal expression, with ideological and social implications, poetry being the medium of elevated discourse (especially epic and tragic genres for the Ancients), prose, the vehicle of lower discourse (which includes low comedy[1]); second, prose is most frequent when the comedy is lightest and the tone most satirical. Thus in the so called "problem comedies" (an ambiguous literary category), verse generally outnumbers prose, as for instance, *All's Well that Ends Well* (45% prose) and *Measure for Measure* (35%[2]). Similarly, the greater psychological complexity of *As You Like It* probably accounts for the fact that its prose style is more rhetorical, less plain and conversational than that of *Twelfth Night* in which the comedy of character (which was developed by Ben Jonson) is largely subordinated to the comedy of situation and wit engineered by means of a series of more or less farcical disguise and mistaken identity scenes served by omnipresent wordplay.

But these apparently innocent statements call for a precautionary remark: no strict rule can be inferred from them[3]. Prose, in comedy, is not the exclusive medium of non serious discourse, no more than poetry is the exclusive medium of serious or even lyrical speeches. Much deep truth and profound thought is to be found in prose, just as a great deal of stupidity is utterred (consciously or not) in verse. In fact the serious and the non serious (and how indefinite the borderline between the two, sometimes!) often rub shoulders in many scenes in Shakespeare, whatever the medium used or the nature of the speaker.

A further introductory remark: since the use of prose is closely dependent on the manifestation of the comic spirit which may take many forms (whether the plays are problem plays or not), stylistic changes in the prose style will correspond to variations in the nature and quality of the comic.

Apart from the genre constraints, there are two basic rules governing the use of prose or verse in Shakespeare's plays based on the principle of contrast and tempered by a series of modifying sub-rules to serve *ad hoc* strategies in context.

---

and occasional uncertainty concerning the metrical status of some lines which may be accidental or deliberate pentameters, or hyper or hypometrical lines (frequently used by all dramatists) which could be assigned to prose. The critical decision in such a case is a matter of individual interpretation.

1. My reference is to Virgil's theory of the three styles known as "Virgil's wheel", distinguishing between the grand, the middle and the low style, whose influence in Europe was felt until the 19th century. It is mentioned in Horace's *Ars Poetica*, in Dante's famous letter to Can Grande della Scala and Puttenham devotes chapters V and VI of Book III to it (152-3). Note that Comedy is supposed to be written in the mean or middle style (153). However there is high comedy and low comedy, and the latter uses the "base style". Terence's verse comedies are in the middle style (*mediocritas*).
2. If *Much Ado About Nothing* is a "problem play" it must therefore be considered as a striking exception. For Salingar it is, for Barber and Charlton, it is not a "problem play" (see bibliography for the references).
3. Consequently, terms like "rules", "laws" or "principles", in this essay, are used mostly for convenience' sake and synonymous with "tendencies").

1. Contrasting worlds, moods and ideologies: idealism and romanticism versus realism

Especially relevant to our play is Shakespeare's general habit of reserving verse for the idealistic world of romance (or personal expression of a lyrical nature) or the heroic world of war (both of which can meet in a more or less ironic way in the same play) and prose for the realistic everyday world, often casting an ironic light on the first two. In this (broad) respect, *Twelfth Night* is no exception to the rule[1].

It should be noted, however, that self-love can be expressed in verse or prose depending on the character's social status (see next paragraph).

2. Linguistic markers of social distinctions

Compliance with tradition and literary conventions demands that the higher classes (the nobility, the aristocracy and more vaguely certain other characters of slightly inferior status moving daily in the aristocratic sphere) speak verse and the lower classes (servants, pages, soldiers of modest rank, porters, gardeners, craftsmen, murderers, clowns and rustics) speak prose, without forgetting that "higher class" and "lower class" are vague categories which blur hierarchical distinctions within the same broad social group.

This being said, a noble character may occasionally speak prose but the reverse case of a member of the lower class speaking verse is less frequent (songs apart, of course). He may do so on various occasions – but never extensively both in time or place –, for instance, when in presence of a noble personage, or at a time of high dramatic intensity, or when invested with momentary authority (ethical, political, philosophical) or trusted with an official mission, or for the sake of tonal continuity, like the soothsayer in *Antony and Cleopatra* (I.2.11-41), the messenger in *Macbeth* (IV.1.63-71), or the servant and gardener in the famous garden/kingdom analogy in *Richard II* (III.4.29-107), which combines several of the conditions listed above. Otherwise the normal rule is that people of authority and dignity speak verse in serious situations. Thus, to take a minor but revealing example, the fake priest Sir Topaz in *Twelfth Night* speaks prose but the "holy priest" who secretly weds Olivia and Sebastian speaks verse.

Again,*Twelfth Night* follows the convention, for which language is a social barrier and a function of character, but also testifies to the fact that Shakespeare's distribution of linguistic parts is far from being a rigid system, as we shall see[2].

---

1. Significantly, in *The Merry Wives of Windsor*, where the overwhelming norm is prose, verse is almost exclusively assigned to the marginal romantic idyll between Fenton and Anne. To prevent any misunderstanding, let me make it clear that in making these distinctions, I am only talking of the treatment of prose in Shakespearian drama, not in prose writing in general (note 1).
2. The opening scenes of *As You Like It* tell us much about Shakespeare's art of handling prose and verse, showing that prose can be used, irrespective of the social status of the characters on stage, who are all noble men and women like Orlando, Oliver, the two princesses (Rosalind and Celia), a French courtier (Monsieur Le Beau), even Duke Frederick.

Some of the numerous **sub-rules or modifying factors** governing the use of prose or the alternation of media include:

- use of prose in sub-plots.
- use of prose in letters or notes and extraneous material.
- shift marking changes in a character's mood (from playful to serious) or ethics (conversion, confession, repentance, etc.) or in the action (dramatic turns[1]).
- shift to mark rank distinctions within the same social category: thus in the arrest scene of Antonio in *Twelfth Night*, the First Officer speaks verse and the Second, prose[2] (III.4).
- shift to distinguish between private speech (aside) and public speech[3].
- law of the **dominant character or mood**. It is especially illustrated in the Clown scenes, where the Fool (as Lord of Misrule) imposes his idiom even on a Duke or a King, so that no one normally addresses a Fool in verse[4].
- law of **stylistic continuity**: to avoid abrupt rupture between two scenes, one medium may be maintained for a few lines before the new prevailing tone sets in. Thus, in the comic yellow stocking and garter scene (*Twelfth Night*, III.4.18-53), see how Olivia addresses Maria in verse at the beginning of the scene (perhaps under the influence of the aside) then in prose at the end, after the exchange in the same medium with Malvolio, then with a servant (also see *Macbeth*, IV.2.31-62).
- law of **exclusion**: whereas verse can finish a scene in prose, the reverse is impossible in Shakespeare ("the case is altered" with Ben Jonson's

---

1. Cf. for instance Ford in *The Merry Wives of Windsor*, IV.4.6-10) and the shift from prose to verse in *As You Like It*, III.4. where paradoxically enough it is Corin, the pastoral labourer, who speaks verse. Note that this shift corresponds to a scene ending.
A most interesting example is found in *Othello*, where the surprising shift from verse to prose in IV.1.37-44 is probably symbolical of chaos investing Othello's mind ("... and when I love thee not,/ Chaos is come again", III.3.91-2). Note that this corresponds to a loss of stability in the language, as Iago plays on the word "lie": "(Lie) With her! on her! *What you will*", a tragical echo of *Twelfth Night*'s sub-title, by the way. Similarly, in *Macbeth*, Lady Macbeth's moral disintegration leads to a shift of medium in V.1., whereas her husband keeps to verse throughout the play and in *I Tamburlaine*, even Marlowe shifts to prose to express Zabina's distraction at the sight of her husband's body (V.2.; this last example quoted by Barish, 95)
There is of course nothing original in fitting tone and mood in drama and one need not be a psycholinguist either to know that in daily life personal expression is strongly affected by mental states. Shakespeare, here as always, is simply (!) "holding the mirror up to nature".
2. However, there seems to be a shift of medium with line III.4.362: "The man grows mad, away with him. Come, come, sir", which sounds to me more like prose than a hypermetrical verse line. The breaking of the metrical pattern perhaps signals a change of mood as the Officer's growing impatience makes him lose his sense of measure.
3. See Touchstone's shift to verse in *As You Like It* (III.3.103-4), with ironical rhyme (*Audrey/bawdry*) and quasi internal rhyme (*married/bawdry*), and his mock-song, but the shift also corresponds to an exit speech with a verbal flourish, a fairly frequent device in Elizabethan drama.
4. There are a few exceptions, leaving *Twelfth Night* aside for the moment: in *The Merry Wives of Windsor*, V.5.53-4: Anne's invocation in verse to the sylvan fairies seems to impose its idiom on both Falstaff and Pistol, before they switch back to prose when abusing Sir Hugh Evans, disguised as a satyr, recapturing the prosaic tone of invective (lines 87-89). The "law of the dominant character" may also explain why in *Macbeth*, a servant and two murderers speak verse (III.1.73 to the end), and the law of dramatic climax why the murderers keep to verse in the Banquo's murder scene that follows. But in both cases they have very few lines.

realistic comedies!). Thus, apart from one or two exceptions (for instance, the epilogues of *As You Like It* and *2 Henry IV*), no play, whatever the genre, ends with prose. See how the final act of *Twelfth Night* is overwhelmingly in verse and it is significant that the last say, given to Feste (the only prose character in this act) is a song[1].

- last but not least, **theatrical coherence or relevance**: by which I mean that the theatre is above all an oral and visual art developing in three-dimensional space where setting and costumes, positions on the stage, gestures and movements, voices are so many languages which must be in tune with one another. In other words, the use of prose or verse is partly commanded by the necessity of harmonizing the imperatives of the different semiotic systems to produce a "performance" worthy the name[2].

All these factors interact or even counteract one another in varying forms and degrees, sometimes combining their effects, sometimes imposing their laws, alternately, so that, here as ever, only contextual analysis can fully account for Shakespeare's art in this matter.

Prose and characterization

There are two sets of prose speakers: the regular or major and the occasional.

The first group includes Feste, the two drunkard-knights, Malvolio, Maria, and to a lesser extent, Fabian and Viola.

The second is much smaller with Sebastian, Antonio and Olivia, and very exceptionally (and sometimes dubiously) Orsino.

Even Sir Aguecheek could understand that the two groups do not speak the same kind of prose, but it requires more attention to detect the contrasts within the same group.

The group of major prose characters calls for two remarks: first, they seem to form a rather motley crowd, though not socially after all, with the notable exception of Feste, often presented as a servant to Olivia, whereas Fabian, his one-time substitute in the play has a more elusive status[3].

---

1. Cf. the end of *The Merry Wives of Windsor*: it is significant that Falstaff's last words are in pentameter form ("When night dogs run all sorts of deer are chas'd", line 263-4), with a rather prosaic tone, it is true. Also note the well-balanced prose in the scene-ending aside, at II.2., with its two perfect alexandrines: "If I find her honest, I lose not my labour; if she be other wise, 'tis honour well bestowed". See how the prose scene of *Macbeth*, V.1., ends in verse, with the Doctor of physic turning into a choral character commenting on the action (Lady Macbeth's apparent madness born of remorse).
2. Verse or rhyme, or more especially patterned prose fits, for instance, a theatrical exit, besides serving as a cue for the next entering actor. Is the rhyming prose "recover/followers/yonder" before the two sisters' entrance accidental in the *The Comedy of Errors*, II.2.108-13? Since I mention this play, which is an early comedy, I have the feeling that the prose/verse alternation (see the first two acts for instance) is more artificial than in the more mature ones and mainly introduced for variety's sake, though low comic scenes do tend to be in prose.
3. Fabian is indeed a very elusive character, both in casting and action. According to the various editions of *Twelfth Night*, he may be a gentleman, a servant of Olivia, or more vaguely a member of Olivia's household.

They do not, strictly speaking, belong to the lower class, though most of them may borrow its language. Malvolio is Olivia's steward, Maria, her waiting-gentlewoman, therefore on a par with Curio and Valentine who are Orsino's gentlemen attendants (but so very different from her), Sir Toby Belch and Sir Andrew Aguecheek are knights but their two names ironically belie their social status. For, of course, it is the subject of the play to show most of them "displaced", as it were, from their usual social milieu: they take liberties with decorum and indulge in the folly of misrule, as the spirit of Twelfth Night invites them to be "clamorous, and leap all civil bounds" (I.4.21), if I may be allowed to divert Orsino's words from their context.

Also, they form two very distinct unbalanced sub-groups with, on the one hand, the misrulers (Feste, the knights, Maria, Fabian) and the misruled or misused Malvolio, whose prose style largely differs from theirs.

1. The major prose characters

On strictly quantitative grounds, Feste is the major prose character with 236 lines, as against approximately the same amount for the two knights, 216 lines for Malvolio[1], 145 lines for Maria. Viola, a hybrid character in a way, with a little less than 100 lines, stands on the frontier between verse and prose, as she sometimes crosses the border from the romantic to the comic world.

Feste, a court fool like Touchstone and like him a master of comic prose, is also in a way a mixed character, for he sings verse (sometimes melancholy, sometimes parodic) and belongs to Orsino's musical world (II.4.41). As a social mixer, he provides a link between the opposed worlds of idealism and realism and all the characters in the play. Feste's dramatic and thematic centrality (omnipresence on stage, repeated philosophizing) makes him the true hero of this *festa* celebrating the reign of Misrule, a status which he partly shares however with the charming, delightful and romantic (but lucid) Viola[2]. As he stands for the Spirit of Comedy, she stands for the Spirit of Love (mysteriously rising from the sea, like Botticelli's Venus, as many critics have observed), both of these being aspects of the Spirit of Life, sometimes opposed, sometimes complementary.

Feste is perhaps the most literary character in the play, fulfilling many roles, borrowing many voices and even disguising himself (as Sir Topaz).

As the embodiment of wit, in all the five senses of the term (alluded to in the play, IV.2.86), he possesses, in addition to common wit, learning (masked by mock-learning sometimes), judgement, eloquence and memory, so that his idiom is rich and varied, encompassing all the registers of prosaic language, which he can imitate at will (as he can sing all types of verse) for

---

1. So Malvolio is not the "major prose character", as Vickers claims (*op. cit.*, 232), at least not on quantitative grounds, even when counting the quotations, especially from the fake letter.
2. The question of who is the hero of the play is again a "what you will" matter. Malvolio is in many respects a central character and a rewarding part for an actor: Sir Laurence Olivier, who played the character, made no mistake about it.

he is a born comedian and a master of parody, a thing which must not be overlooked when analyzing his language, for he does not always speak in *propria persona*. But this Latin phrase applied to Feste is rather ambiguous because it is in a way a heresy to speak of Feste's "individual" style. For, while conveying a formidable impression of life and creating the illusion of a fully individualized character, Feste is, even more than all *dramatis personae*, an artefact and not a proper individual or person. Perhaps this is why Fabian can so easily replace him (III.4.). Feste's name is both Everybody and Nobody so that he could very well say: "so... being Master Parson, I am also Master *Personne*", to corrupt the Linguistic Corrupter's own words[1] (IV.2.15-6) and he can change roles and voices swiftly as the exorcizing scene testifies. So his prose style is as motley as his fool's brains or dress[2]. He is the most complete embodiment of the power of language, so much so that Feste's language is above all the feast of language in addition to being the language of the Feast (Epiphany), if I may be allowed once more to play the all too easy game of the "cheveril glove" which the Fool has taught us. Feste's literary function in the play reverses in *other words* (the cliche is delightfully ambivalent here) the character-language relationship (see above on language and social distinctions) showing that character can also be a function of language.

The two knights, by birth and fortune, belong to the nobility. Sir Toby claims consanguinity with his niece Olivia (II.3.73) and Sir Andrew, according to the same Toby (I.3.18-25), is a wealthy, accomplished man who can even play musical instruments and speak three or four languages. But this flattering portrait is suspicious for Toby is trying to justify his misfrequentations and Andrew's wooing of Olivia. No wonder if it is contradicted by Sir Andrew's own acknowledgement of his ignorance of foreign languages (I.3.87-90). Maria, the shrewd "shrew" knows better, who comments ironically on Sir Aguecheek's "natural" gifts (for "natural" is also a synonym for "idiot").

As for Sir Toby, and to parody V.1.224, "what kin is (he) to Olivia"? He proves in reality closer in kin to Feste than to the Countess.

The two revellers' frequent visits to ordinaries disqualify them as true knights; therefore they can be frowned at and associated with the "lighter people" by Malvolio (V.1.330), while their "disorders", condemned by Sir

---

[1]. I have no idea whether Shakespeare intended this polyglottal quibble on Parson/personne, no less problematic, come to think of it, than the supposed one on "Quinapalus/Qui n'a pas lu ", especially in a play where the Babel Tower of language is so crowded with foreign idioms. After all, it does not really matter for at least two reasons: first, worse examples of punning can be found in Shakespeare's plays (like, say, "Alexander the Pig", in *Henry V*, IV.7.14); second, as post-modern criticism contends, misreading is part of the fun of literary entertainment: in other words, you may once again understand "What you Will". Last minute: on re-reading *Love's Labours Lost*, I find that Holofernes, mocking Jacquenetta's mispronunciation, puns on "Master Parson": "Master Parson, quasi pers-one" i.e., "pierce one"), IV.2.85.

[2]. An allusion to I.5.51: "I wear not motley in my brain", itself a witty allusion to the Fool's regular Elizabethan dress, made of a coarse cloth called motley.

Toby's niece (II.3.91), make them lords of misrule along with Feste and Maria.

But the pair of knights, though born under the same zodiacal sign (*Taurus*, the Bull, governing neck and throat) are no genuine twins, stylistically speaking, though they do often speak the same language and Sir Andrew is continually aping and echoing his partner like a parrot[1], the pair calling to mind the Dupond and Dupont mock-heroic couple in Hergé's Tintin, with cloning yielding to clowning[2].

As the play's action develops, Sir Andrew (Toby or not Toby's double) appears less and less as a courtier and more and more as a fool (he never controls the game of misrule), an ignoramus bullied by everybody, including his fellow-drinker and reveller. Or, to parody V.1.209-10, if the two companions sometimes give the illusion of being doubles, with "One face, one voice, one habit", they are in reality "two persons", and truly Sir Andrew does give "A natural (i.e. foolish) perspective" on Sir Toby.

So his diction is often much more colloquial, matter-of-fact and basely realistic. See for instance in II.4.151-2, how his crass literalism shows a lowering of register as compared with Sir Toby's metaphor (for a similar anticlimactic effect, see lines II.4.165-6, contrasting learning and colloquialism, though the common term "wench" is also part of Toby's current idiom, I.3.39; II.5.171).

Sir Toby's prose style is that of a genuine wit (despite Feste's severe judgment at I.5.110), Sir Andrew's, that of a self-acknowledged half-wit (I.3.80; II.5.76) with, to echo the play, all his "brains in his toes" (making him an expert at dancing), a cowardly foolish would-be knight, unable to even write a proper letter of challenge (III.2. and III.4.), and a "gull" finally exposed by Sir Toby who "belches" out his contempt for the simpleton at the end of the play through a string of invectives (V.1.199-200) which seems to recapture the tone of Antique satire.

Also, Sir Toby shares with Feste his inventive common wit, his eloquence (III.4.130-5, 213-8, or 227-32, words hardly possible in Sir Andrew's mouth, whereas, for instance, Toby's obscene jokes, like I.3.97-8, or simply a phrase like "I'll go burn some sack", II.4.177, belong to both), learning and erudition, for Feste, like Sir Toby, can quote Scriptures and Greek mythology (compare II.3.165 and II.5.195 with III.1.43, 50-1) whereas Sir Andrew's antique lore does not seem to extend beyond one single allusion

---

1. See how Sir Andrew, as an actor, is literally taking his cue from Sir Toby: I.3.59-60; II.3.30-6; 52-3; II.3.167-9, II.4.167-9; II.5.171-5, 177-81. Observe that their first public appearance on stage (I.3.42-3) is placed under the sign of a double mirror-effect: Sir Andrew's repetition of his greeting to Sir Toby, then the rhyming words *Andrew/shrew*. And note how, in I.3.113-4, the roles seem reversed as Sir Toby partly echoes Sir Andrew in derision, with a pun on "caper" into the bargain.
   In *Othello* (II.3.283), Shakespeare uses the phrase "speak parrot", meaning random chatter and nonsense, and associates it with drinking, squabbling, swaggering and swearing, which fits Sir Andrew to a t. And we may remember that the satiric dramatist John Skelton wrote a play entitled *Speak Parrot* in 1521, in which the parrot is in fact a symbol for divinely inspired poetry and free license of speech. Only the second function would fit Sir Andrew who is anything but inspired.
2. I borrow this pun from Parker and Hartman (47).

to the Bible ("Jezebel", II.5.38, as a further psittacistic echo, this time, to Toby's more frequent biblical allusions, themselves, both a sign of learning and a possible parody of Malvolio's "vain *bibble*--babble", IV.2.97). And if Sir Andrew can learn by heart courtly fashionable phrases (though of these he gives us no sample in the play), Sir Toby is more creative and he can produce his own precious (though ironic) prose (contrast III.1.73-4 with 84-9), use mock-heroic diction to frighten Viola (III.4.213-8, to be contrasted with the plainer style of III.4.264-9, when he is addressing Andrew, this time) or adopt the neutral style of the universal plotter as in III.4.178-89 (words which could just as well have been placed in Fabian's mouth). In this respect, Sir Andrew is a much more static and monolithic character.

The melancholy, love-sick, kill-joy Puritan climber **Malvolio**, as a steward, is "the fellow of servants" (II.5.147, III.4.6), so his natural habit of speech is prose (whereas Marston's Malevole in *The Malcontent*, 1604, uses both media regularly).

But Malvolio probably deems himself greatly superior to many, socially and morally. He prides himself on being a gentleman (IV.2.83) and dreams of becoming "Count Malvolio", but Sir Toby reminds him of his subservient status with a biting taunt: "Go sir, rub your chain with crumbs" (II.3.111-2, though II.5.140-1 seems to refer to some hierarchy among the household people). Malvolio's arrogance and aloofness are expressed in a characteristic prose style marked by specific imagery and, on occasions, affectation, for instance his use of the term "element[1]" (III.4, 137).

So, even if he speaks prose like the misrulers, the "virtuous" hypocrite remains most of the time "out o'tune" (III.3.106) with them and his prose style, "crammed... with excellencies" and with bookish phrases learnt by heart (see II.3.113-5, for a brief example, and the anticlimactic effect of Maria's sharp comment in popular idiom: "Go shake your ears", and II.3.137-40) is naturally more polished, dignified and stilted than the clowns'.

However, his idiom sometimes changes and he may use a less personal style as in his portrait of Viola-Cesario to Olivia (I.5.150-5) where we rather hear the "popular voice" (and Shakespeare's) through the string of lively and picturesque images.

Maria, despite her middle social status is much more a sort of female Feste than Olivia's confidante and, like Feste's, her prose style has at least two facets: as a member of the misrulers, she can speak the same popular idiom as the leading Fool and the two knights' and she plays an active part in the general merry making and the contrivance of practical jokes; as a member of Olivia's house (her "gentlewoman", I.5.156), she can imitate,

---

1. III.4.137 "I am not of your element", he says contemptuously to Toby, which is as much as to say, in clicheistic contemporary French: "Nous n'avons pas les mêmes valeurs"), a term considered as over-worn by Feste (III.1.58) but used in character by the nobility, elsewhere in the play. See Feste's echo in III.1.56-7.

consciously or unconsciously her mistress's style, a fact which Shakespeare puts to good dramatic use in the fake love-letter scene.

A perusal of Maria's prose style shows that her words are at times well chosen and well ordered, as the vocabulary and syntax of her speeches testify:

- II.5.187-94, combining latinisms (*abhors, detests, disposition, addicted, notable contempt*) and syntactic balance (through *isocolon* and *parison* that is, respectively, clauses of equal length and similar structure). The beginning of the speech even sounds like blank verse and could be rearranged in this way:

> If you will then see the fruits of the sport,
> Mark his first approach before my lady.
> He will come to her in yellow stockings,
> (And 'tis a colour she abhors,)
> And cross-gartered, a fashion she detests.

- II.3.144-50, 160-64: "epistles… expressure… complexion… personated"; also see lines 160-68: "Sport royal… my physic… Observe his construction"), a rather elaborate diction which inspires Sir Toby's homage to her talents in the form of a learned and witty antiphrasis (calling the tiny Maria, "Penthesilea", line 165).

So that Maria's claim that she "can write very like (her) lady" (lines 148-9) must not be restricted to mere handwriting but extended to her style of expression.

Verse being related to the world of love, it is interesting to observe that out of the five major prose characters, four are in love, Feste being the only one to escape "the plague": Malvolio and Sir Andrew are in love with Olivia, Viola with Orsino, Sir Toby with Maria.

But there is nothing paradoxical about this for, as there is great diversity in verse[1] and prose, there are different forms of love, degraded with the knights and Malvolio and more noble and romantic with Orsino and Viola. The first requires prose, the second verse, which is what one observes in the play.

Viola is another mixed character in many respects. As a girl she is a gentlewoman in love with Orsino and belongs to the romantic world, both by destiny and by name (*viola* in Latin means "violet", a flower evoked by Orsino himself as early as I.1.6, though women are also "as roses" to him, II.4.37). As Cesario, she is supposed to be Orsino's page and his messenger with Olivia. So, travelling or shuttling between the two noble houses, appearing in all acts except the fourth (where her twin brother seems to have replaced her) she has contact with almost all the characters in the play, using prose with them all (Valentine, Olivia, Malvolio, Feste and the

---

1. One has only to compare the first two scenes of the play to see how the contrast between the world of dream and the world of action is expressed through two different verse styles.

knights) to the exclusion of Orsino (and the Captain) with whom she always speaks verse, but adapting her style to the circumstances and the various roles she plays. Thus we see her speak verse to Olivia in III.4 (199-210) and prose with Sir Toby, in the immediately following dialogue. Paradoxically enough, her longest prose speech is with Olivia (I.5), but it is also a scene in which she shifts to verse, and which deserves a separate analysis (see below).

As a disguised character and a mask, occasionally engaged in wit contests with the Lord of the Misrule (III.1.1-58), Viola is sometimes in-*fested* by the Fool's "holiday spirit" (see I.5.194-5 and her sarcastic "giant" image for the tiny Maria), even to the verge of obscenity, as in the bawdy equivocation of lines III.1.45-8, unless she is simply invested with the dramatist's own voice, for Shakespeare is not one to let slip an occasion for quibbling, even at the expense of dramatic verisimilitude or a breach of decorum.

There are as many characters as there are prose styles, and this diversity can be exploited by Shakespeare for **comic purposes**, as in the eavesdropping scene where Malvolio is being trapped by Maria's "device" (II.5.). The scene offers three kinds of discourse:
- that of Malvolio's soliloquy before finding the fake letter, then of his comments while reading it, displaying both stylistic similitudes and variations.
- that of the letter which includes verse and prose.
- that of the two knights reacting furiously at Malvolio's antics and occasional strictures levelled at them.

Before reading the letter, Malvolio is playing a role ("sitting in my state" lines 41-2, with a possible pun on "state", meaning both "position" and "majesty"!), fancying himself as a Count and Olivia's elected lover, therefore his style puts on even more state, pomp, emphasis and stiltedness than usual, proving a fit medium for the fond dreams of this social climber and impostor. So that the audience cannot but be delighted by the spectacle of a swollen Malvolio strutting across the stage in borrowed plumes, distilling with majestic and calculated slow cadences, his oversophisticated phrases such as:

"after a demure travel of regard." (line 50), "quenching my familiar smile with an austere regard of control" (line 63), "give me this prerogative of speech", line 62), "you waste the treasure of your time..." (line 72).

Especially as the verbal comments from the hidden party, silent witnesses of the scene (but also victims of Malvolio's satire, at times), make a sharp stylistic contrast with the impostor's style, producing anticlimax.

Then, Malvolio reads the letter, which has its own style (with Classical elegance, polish and terseness), a reading interrupted both by his own glosses which reflect the artificial diction of his first speech but in a lower key ("formal capacity", "obstruction", "portend", "consonancy", "sequel", "probation", "simulation"), and by the eavesdroppers' ironic comments.

2. The occasional prose speakers

Sebastian and Antonio (II.1.1-38)

Olivia: in the long I.5. scene, with Feste, Malvolio, Maria, the knights and Viola, with an occasional pentameter (line 99), and again in III.1. with the knights (90-1), in III.4, with Malvolio (lines 18-53) and Maria (lines 58-61), and briefly again in V.1.196-7, with Sir Toby.

Since Olivia belongs to the same world as Orsino, it is interesting to note that, unlike her, **Orsino** speaks almost exclusively in verse for he is the most isolated character in the play (but see below).

Naturally enough, the prose used by the higher classes is bound to be more sophisticated than that of the lower.

An early example is found in the play (I.78-91) where Olivia's choice diction and carefully patterned syntax provide a striking contrast with Malvolio's colloquial idiom. Both speeches avoid the Ciceronian periodic style based on heavy subordination, in favour of a more paratactic form of expression, juxtaposing statements and sentences, as in casual conversation, but Olivia's speech shows traces of a more elaborate, controlled and dignified style, reminiscent of written Elizabethan prose, with its binary and ternary patterns, its logical connectives and parallelisms in the last sentence (also see I.5.150-5 for Malvolio and I.5.188-93, for Olivia). But the elegant tone is catching and it can be heard again, though in a lower key, in the Fool's parting-greeting to Orsino at II.4.72-7. Conversely, in I.5.128-30, Olivia, in a rather witty mood, sounds very much like Feste himself.

But I will take a longer example, the first encounter between **Sebastian and Antonio (II.1.1-38)**, to complete what has already been said about polished and even affected language *à propos* of Olivia, Malvolio and Maria, and also to show an interesting case of prose variation and blending of prosaic and poetic tones.

In this dialogue, the style, as shown in Sebastian's first and second speeches, is characterized by elaboration and elegance: the oxymoron: "shine darkly[1]"; the latinized diction: "malignancy", "distemper", "recompense" (3-7); "determinate", "extravagancy", "extort"; the paradox of lines 9-10: "My determinate voyage is mere extravagancy", based on an etymological conceit (*vagor* = to wander); the strained almost mannered diction of "It charges me in manners", leading to the preciosity of the last exchanges where the conceit ("murder" or "killing" for "parting" combined with paradoxes using polyptoton ("undo/done") or antithesis

---

1. Talking of oxymorons, I picked up the nine following instances in the play: "fair shrew", I.3.43 (if "shrew" also means "untamable or ill-tempered woman"); "deadly life", I.5.254; "fair cruelty", I.5.278; "My stars shine darkly", II.1.3; "sweet pangs (of love)", II.4.15; "The Fortunate Unhappy", II.5.150; "dear venom", III.2.2; "the beauteous evil", III.4.360; "most happy wreck", V.1.260. A rather high frequency which seems to suggest that, apart from lyrical discourse, the figure of oxymoron fits comedy.

("kill/recovered") evoke the diction of the Petrarchan love poetry, imitated by Sidney and Spenser in their sonnet sequences. It is a far cry from this kind of prose to the vigorous plain speeches of a Sir Toby, Feste or Maria.

But the passage calls for a further remark: there is a noticeable change of tone in Sebastian's second speech, corresponding to a change in subject-matter and type of discourse as Viola's brother turns into a story-teller (II.1.13-20) briefly evoking his origins and the shipwreck which parted him from his twin sister. The vocabulary is simpler, the sentences shorter, the syntax less involved, the narrative calling for a more prosaic, matter-of-fact style. Such shifts of registers in individual style show Shakespeare's mastery of the prose medium and contribute to creating the illusion of life in characterization.

This said, the prevailing style in this dialogue is that of elegant Classical (or rather pre-classical) poetic prose, and Shakespeare even seems to hesitate between prose and verse, since two of Antonio's cues are perfect pentameters (lines 8 and 29) and one of which finds an echo in Sebastian's reply, the two lines forming a short but charming and elaborate duo (with parallelisms and verbal echoes also called semantic rhymes) as two hearts are being delicately attuned:

> Antonio   **Pardon me** sir, your bad *entertainment*
> Sebastian O good Antonio, **forgive me** your *trouble*

Thus the concluding rhymed quintain (lines 39-43), though an aside, is a rather fit conclusion for this poetic scene (a transition for the next Sebastian/Antonio encounter which will be in verse).

The scene provides an opportunity to emphasize a major difference between serious prose and comic prose which concerns discursive coherence and syntax.

The serious prose (like the versified discourse for that matter) tends to be logically more coherent, developing an argument from the premises to the conclusion. The syntax is more involved, controlled and intellectual, making abundant use of logical connectives (conjunctions, subordinations, etc.): "nor... not that,... therefore... that, Therefore... the rather, If... would we have so ended, But you..., though... was yet, But though I could not... yet, though I seem, If you will not murder... If you will not undo, so near... that".

The comic prose, because it serves primarily the unruly muse, is essentially marked by constant chaotic shifts of subjects, showing little concern for textual cohesion, piling up wit contest on wit contest, pun on pun, riddle on riddle, comic catechism on comic catechism, generating a *non sequitur* (read again I.5.) which well illustrates Malvolio's perplexed interjection in the forged letter scene: "There is no consonancy in the sequel" (II.5.122-3), though "on probation" there is sometimes more than meets the ear in Shakespeare's fantastical linguistic feats.

But discursive or narrative disjunction does not preclude logicality in the comic scenes where it is especially represented (and parodied) by Feste's dialectics, which may take two forms: that of his syllogistic pseudo-arguments and that of the shorter wit contests (oppose for instance the two successive exchanges with Olivia, I.5.38-67).

However, the discursive disconnectedness of the comic scenes is not really reflected in the syntax, which remains generally controlled, free from broken statements and altogether logical, quite different in fact from Ben Jonson's "curt style[1]". The impression of living speech (apart from the diction, see below) is conveyed more by the overall structure of the speeches (paratactic sequencing), and/or the brevity of the exchanges than by syntactic ruptures within a sentence or clause.

The basic verbal material of the major prose characters

Prose in *Twelfth Night* fulfils many functions: it is the neutral instrument of everyday communication (at least, supposedly neutral, "I have read it: it is heresy", to borrow Olivia's words, I.5.218!), a means of characterization, and above all the vehicle of satire for it is the comic spirit which gives the play its unity.

So what we mostly hear in the prose style of *Twelfth Night* is the "popular voice", either through slang words, proverbs, bawdy jokes, images taken from daily life. However, characters like Sir Toby (who is a knight by birth) and Feste (who is a Court fool like Touchstone in *As You Like It*) also make us hear sometimes feeble echoes of the "learned voice" so that the prose style of *Twelfth Night* is a motley thing, a linguistic Carnival, fully in keeping with Feste's dress and the spirit of a play celebrating the reign of misrule and of all forms of strange mixture.

1. Hence the place of **foreign languages** (Italian, French, Spanish, Latin) in more or less distorted form, sometimes masquerading as native words, making of this prose a baroque patchwork or a cacophony. The vast majority of such inter-linguistic (and sometimes intertextual) borrowings belongs to *Twelfth Night's* comic prose:

– **Italian**: I.3.23-24: *viol-de-gamboys* (for viola da gamba); I.3.39: *castiliano vulgo*; I.5.290: *madonna* (I.5.52, 55, 61, 107, 131; V.1.298); I.5.84: *zanies*; II.5.1: *Signor*; III.4.26: *virago*; III.4.296: *duello*; III.2.49: *cubiculo*; and perhaps III.4.265-6: *"stuck-in"* (from "stoccata[2]").

---

1. The "curt style" (style coupé) is, with the "loose style", a sub-category of the Baroque style characterized by "abruptness", choppiness in contrast with Ciceronian 'roundness'; its characteristic device is the so-called 'exploded' period, formed of independent members not linked by conjunctions but set apart by a vocal pattern of stress, pitch, and juncture rendered typographically by a colon, semicolon, sometimes a comma' (Barish, *op. cit.*, 50). Maria's speech, III.2.70-7 illustrates what I mean: her excitement is conveyed by a brisk succession of short sentences or independent clauses but within them there is nothing of the explosive syntax of Jonson's curt style.
2. Cf. Ben Jonson's *Every Man in His Humour* (1601) for a string of Italian fencing names in the mouth of Bobadilla, the thrasonical *miles gloriosus*: IV.1. (*punto, reverso, stoccato, imbroccato, passado, montanto*) and,

- **Spanish**: III.2.65: *renegado* (Maria); IV.2.13: *Bonos dies* (a corruption of "Buenos dias"); IV.2.38: *barricadoes* (mixing English, French and Spanish), those last two from Feste, and perhaps Feste's other burlesque coinage: "*impeticos* thy gratility" (II.3.25), which combines a word of Spanish consonance with a pun (on "petticoat", an allusion to the Fool's long gown) and a native malapropism.
- **Latin**: I.5.50-1: *cucullus non facit monachum*; I.5.110: *pia mater*; II.3.2: *diluculo surgere*; II.5.186: *aqua vitae*; V.1.32: *primo, secundo, tertio; vox*, V.1.288, to which can be added Toby's wordplay on the legal phrase: *exceptis excipiendis* (I.3.6, with a further possible pun on "accept").
- **French**: I.3.86: *Pourquoi*; I.3.108: *kickshawes* (with a pun, see below[1]); I.3.120: *coranto* (courante); I.3.122: *cinquepace* (with a pun on "sink-apace"); I.5.116: *sot* (fool, drunkard; but current Elizabethan English); II.3.125: *Monsieur* Malvolio; III.1.70-1: *Dieu vous garde monsieur. Et vous aussi, votre serviteur*.

Most of these uses are due to Sir Toby who, though a learned knight, is not immune from occasional **malapropisms** as with "substractors" (I.3.31-2, the occasion for Maria to pun with "add") or "lechery" (for "lethargy", I.5.120).

But, the most delightful (and cardinal) malpropism is uttered by Sir Andrew, the accomplished sot of the play with his "devil incardinate" (V.1, 176), with a fling at Prelacy[2].

If Feste possesses as much learning as Sir Toby (see his mythological and Biblical allusions), he satirizes pedantic diction (III.1.56-58: "conster", "welkin", "element") and also specializes in mock-learning, inventing imaginary authorities, where we "smell false Latin" (*Love's Labours Lost*, V.1.84), like *Quinapalus* (I.5.32, possibly a corruption of the French "Qui n'a pas lu"), *Pigrogromitus* (a big big pig, but also small if *mitus* means "mite"?), *Vapians, Queubus* (II.3.22-23), in a manner strongly reminiscent of Rabelais' linguistic fantasies.

2. Proverbs, traditionally the embodiment of popular wisdom[3], are also an important element of *Twelfth Night*'s prose style, though the first one in the play is in verse (I.2.30).

Fully quoted or merely alluded to, they are very numerous and fall into two groups, those related to the main theme of folly (I.3.65; I.3.71; I.5.30-32;

---

before, "*bastinado*", a term used incidentally by Touchstone in *As You Like It*, in an interesting exchange with William (V.1.61) which shows that country fools and court fools do not speak the same language.

1. We find the reverse example in Marston's *Malcontent*: "Whilst she lisps and gives him some court *quelquechose*", I.1.156, where the word has its modern sense of "delicacy".
2. Reminiscent of a line from *Henry VI*, Pt 1: "This cardinal's more haughty than the devil" (I.3.86)
3. But sometimes proverbial wisdom, an element of Shakespeare's simpletons' language, is itself satirized, for it often voices tautologies: cf. Corin's string of simple-minded saws in *As You Like It*: (III.2.) showing him a "natural" (i.e. "foolish philosopher" (III.2.32) in more senses than one (since "natural" also means "fool").

II.3.175: "call me cut", i.e. "as stupid as a carthorse"), and the others (I.3.2, 11-12, 104; I.5.18, 80; II.3.28-29, 58-59, 117-8, 156; II.4.75-7, 156, 172; II.5.28, to mention only a few).

3. But **punning** (innocent or bawdy, simple or multiple, obvious or dubious) and **verbal equivocation**, as one would expect, are the major basic material of the comic prose in *Twelfth Night*. Many footnotes in various editions, which I need not repeat, testify to this. I will simply add a few missing instances with comments of my own.

- I.3.14-15: "knight... night" (perhaps also, II.4.178-9), a frequent pun in Shakespeare.
- I.3.18 (19): "tall" refers to size for Maria, so it must be linked to "confine" (line 9), with the result that Toby's reply becomes an ironic comment on Maria's advice (lines 7-8) since it suggests that "great size" (or "enlargement") is as welcome as "confinement" in Olivia's house. I also think that "tall", in this context, has something to do with wealth. If so, it adds to the irony a touch of cynicism for it implies that love is also a question of money. The two themes are often linked in Ancient comedy.
- I.3.35: "drinking healths" (to Olivia) is perhaps an unconscious ironical pun in the light of the love/sickness imagery which pervades the play and opens the scene, precisely in Sir Toby's mouth; "What a plague means my niece..."
- I.3.58: "draw sword again", bawdy overtones on both "draw" and "sword"; also see III.4.241-2[1].
- I.3.108: "kickshawes", perhaps also "kick-shoes", to introduce the subject of dancing in the knights' dialogue, rife with puns, where Sir Toby is pulling Sir Andrew's leg, so to speak, as in line 131.
- I.4.41-42: "To woo... /Whoe'er I woo... would", perhaps a sort of mock stammering expressing Viola's perplexity.
- I.5.18: the proverb continues the sexual joke of lines 4-5, itself associated with another proverb.
- I.5.58: "mouse of virtue" and "mouth", for Olivia is also the mouthpiece of virtue in this catechizing scene.
- I.5.162: "unmatchable beauty" reminds us that Olivia will not be matched with anyone.
- I.5.201: "I hold the olive branch..." (Viola is addressing Olivia!)
- II.2.15: "... it *lies*, in your eye", perhaps also in the sense of "not telling the truth", since the ring passage *is* based on Olivia's lie (compare with III.2.43).

---

1. Bawdy punning is of course an important element of Shakespeare's prose style. But it may also be found in verse and in the mouth of noble characters; see for instance, I.5.31-3 ("pipe", "maiden's organ"). See Partridge

- II.4.125: "denay": we expected "delay"... that is "lady" in reverse, used just a few words before and said to be "the theme" in hand. Be that as it may, it is not indifferent to notice that in two uses of "delay" in the play, a susbtitution of "denay" for it would still make sense: I.5.99, where Viola-Cesario is barred or denied entrance; II.3.50: "In delay there is no plenty/Then come kiss me", possibly related to the theme of love through the proverb: "Delay (*denay*?) in love is dangerous" (partly the subject of *Love's Labours Lost*, after all).
- I.5.39-44: "amend"/"mend", expressing a vision of life in terms of the philosophy of clothes.
- II.5.122: "there is no consonancy in the sequel", primarily "consistency" but also a phonetic allusion to "consonant", I think, since the sequence O.A.I. is entirely vocalic. The fact that "consonancy" is also a musical term is not indifferent in the context of the play's musical imagery in relation to the theme of love[1].
- II.5.154: "I will be point-device the very man" is fraught with dramatic irony for Malvolio is following Maria's "device" point for point (see III.2.71-2). And you will observe that the phrase is used again line 171, as a distant echo of II.3.151: "Excellent, I smell a device[2]", in a context which also concerned Malvolio's change of appearance.
- III.1.75: "list", primarily "destination" in the context of the nautical imagery, but perhaps also a multiple pun with an eye to "Navy List" or a "listing ship" (which implies danger). Indeed the comic spirit "bloweth where it listeth".
- III.2.45: "gall"/"gull"? (as Sir Toby is fooling his gull of a friend who is also a he-goose)
- III.2.65: "Christian", a dual sign for it also means "citizen" in the context.

---

1. *Love*, a word which contains three phonemes included in the names of three major characters: Malvolio (twice! /l v o/ and /v o l/) Olivia, Viola. Now, in M.O.A.I. (which a critic reads as "Moi-I", referring to Olivia and indeed line 103 goes: "M.O.I.A. doth sway my life", but the verbal redundancy is also evocative of Malvolio's narcissism), the "love consonants" (l/v) are missing from the sequence. In so far as consonants are probably more evocative of a word than vowels (see II.5.119 and our modern TV cultural games), such absence may signify two things: there is no love either in Olivia for Malvolio or in selfish Malvolio for anyone, except himself. Also, if M.O.A.I. refers to both characters, the sequence which combines some of their letters (a thing which escapes Malvolio's "construction") realizes graphically and ironically an otherwise impossible union, for they will never decline the alphabet of love together.
Such speculations on hypothetical linguistic games may surprise a French reader, unfamiliar with Shakespeare's theatre, but a reading of *Love's Labours Lost* will easily convince him how Shakespeare was fascinated by all the aspects of language, vernacular or foreign.
2. Possibly borrowed from Lyly's *Mother Bombie* (I.1.49): "Ah, master, I smell your device, it will be excellent". *Mother Bombie* (1590), an essay in Terentian comedy, is a realistic and farcical comedy of middle class contemporary life, all in prose (apart from songs and Bombie's doggerel prophecy), with a very intricate intrigue which still contains traces of Euphuistic style. There are a few echoes of this play in *Twelfth Night*. For instance, I observe that "conster" is used I.3.139, that the psittacistic echo is exploited in Act II.1. with Dromio and Risio and mimicking each other (lines 11-24, but in a totally different context from *Twelfth Night*), the "wren egg" image used in the same scene (see *Twelfth Night*. III.2.62), the "board" pun in II.3.30-32 (with a difference), the allusion to burning sack in II.5.39-40, whereas Shakespeare's "Virtue is beauty" (III.4.360) seems to echo Lyly's "not therefore because beautie is no vertue, but... " (II.3.25), to take a few examples.

- III.4.51: "Am I made?" (pun with "maid"?)
- III.4.86: "privates" (in the plural) also means "testicles". The singular seems to cast doubts on Malvolio's manliness while the whole sentence is also an ironic comment on his self-love.
- III.4.165: "move" ("affect him" and "set him in motion").
- III.4.307: "undertaker", not only "one who undertakes" but also "one who manages funerals", hence the fun of Sir Toby's challenge.

I will conclude this paragraph on punning with a few general remarks.

First: like Feste's motley gown, Shakespeare's language is laced with many witty "points" (to evoke freely I.5.21-2). Punning was Shakespeare's pet sin or, according to Dr Johnson's famous metaphor, "his fatal Cleopatra", and Shakespeare, who was always prompt at "smelling a (witty) device", at "having it in his nose", Sir Andrew would say (II.3.152), had rather have his nose off than miss a pun in tragedy and comedy alike. But of course, punning fits the comic genre better because its subversive and deconstructive effects express the deceptive, kaleidoscopic diversity of Life, the eternal combat between Appearances and Reality while teaching at the same time a smiling philosophy of relativism which is the very spirit of Comedy.

Second: as Shakespeare is a highly conscious punster, he ritually foregrounds his wordplaying, advertizing the jokes or commenting on them or on the quibbler's art, through direct praise from the hearers. *Twelfth Night* offers several examples of this practice which is perhaps another aspect of Shakespeare's artistic self-awareness (I.5.24, 52-3; 68-9; III.1.25, 52, and of course the famous set speech of lines 59-67 which deserved the greater dignity of verse. But sometimes the "praise" is ironical, as in I.4.8, I.5.24, II.3.28[1]).

Third, the linguistic comedy of *Twelfth Night*, which illustrates the importance of verbal action in Shakespearian plays, implies a philosophy of language which is best summed up, quite aptly, by Feste, the "corrupter of words" and master equivocator, according to whom "words are very rascals" and a sentence is but "a chevr'el glove to a good wit, how quickly the wrong side may be turned outward" (III.1.19-20, 11-13).

4. Very characteristic also of *Twelfth Night*'s prose style is the frequency and nature of the **prose images,** either functional (related to the main themes) or more frequently ludic (to provide witty entertainment), isolated, extended or repeated with more or less distant echoes, most of them visual, picturesque and even grotesque rather than intellectual and abstract. For lack of time and place, I will restrict myself to a few general remarks.

---

1. Other examples in Shakespeare: *Love's Labours Lost*, I.2.19 ("Pretty and apt"), V.1.62-5, V.2.29; *The Merry Wives of Windsor*, I.3.61 ("The humour rises").

Some of the images are simply spoken in character, reflecting social status, individual taste, culture or way of life, as usual in Shakespeare. So we find domestic images from eating and drinking, hunting, sports, games (the last three also found in the verse characters, especially Orsino, though of a different nature and quality), but also learned allusions (Sir Toby, but above all Feste).

Animal images clearly dominate, especially in the comic scenes involving Malvolio or Sir Andrew; *Twelfth Night* proposes a whole menagerie of wild or domestic animals: ass, woodcock, turkeycock, trout, dog, cur, beagle, staniel, sheep, fox, badger, bawcock, wren, crow, chuck, horse, bear, hare, flea.

It will come as no surprise, however, that many of the images are considerably coarser than in verse (a constant with contemporary dramatists) with negative connotations, directly linked to the satiric purpose (where abusive language is the rule) and the deflating intention.

The nautical images remind us that England is a country of sailors but they also provide a link between the romantic world (Orsino's metaphorical sea of love and Viola and Sebastian's literal sea of dangers) and the down-to-earth world of the revellers.

Some of the images convey a profound truth. It is especially the case with the sartorial image developed by Feste in the wit contest with Olivia (I.5.38-44) and already introduced in the previous one with Maria (I.5.21-3), in a more playful mood. The passage is itself a metaphoric and thematic patchwork which tells us much about Shakespeare's artistry: it weaves together several themes and motifs: drinking, health ("mend"), the philosophy of clothes (continued with the Latin tag of lines 50-52) and the floral imagery (line 47) which recalls the opening scene of the play.

More generally, the prose images must be opposed to the imagery of the world of love, mainly drawn from music and flowers, whereas the golden/gold metaphoric interplay (part of the metaphoric structure of *Twelfth Night*) suggests an ironic contrast between the abstract world of idealism (Orsino's golden dreams) and the concrete world of reality[1].

If we hear at times, in the prose passages, the standard language of the Court, we especially hear that of the street and the market-place, through the happy combination of popular imagery, proverbs, songs and ballads, swear-words, allusions to contemporary events or persons, and verbal wit which shows once more Shakespeare's complete mastery of the colloquial

---

1. Orsino's golden world is evoked through the pastoral connotations of I.1.32-40 (sick-love Orsino on his bed of flowers would "fleet the time carelessly as they did in the golden world", *As You Like It*, I.1.126) and metonymically through the reference to Cupid's "golden shaft", I.2.34. In the two worlds of action and entertainment the gold is real, that offered to the Captain by Viola (I.2.17) or that begged by the Fool throughout the play. Feste's (provisional) refusal of Orsino's gold (II.4.67) may be symbolical of the gap between the world of romance and the world of wit.

idiom spoken in the ordinaries and taverns which the actors of the Globe Theatre company, no doubt, frequently visited[1].

And you will observe that all the devices listed above are already found in the very first prose scene involving the two knights and Maria (I.3.), building up the general atmosphere of the play through successive wit contests or ironical repartees (the latter at the expense of Sir Andrew). The next one, which introduces Feste (with Maria then Olivia), stresses the Fool's original prose style by emphasizing his skill at dialectics, through the use of syllogism (I.5.38-47) and Socratic catechism (lines 52-67).

Verse and prose: alternation, tonal shifts

Hints at some of the rules governing the prose/verse alternation in the same scene have already being touched upon, the simplest case being of course when people of markedly different social statuses are together. I shall concentrate in what follows on a few remarkable examples where the alternation concerns the same character.

I propose two kinds of illustrations: short, isolated examples and more detailed analysis of two or three passages.

1. Orsino has practically no contact whatsoever with the group of prose characters, except on two occasions, both involving Feste.

In the first (II.4), the exchange is very brief, with one line clearly in verse (line 41) and four short replies (lines 49, 66, 68 and 70) of doubtful linguistic status (prose or truncated verse?), an ambiguity reflected in the final line's overpolite and precious style ("Give me now leave to leave thee") which blends dignity and gentle irony.

In the second (V.1.7-43) Orsino indulges in a witty contest with the Fool, and this time speaks prose, the sole clear instance in the play.

Orsino's exclusion from the world of prose is quite in keeping with his character and Shakespeare's strategy of the form. Orsino stands for the extreme case of idealism: he lives in a world apart ("best/When least in company", I.4.37-8), shut up in the golden prison of his romantic fantasies and cannot be polluted (in-*Fested*, again!) by the Fool's idiom. So, when he first addresses Feste, it is in verse and to request of him a love-song, thus including him in his own poetic world, securing at the same time tonal and

---

1. With the usual proviso mentioned before according to which Shakespeare's colloquial prose style can never be the exact replica of common Elizabethan speech for art necessarily transforms and modifies its object. But one only has to read again Act I and the opening scene of Act II in Lyly's *Mother Bombie* to measure the distance that separates Shakespeare from the inventor of Euphuism: Lyly still makes heavy use of antitheses, anaphoras, alliterations, Latin phrases and tags, parallelisms and symmetries, systematic binary and ternary syntactic patterns generating lengthy replies and/or set speeches. He even goes as far as using internal rhymes as in "the sonnes must bee masters, the fathers gaffers" (I.3.185-86) or "either he slackes the matter, or betrays his master" (II.2.1-2). This overelaborate style contrasts with Shakespeare's more natural rhythms and plain style, more consonant with Robortellus's precept: "Diction in comic discourse ought to be simple, easy, open, clear, familiar, and finally taken from common usage" (*On Comedy*, 1548). This being said, it is also true that, Shakespeare's prose style in general remains more artificial than Ben Jonson's.

thematic continuity with the poetical exchanges between himself and Viola (35-9). Otherwise, Orsino does not belong to the dominant comic world of *Twelfth Night* and will have nothing to do with it (he is no "double dealer", to evoke the image he uses in his wit combat with Feste), hence his long eclipse between II.4. and the end of Act IV.

The second encounter, when he comes back on stage, seems to violate the rule with the shift to prose. In fact, one rule yields to another: the play is drawing to an end and Act V is overwhelmingly in verse (with Feste, as the major prose character sticking to his idiom). Now, the final act in a comedy is conventionally that of order restored and harmony retrieved, hence the massive return of verse. Orsino's prosaic wit combat with the Fool (including jokes on money, quibbles on "double-dealing") testifies *a contrario* to the triumph of concord and harmony. Two (apparently) antagonistic worlds are now coming together (through the pressure of the Spirit of Life, an expert in double dealing), the idealistic (golden) world of Orsino and the materialistic (gold) world of Feste, as if the spirit of comedy had now in-*vested* the love-sick Duke, hinting at a possible conversion (here symbolized by the eclipse of verse) from dream to reality, a conversion which allows for the restoration of communal feeling in the happy mood of Carnival which is however coming to an end with a return to a more serious and slightly melancholy tone, perceptible in Feste's concluding song.

2. Olivia's shifts

Olivia shifts to verse in lines I.5.269-74, with Viola, in the second part of their first encounter and with Malvolio, at the end of the scene (290-6 and 297-300) or in the final act (V.1.336-46, 360). She also speaks verse with Maria in III.4.5-7, to come back to prose in III.4.58-61. And she addresses Sir Toby in verse, in IV.1.43-7, contrary to usage in the play.

In this last case, the shift corresponds to a show of authority as she stops the impending duel with Sebastian. The same effect is repeated with Antonio in III.4.301-4. And, perhaps, Olivia's authoritarian pentameter of I.5.99 addressed to Maria, in an otherwise exchange in prose, follows the same rule, as do the exceptional verse lines addressed to Malvolio at the end of Act I, decked with a final couplet (lines 295-6), perhaps to accompany a presumably cloak-swirling exit, as Malvolio is swiftly dispatched to run after Cesario-Viola and offer him/her a ring. In which case, this is a good example where verbal and visual languages combine their effects.

III.4.5-7 (with Maria), a sort of extension of Olivia's aside in verse may owe something to the law of continuity, until normal usage is restored in III.4.57-60.

Particularly interesting is the prose/verse alternation in the long first encounter with Viola.

3. Olivia/Viola (I.5.160-278)

A complex scene in which Cesario-Viola acts as Orsino's proxy, but the love "text" she is supposed to deliver means much to her, because she is also in love. So she really takes to heart what lies in Orsino's own "bosom", hence the persuasive force of her "performance" which cannot but seduce Olivia.

In the same scene, Olivia plays her (usurped) role as "mocker of romance" (which she shares in the play with other characters of the foolish clan, with a difference) until she falls in love with Cesario and crosses the frontier over to the world of love. This reversal imparts to the scene the spirit of high comedy.

Olivia's conversion is dramatized by the shift from prose to verse.

Her prose is first authoritarian and slightly contemptuous, (lines 188-93,) then mocking and even sarcastic in her satire of courtly love discourse, with epideictic and blazon poetry in the background (lines 233-8).

But as soon as the charm of Viola-Orsino's language of the heart (personal and vicarious) begins to work on her, verse takes over and Petrarchan love poetry finally triumphs[1]. Olivia having given back to Love its letters patent (through a letter conveyed by proxy and - it is worth noticing - never read by Viola), Viola can retrieve her own nobility and is therefore logically granted a "five-fold blazon" (line 283), far superior to the fake nobility of literary blazons.

The stylistic variations of Viola's speeches are magnificently adapted to the various *personae* which she embodies in this scene and to the changes in the developing action.

- as a messenger acting on behalf of a high personage in presence of another, she would be expected to use a slightly ceremonious and formal idiom, which is the case as soon as Olivia is identified as the true "honourable lady of the house" (line 160). Her prose, then, is patterned, well-balanced, marked by choice diction and binary rhythm ("no overture of war, no taxation of homage..."; "full of peace as matter"; "what I am and what I would..."; "to your ears, divinity; to any other's, profanation" (lines 200-8), the use of emblematic diction ("I hold the olive in my hand", but remember the pun) and it is a real delight for the audience to see how those introductory prose exchanges between Viola and Olivia generate a rather elaborate prose style weaving together several trends of imagery from the fields of diplomacy (*overture, homage, peace, commission, negotiate*), religion (*divinity, profanation, doctrine, chapter, heresy*), law ("leave a copy... inventoried, labelled to my will", as a codicil) and the theatre (*part, curtain, picture, copy*, in the

---

1. But see the difference between two hyperbolical love languages, still too conventionally Petrarchan for Orsino's (with the usual conceits of the thunder of love and sighs of fire) and more inspired, more from the heart, for Viola's, though the willow is a familiar emblem of grief and melancholy (see Ophelia in *Hamlet*, IV.7 and Desdemona in *Othello*, IV.3).

wake of *part* and *comedian*, used earlier in the exchange) while the repeated lexeme "text" (lines 211, 214, 222) provides a link between the four isotopies (biblical, political, legal and dramatic).

By contrast, in the preamble (lines 162-97), which is not yet part of Viola's "office" or "commission", Viola can use a plainer and more conversational style; so she borrows from popular idiom ("by the very fangs of malice", an image which comes close to swearing, lines 175-6), indulges in a witty bout with the Lady, and practises her sense of repartee at Maria's expense by picking up in mockery her nautical imagery ("good swabber, to hull here..."; line 195) and mocking her small size, like Sir Toby later on ("Some mollification of your giant[1]", line 196).

But Viola's very first address to Olivia: "Most radiant, exquisite, and unmatchable beauty..." (line 162), had already made us hear another voice, presumably that of Orsino already speaking through her, before she checked herself to enquire about Olivia's identity, a wrong start which emphasizes the contrast between the two prose styles of her first speech.

– the shift to verse is clearly marked by a theatrical gesture, as Olivia unveils her face and her beauty shines on Viola, ushering in the precious diction and conceits of the love sonnet tradition (lines 225-32), immediately mocked by Olivia who sticks to prose but not for long. Even the evocation of Orsino's Petarchan love moves her since she pays homage to the character's accomplishments (lines 246-52) but the real stroke is dealt by Viola's more inspired "declaration", while her last reply in verse, as she is slightly ruffled and hurt by Olivia's offensive offering of money, shows a slight change of tone, even if the final oxymoron ("fair cruelty") is still redolent of the courtly love idiom.

In this beautifully managed scene, Olivia has been visited by the "spirit of love... quick and fresh" (I.1.9) embodied by Viola, filling her "With an invisible and subtle stealth" (I.5.287) like the fragrance of a violet, though she calls love a catching "plague" (line 285), for it is a well-known fact that love is both a malady and a remedy, a curse and a blessing, in short a blessed curse, or again a blessing which comes in disguise, like Viola.

Conclusion

If the theatre is above all a "performance" before being an "imitation of men's actions" (the two are not incompatible), one of its keys to success is that it must always give the illusion of life through movement, energy, fluidity, flexibility and freedom.

This impression of life is mostly achieved through the handling of the prose speeches in *Twelfth Night*, in which Shakespeare manages to combine

---

1. The striking contrast between the big, impressive, learned word (*hapax legomenon* in Shakespare) and the tiny word "giant" seems to double the effect of irony. Shakespeare may have been inspired by Puttenham who uses the dwarf/giant "flat contradiction" as the first of his two examples of antiphrasis or "the broad floute" (191).

both the fantasy of the earlier comedies and the dramatic skill of the more mature plays.

At Epiphany, the day of manifestation, what appears and shines most in *Twelfth Night*, either "in state" (Orsino's poetry) or in humbler dress, is Language, but more particularly prose, the dominant medium: "This is the air... the glorious sun /The pearl..." (IV.2.133-36) that Shakespeare gives us to enjoy in this mature comedy dedicated to the triumph of folly, "Yet 'tis not (all) madness" (line 136).

Prose may have been crowned as the King of the Day, it is no usurper of authority, no sole pretender to truth, for if poetry is the "more like to be feigned" for being verse (I.5.188), words in general "are grown so false" (III.1.23) that one may reasonably put this question to Shakespeare: "Where lies your text?" (I.5.214) for Mercury, the god of deception can lie in verse or prose.

But the answer does not really matter. As always with Shakespeare, when the audience leave the theatre, what they have attended, whether the play be a tragedy or a comedy, is a " great feast of language(s)" (*Love's Labours Lost*, V.1.39-40).

Bibliography

- Barber C. L., *Shakespeare's Festive Comedy*, Princeton, Princeton University Press, 1959.
- Barish J. A., *Ben Jonson and the Language of Prose Comedy*, Cambridge: Harvard University Press, Mass., 1967.
- Borinski L., "Shakespeare's Comic Prose", *Shakespeare Survey*, 8, 1955.
- Charlton H.B., *Shakespearian Comedy*, London: Methuen & Co Ltd, 1938.
- Jonson Ben, *Every Man in His Humour*, 1601, in Schelling F. E., *Ben Jonson's Plays*, 2 Vols., London: Dent, Everyman's library, 1966.
- Lyly John, *Mother Bombie* (1590) and *Campaspe* (1581) in Warwick Bond R. (ed.), *The Complete Works of John Lyly*, Oxford: Clarendon Press, 1973.
- Parker P. & Hartman G. (eds.), *Shakespeare and the Question of Theory*, New York and London: Routledge, 1990.
- Partridge E., *Shakespeare's Bawdy*, London: Routledge & Kegan Paul, 1947, reprinted in 1956.
- Puttenham G., *Arte of English Poesie*.; Willcock G.D. & Walker A. (eds.), Cambridge: Cambridge University Press, 1970.
- Vickers B., *The Artistry of Shakespeare's Prose*, London: Methuen & C° Ltd, 1968.
- Salingar L., *Shakespeare and the Traditions of Comedy*, London: Cambridge University Press, 1974.
- Suhamy H., *Le vers de Shakespeare*, Paris: Didier Erudition, 1984 (Thèse d'Etat soutenue en 1976).
- For all Shakespeare's plays except for *Twelfth Night*, my references are to *The Complete Works of William Shakespeare*, W.J. Craig (ed.), London: O.U.P., 1959.

Commentaire de texte
Acte II.2.1-41

Henri Suhamy

Remarques méthodologiques

Le commentaire de texte en français est une épreuve proposée, ou plutôt imposée, à l'écrit du C.A.P.E.S. Plus précisément, elle s'intitule *commentaire composé* ou parfois *commentaire dirigé*, ce qui implique une organisation faite de paragraphes distincts. Quelquefois des directives sont données pour guider les candidats et les aider à porter leur attention sur tel ou tel aspect du texte et à présenter leur travail selon un plan méthodique. Par exemple :

> Le commentaire portera en priorité sur la fonction dramatique de cette scène, son intérêt psychologique, stylistique, rhétorique, et sur son contenu thématique en relation avec l'ensemble de la pièce.

Ces indications ne sont pas contraignantes mais il est recommandé de s'en inspirer, aussi bien pour l'intitulé des rubriques que pour l'ordre dans lequel il convient de les traiter.

La division du commentaire en paragraphes distincts est une règle à appliquer sans exception. Elle fait partie de la définition même de l'épreuve. Il n'est pas interdit de faire précéder chaque paragraphe d'un titre.

Cette division en paragraphes n'a pas pour but principal d'aérer la présentation. Elle découle de la pensée elle-même, et, comme cette pensée s'applique à l'étude d'un texte, elle dépend des diverses facettes de ce texte, des différents angles de vision d'où on l'observe. Mais, quand on parle de plan ou d'organisation, une erreur très grave, et malheureusement très fréquente, doit être évitée : le plan du commentaire n'a pas à être calqué sur celui du texte. On peut être amené, comme dans une explication de texte traditionnelle, à signaler que l'auteur a construit son texte en tant de parties. Mais cette construction ne peut et ne doit en aucune façon servir de canevas au commentaire, car dans un texte narratif ou dramatique les différentes phases se suivent dans un ordre presque toujours chronologique. Or, le commentateur étudie le texte et articule le résultat de ses recherches selon une logique qui lui est propre et qui ne reflète pas la simple succession des événements. Chacun de ses paragraphes porte sur l'ensemble du texte, vu sous des perspectives différentes.

La notion de *texte* doit rester toujours présente à l'esprit. Un commentaire ne porte pas principalement sur des personnages et des événements, mais sur le texte en tant qu'organisme, en tant qu'œuvre d'art. Il ne faut pas s'interdire de parler des personnages ou des événements, car il n'y a pas de raison de se livrer à un escamotage, mais l'essentiel est le texte lui-même. Le lecteur n'attend pas un résumé superficiel et narratif, mais une analyse approfondie portant sur le fonctionnement technique du texte, ses linéaments formels, son originalité, sa raison d'être.

Il n'existe pas de plan type. Cette existence n'est pas souhaitable, elle risquerait de remplacer la réflexion et la sensibilité personnelles par une routine scolaire, par des grilles rigides appliquées arbitrairement à tous les textes quels qu'ils soient. On ne peut naturellement pas traiter tous les textes de la même façon. Cela dit, un certain principe de progressivité doit normalement s'appliquer. On commence par ce qu'il y a de plus extérieur et objectif pour finir par les aspects les plus profonds et ceux sur lesquels on pense avoir des choses personnelles à dire.

Il est donc raisonnable de commencer par définir clairement la nature et la fonction du texte. Cela ne consiste pas à se contenter de quelques notations superficielles. On demande plus ou moins tacitement aux candidats de situer le texte dans l'œuvre, ce qui suppose que l'œuvre en question soit connue avec précision, mais cela ne doit pas servir de prétexte à une ou plusieurs pages de narration simpliste et impersonnelle. Décrire les circonstances peut et doit se faire de manière intéressante et littéraire. Dans ce même premier paragraphe du commentaire, on peut mettre en lumière déjà certains traits essentiels du texte, sa signification dramatique, son contenu, sa forme globale.

Dans un second paragraphe, on peut aborder les questions de forme de manière plus détaillée : la rhétorique, le style, la versification, la dramaturgie.

Il reste encore de quoi emplir un troisième paragraphe, si l'on trouve un thème important, une pensée sous-jacente, au-delà de l'anecdote, invitant à une réflexion personnelle, mais toujours de caractère littéraire.

Autres remarques de détail

Les textes proposés sont généralement assez longs, et le temps dont disposent les candidats assez court. Mais, comme indiqué plus haut, il ne faut pas se contenter d'un résumé factuel, car la notion même de *commentaire* exclut le résumé. Il est vrai aussi que *commentaire* n'est pas synonyme d'*explication*, mais cela résulte de contraintes pratiques plus que de principes théoriques. A cause des deux paramètres indiqués plus haut, longueur du texte et brièveté de l'épreuve, les candidats n'ont pas beaucoup de temps pour examiner les détails, traiter toutes les difficultés de syntaxe ou de vocabulaire, suivre à la trace les méandres de l'argumentation ou mettre en valeur toutes les trouvailles stylistiques. Il est tout de même demandé de faire preuve d'une grande attention à l'écriture. Il ne faut pas hésiter à interrompre apparemment le fil du commentaire si l'on juge bon d'expliquer une phrase, un mot, un passage dense ou difficile. Ces explications de détail ont priorité sur tout le reste. C'est dans les passages qui demandent un éclaircissement lexical ou grammatical que se trouve souvent l'essentiel de la pensée d'un auteur, surtout s'il s'agit de Shakespeare. En fait, une telle démarche ne rompt pas le fil du commentaire, car c'est un texte que l'on commente, c'est-à-dire un tissu de mots, une œuvre d'art constituée de langage.

Le commentaire est rédigé en français. Cela exclut la présence hétérogène de mots anglais, sauf quand on cite le texte.

Commentaire

1. Le message et les deux messagers

Il est normal qu'une scène située au deuxième acte d'une comédie s'inscrive dans une continuité dramatique, et ici cette continuité est d'autant mieux sentie par le spectateur que l'auteur a créé un effet d'attente, et de retard dans la réponse à l'attente. Le procédé est traditionnel, mais la possibilité, cinématographique avant la lettre, qu'avait Shakespeare de transporter l'action d'un lieu à l'autre, permet de remplacer un effet de suspens par un effet de rupture.

A la fin de l'acte I a eu lieu une soudaine péripétie. Olivia a pris brusquement conscience de l'intérêt que suscite en elle l'envoyé d'Orsino, et les spectateurs en ont été avertis en même temps qu'elle grâce au procédé du monologue. Après le départ de celle qu'elle prend pour Cesario, elle éprouve l'envie de le retenir, ou de lui donner l'occasion de revenir, alors qu'il ne s'est pas beaucoup éloigné. Incidemment on hésite entre les pronoms *il* et *elle*. Vue par Olivia, la situation justifie le masculin, mais il y a de quoi être troublé. Elle trouve le stratagème de l'anneau, qui tient de l'improvisation hâtive et imprudente. Mais le temps joue un rôle important. Il faut rattraper Cesario, et pour cela Olivia ordonne à Malvolio de courir après le messager.

> Run after that same peevish messenger,

On remarque qu'Olivia, tout émue qu'elle est, a la présence d'esprit de ne rien trahir de ses sentiments à l'égard de Cesario. Elle ne l'appelle pas par son nom et en parle en termes péjoratifs. Cela sans doute ne déplaît pas à Malvolio, qui reprend l'adjectif *peevish* sous forme adverbiale (13). L'attitude contradictoire d'Olivia reflète une des conceptions traditionnelles de l'état amoureux : l'émotion et les troubles qui en résultent n'empêchent pas la ruse tactique, l'invention d'expédients extraordinaires. La description du comportement d'Olivia par Viola dans son monologue rend compte de ce double aspect. Elle ne maîtrisait pas sa parole,

> For she did speak in starts, distractedly.

(21)

et pourtant l'amour rend ingénieux. La passion trouve des ressources inattendues pour parvenir à ses fins, elle utilise des moyens à première vue inadéquats :

> [...] the cunning of her passion
> Invites me in this churlish messenger.
>
> (22-3)

Il y a *a priori* une incompatibilité conceptuelle entre *cunning* et *passion*, mais leur collaboration fait partie des paradoxes de l'amour. De même l'utilisation de Malvolio à contre-emploi ajoute au comique de la situation.

Le public a donc deux raisons d'attendre la suite. D'abord il se sent porté par l'impression d'urgence. Un mouvement physique et spatial a été créé, le rythme de la pièce en est affecté, comme à chaque fois qu'il y a une poursuite. Ensuite, et surtout, une action téméraire, incongrue, a été entreprise, un projectile a été lancé, la manière dont le destinataire le recevra suscite la curiosité.

Or, les deux scènes ne se suivent pas. Alors qu'un effet de réel a été produit, que le temps qui s'écoule sur la scène coïncide avec celui qui s'écoule dans le théâtre, Shakespeare a tenu à ménager une attente. Mais comment créer du suspens sans étirer le temps ? En intercalant une autre scène entre l'expédition de la bague et sa réception. C'est la scène entre Sebastian et Antonio, qui informe le public de la survie du frère de l'héroïne, et qui prépare les complications ultérieures ainsi que leur résolution.

Même si le spectateur ne conceptualise pas clairement la dramaturgie, il y a un effet de simultanéité. En bonne logique, la scène 1 de l'acte II est censée se passer en même temps que la précédente et la suivante. Mais on peut avoir surtout l'impression que le temps a été suspendu, immobilisé, entre l'ordre donné à Malvolio et son interception de Viola-Cesario. On peut remarquer aussi que l'intermède suspensif créé par la scène où apparaissent Sebastian et Antonio facilite le changement de décor, même s'il n'y a pas de décor. La scène 5 de l'acte I se passe à l'intérieur de la maison d'Olivia, qui vit cloîtrée, tandis que la scène 2 de l'acte II se passe à l'extérieur. Ce détail est ingénieusement confirmé par le fait que Malvolio jette la bague par terre en disant :

> If it be worth your stooping for, there it lies, in your eye;
> if not, be it his that finds it.
>
> (15-6)

La dernière phrase indique que les deux personnages se trouvent dans la rue. Or, si les deux scènes s'étaient suivies, il n'aurait pas été facile techniquement de suggérer visuellement le passage de l'intérieur vers l'extérieur. Grâce à la scène intercalaire, la transition peut se faire naturellement.

Un détail de mise en scène a suscité de façon intéressante la perplexité des éditeurs. Le texte de 1623 porte, au commencement de la scène 2, une didascalie dont la précision peut surprendre :

> *Enter Viola and Malvolio at several doors.*

C'est-à-dire, entrent en scène par des portes séparées. Transposé dans l'espace représenté, cela signifie qu'ils sortent de chez Olivia par des portes différentes. Or, Malvolio étant lancé à la poursuite de Viola-Cesario, on pourrait les trouver sur la même trajectoire, l'un rattrapant l'autre.

Bien entendu, il serait abusif de tirer de cette indication de scène qui, imprimée plus de vingt ans après la composition de l'œuvre, n'est pas forcément de la main de Shakespeare, toute une construction interprétative, mais, appliquée à la lettre, elle introduit admirablement la *vis comica* de la scène. En faisant irruption par une porte différente, Malvolio coupe obliquement la route de Cesario, ce qui lui donne, symboliquement et temporairement, une position de supériorité sur son antagoniste qu'il n'aurait pas eue s'il avait dû courir après lui. Bien entendu, cette position de supériorité n'est que subjective, elle fait partie des illusions qu'entretient Malvolio sur son propre compte et qui le rendent vulnérable à la moquerie. La comédie est extrêmement subtile, car c'est Malvolio qui parle sur un ton tranquillement moqueur, avec sa morgue habituelle. Il ne se rend pas compte qu'il est dupe, et qu'il joue à son insu le rôle d'un messager d'amour à l'égard d'un autre messager d'amour qu'il traite avec condescendance.

De plus Malvolio est doublement dupe. Dupe d'Olivia, qui l'a chargé d'une mission tortueuse qu'il ne peut pas comprendre. Dupe aussi de Viola, qui répond à son offre de restitution par ces paroles inattendues :

> She took the ring of me, I'll none of it.
>
> (12)

Au lieu de déclarer qu'elle n'a jamais vu cette bague, elle entre dans le jeu d'Olivia. Elle a la présence d'esprit de ne pas trahir la Comtesse devant son majordome. Il s'agit là d'un coup de théâtre étonnant, moins spectaculaire peut-être que celui du coup de foudre d'Olivia, mais aussi intensément dramatique.

Dans l'introduction à *Twelfth Night* qu'ils ont rédigée pour l'édition Oxford, Roger Warren et Stanley Wells donnent de la réaction de Viola une explication morale et psychologique :

> quickly sizing up the situation, with characteristic generosity she conceals Olivia's rash indiscretion from her steward [...] This tiny exchange points the difference between an ungenerous nature and a generous one with brilliant economy.
>
> (46)

C'est un beau commentaire, mais il faut également tenir compte du profit comique et dramatique que Shakespeare pouvait tirer du pieux mensonge émis par Viola. Si elle avait spontanément répondu par une dénégation, la situation serait tombée dans une impasse. Il y avait intérêt à relancer l'intrigue tout en la compliquant, pour le plaisir de la comédie. Il fallait aussi préparer le futur mariage d'Olivia et de Sebastian, et pour cela maintenir un commerce, si fallacieux fût-il, entre la comtesse et le sosie de son conjoint prédestiné. En entrant dans le jeu d'Olivia, Viola continue celui de l'auteur, ce qui est naturel dans le mécanisme artificiel d'une comédie. De plus, comme indiqué plus haut, elle contribue à isoler Malvolio dans le rôle drolatique du personnage qui, réprobateur à l'égard d'autrui et satisfait de lui-même, croit tout savoir alors qu'il ne comprend rien à ce qui se passe autour de lui.

2. Faux dialogue et vrai monologue

La scène est divisée en deux parties distinctes, un dialogue en prose suivi d'un monologue en vers. La partie en prose est apparemment dominée par Malvolio, mais la réalité psychologique dément cette apparence.

Bien que la stature physique des deux personnages ne fasse pas partie intrinsèquement du texte, une tradition veut que l'on confie presque toujours le rôle de Malvolio à un acteur de haute taille et à la voix fortement timbrée, tandis que Viola est presque toujours interprétée par une actrice menue. Cela confirme le poids d'arrogance et de suffisance que le pompeux majordome s'efforce d'assumer, mais Viola sort cependant vainqueur de la confrontation.

Malvolio attaque :

> Were not you ev'n now with the Countess Olivia?
>
> (1-2)

Il n'utilise aucune formule de politesse, aucun embrayeur convenu, pour établir le contact. La forme interro-négative de l'interpellation contient une dose d'agressivité, car elle implique que le locuteur fait semblant de ne pas être certain de reconnaître son homme, et que par là il le considère comme quelqu'un qu'on remarque à peine. Viola répond à ces impolitesses par la parodie, en reprenant en écho certaines des formules de Malvolio, et en imitant son style :

> Even now, sir, on a moderate pace, I have since arrived but hither.
>
> (3-4)

Elle fait écho à son *ev'n now* (il est hasardeux de commenter le remplacement de la forme contractée par la forme pleine, car nous ne savons pas si cette infime variation graphique est vraiment significative et si elle se trouvait dans le manuscrit de Shakespeare) et elle exprime une platitude anecdotique avec une éloquence verbeuse et hors de propos. Plus loin elle reprend le « she will none of him » de Malvolio sous la forme « I'll none of it. » (12)

La réplique de Malvolio qui va de la ligne 5 à la ligne 11 est un bel exercice de style. Il résume les injonctions ambiguës de sa maîtresse en leur donnant une forme quasi juridique, à grand renfort de subjonctifs impliquant une nuance de commandement. Il ne manque pas cependant d'imiter Viola à son tour, en lui donnant du *sir* :

> She returns this ring to you, sir.
>
> (5)

en écho à « Even now, sir », mais la politesse ironique de Malvolio se retourne contre lui dans l'esprit du public, qui sait que l'appellation en question ne convient pas intrinsèquement à Viola.

L'expression « a desperate assurance » donne l'impression que Shakespeare parodie son propre style en le plaçant dans la bouche de Malvolio. C'est une sorte d'hypallage où l'adjectif *desperate* prend la place d'un complément de nom. L'expression signifie quelque chose comme « a sad certainty for which there is no hope ».

La dernière partie de la réplique contient également une ironie subtile :

> that you be never so hardy to come again in his affairs,
> unless it be to report your lord's taking of this. Receive it
> so.

Le « Receive it so » se veut péremptoire, mais Malvolio n'a pas l'air de comprendre que la phrase qu'il vient de prononcer se contredit, contenant à la fois un ordre et un contre-ordre. Olivia était moins illogique dans son illogisme car le contre-ordre suivait l'ordre par l'effet d'une fluctuation émotive :

> Get you to your lord.
> I cannot love him. Let him send no more,
> Unless, perchance, you come to me again
> To tell me how he takes it [...]
>
> (I.5.269-72)

En exprimant la même injonction par une phrase solidement synthétique, où la conjonction *unless* a une fonction subordinative plutôt que coordinative, Malvolio donne une apparence de logique à une absurdité. Incidemment, il n'est pas présent sur la scène quand Olivia prononce la réplique citée ci-dessus, mais cela fait partie des inadvertances que personne ne remarque pendant la représentation.

Le texte prononcé par Malvolio pendant cette scène, ainsi que ses attitudes, ses mimiques – non indiquées par le texte mais inévitables – ses gestes, sa sortie abrupte, contribuent essentiellement à la caractérisation du personnage. Le fait de jeter la bague par terre et d'accompagner son geste d'une formule sarcastique, aux résonances proverbiales :

> If it be worth your stooping for, there it lies, in your eye;
> if not, be it his that finds it.
>
> (15-6)

complète le portrait. Le pronom *his* joue un double rôle ici, à la fois attribut de *it* et antécédent de *that*. C'est une syntaxe aphoristique, typique jusqu'au bout du personnage.

Il n'en va pas exactement de même de Viola. La tirade en vers qu'elle prononce a un intérêt en elle-même, et n'a pas pour fonction principale de dresser indirectement un portrait psychologique du personnage.

Viola n'a prononcé qu'une phrase en prose, en réponse narquoise à la question initiale et elle reprend son idiome habituel, le vers, à partir de :

> She took the ring of me, I'll none of it.
>
> (12)

La tirade que Viola prononce après le départ du messager bourru (« this churlish messenger ») se termine par un distique rimé, comme cela arrive souvent, d'autant plus que la fin du monologue coïncide aussi avec la fin de la scène :

> O time, thou must untangle this, not I,
> It is too hard a knot for me t'untie.

La rime convient également au ton prophétique de l'énoncé, soutenu par l'allitération en *t* et par l'apostrophe solennelle adressée au temps, quelque peu personnifié, comme lorsqu'il apparaît dans *The Winter's Tale*.

Ces deux vers contiennent aussi une intervention métadramatique : le *nœud* où se trouve Viola attend son *dénouement* pour plus tard, et c'est sur l'auteur de la pièce qu'il faut compter. Il se manifeste ici derrière le texte.

Il y a un autre distique rimé au cours du monologue, justifié sans doute par le caractère aphoristique de la phrase :

> Alas, our frailty is the cause, not we,
> For such as we are made of, such we be.

Les autres vers – il y en a vingt-cinq en tout – appartiennent au registre du *blank verse*, avec une majorité de terminaisons masculines, ce qui n'a rien de significatif. Dans l'édition originale de 1623, le vers 20 n'a que neuf syllabes :

> That methought her eyes had lost her tongue,

Il n'y a rien d'inquiétant dans cette anomalie, mais de nombreux éditeurs ont ajouté un mot pour compléter le mètre. La récente édition d'Oxford a intercalé l'adverbe *straight* en deuxième position, ce qui a pour effet non seulement de régulariser le vers, mais aussi d'enrichir la séquence allitérative du passage :

> That straight methought her eyes had lost her tongue,
> For she did speak in starts, distractedly.

Le grand nombre de dentales, la proximité répétitive des groupes consonantiques *tstr*, *dsp*, *st*, *str*, semble traduire de façon mimétique le bégaiement émotif d'Olivia. Viola elle-même procède d'une énonciation quelque peu perturbée par l'émotion. Son discours exprime une intuition soudaine, la prise de conscience de la passion qu'Olivia éprouve pour l'homme dont elle simule l'apparence. Cela se traduit par une diction un peu hachée, saccadée. Les phrases sont courtes et passent d'un mode à l'autre, exclamatif, interrogatif, dubitatif, etc. Le rythme prosodique s'en ressent un peu. Il y a des vers accentués sur la première syllabe :

> Fortune forbid [...]
>
> (18)

> None of my lord's ring! [...] (24)
>
> Poor Lady [...] (26)

Il y a des segments spondaïques :

> She made good view [...] (19)
>
> [...] my Lord's ring [...] (24)

Mais, dans l'ensemble, la versification est régulière et le rythme fermement iambique, comme ici :

> What thriftless sighs shall poor Olivia breathe! (39)

Les exceptions apparentes ne font que confirmer la règle, car si l'on prend comme exemple :

> She loves me sure, the cunning of her passion (22)

on constate que ce vers entre dans le schéma du décasyllabe, ou pentamètre iambique. La préposition *of* peut recevoir, au moins virtuellement et par convention, un accent rythmique. Quant à la seconde syllabe du mot *passion*, elle constitue une des 167 terminaisons féminines que l'on trouve dans *Twelfth Night*, et l'une des quatre qui se trouvent dans cette tirade, les trois autres étant *lady, charmed her, dearly*. Bien entendu *messenger* et *distractedly* étant par convention accentués, au moins légèrement, sur la dernière syllabe, ils fournissent des terminaisons masculines.

De même que la versification se révèle à l'analyse très régulière, le discours dans son ensemble ne manque pas de formalisation rhétorique, malgré l'impression tout aussi authentique qu'il donne de spontanéité, de mimésis, le texte exprimant une révélation à la fois soudaine et troublante. Mais la tirade expose aussi une véritable argumentation, un cheminement intellectuel, ainsi que des commentaires sur le résultat des déductions. Les deux premiers vers contiennent déjà toute l'information d'où sont déduits les commentaires.

> I left no ring. What means this lady?
> Fortune forbid my outside have not charmed her.

Tout est déjà là : l'énigme est posée et aussitôt résolue, sous une forme spécifiquement rhétorique ; « Fortune forbid... » – on note la paronomase au passage – suivi d'un subjonctif passé, exprime le souhait que quelque chose ne se soit pas produit. Mais cette formule déprécative, parfaitement vaine puisqu'un vœu ne peut pas avoir d'effet rétroactif, équivaut en fait à une crainte et à une constatation désolante. On remarque aussi la présence de l'adverbe *not*, théoriquement incorrect, car le verbe *forbid* contient déjà le sème de non-réalisation, mais la double négation est fréquente dans Shakespeare comme dans la langue populaire.

La Fortune est ici personnifiée, comme le temps plus loin. De même *Disguise* fait l'objet d'une apostrophe éloquente, et moralisatrice, qui rappelle presque le style des sermons.

> Disguise, I see thou art a wickedness,

Viola adoptant le ton d'un sermonnaire puritain après s'être débarrassée de Malvolio, cela ne manque pas de cocasserie. Mais cette dénonciation se trouve dans la partie centrale du discours, qui, exprimée au mode présent, contient des réflexions générales et gnomiques sur la situation. Cela confirme le caractère en partie oratoire du discours de Viola, qui se combine avec la spontanéité intimiste.

Le discours est donc logiquement construit en trois parties : tout d'abord, le diagnostic, la recension des indices trahissant la passion d'Olivia pour un objet à la fois réel et irréel. Ensuite, le sermon, le commentaire gnomique. Dans la dernière partie, Viola revient sur elle-même et sur le caractère inextricable de la situation. Elle ne manque pas de comparer son sort à celui d'Olivia. Victime elle aussi de son déguisement, elle souffre d'un amour sans espoir.

3. Peines d'amour perdues

Le titre d'une des premières comédies de Shakespeare peut annoncer aussi le dernier paragraphe de ce commentaire.

Viola applique deux fois l'adjectif *poor* à Olivia et une fois à elle-même : *Poor Lady, poor monster, poor Olivia*. Cela rejoint le thème antique de l'amour-tourment, l'amour-blessure inguérissable, faisant de celui ou de celle qui en souffre un objet de pitié. Dans les comédies, sinon dans une tragédie comme *Phèdre* ou comme dans la légende de Didon, la pitié a généralement un caractère narcissique. C'est surtout la personne amoureuse qui se prend en pitié, comme Orsino tout au long de la pièce, ou comme le personnage qui exhale une complainte lyrique dans la chanson *Come away, come away death*.

Pour une fois cependant, on trouve dans le monologue de Viola un exemple de compassion envers la victime. Il est vrai que Viola a des raisons de plaindre Olivia. Elle est elle-même responsable à la fois de la passion que la comtesse éprouve pour elle, et du caractère inassouvissable de ce désir. Non qu'elle l'ait fait exprès, mais elle ne peut pas s'exonérer de toute implication dans l'affaire, comme le montre la récurrence des pronoms *I* et *me* dans le texte. D'autre part, éprouvant pour Orsino les mêmes sentiments, elle sait en quoi ils consistent. La compassion est à prendre au sens étymologique, elle souffre avec Olivia, et du même mal.

Le coupable de tout cela, c'est le déguisement : un leurre pour Olivia, un obstacle pour Viola. Les deux pièges sont symétriques : en tant que femme, Viola ne peut pas combler les désirs d'Olivia, et sous son apparence masculine, elle ne peut tenter aucune avance amoureuse en direction d'Orsino.

> [...] As I am man,
> My state is desperate for my master's love.
> As I am woman, now alas the day,
> What thriftless sighs shall poor Olivia breathe!
>
> (36-9)

Le texte est éloquemment explicatif. Cela dit, beaucoup de commentateurs pensent que derrière ce schéma de comédie se cachent des réalités moins transparentes, et que l'ambiguïté sexuelle de Viola-Cesario, cette androgynie qui n'est peut-être pas seulement une affaire de convention scénique et d'apparence vestimentaire, motive en partie la fascination qu'elle exerce sur Olivia comme sur Orsino.

Le déguisement de Viola n'est pas seulement un ressort dramatique, un stratagème dangereux, une incongruité faisant d'elle un monstre, et aussi le révélateur de certaines réalités cachées – par exemple l'élément de masculinité qui peut se trouver chez une femme – c'est aussi un symbole, constituant ici le thème d'une réflexion morale.

> Disguise, I see thou art a wickedness
> Wherein the pregnant enemy does much.
> How easy is it for the proper-false
> In women's waxen hearts to set their forms!
>
> (27-30)

Le lien entre les deux phrases repose sur l'extension symbolique du déguisement. En effet, *the proper-false* ne désigne pas des hommes littéralement déguisés, mais des hommes beaux extérieurement, et perfides intérieurement. Autrement dit, des séducteurs irrésistibles autant que dangereux. Il semble que « the pregnant enemy » puisse designer le diable en personne, mais le diable étant le représentant attitré de la tentation, l'expression s'étend à tous les véhicules de tentation. L'adjectif *pregnant* a de quoi surprendre à première vue car habituellement il désigne l'état dans lequel se trouvent les victimes féminines de la séduction. Mais, dans l'anglais de Shakespeare, *pregnant* peut signifier « resourceful, ready to take advantage », comme l'explique la note de l'édition Oxford. On peut se demander quand même s'il n'y a pas ici une sorte de transfert et d'ambiguïté.

L'idée sous-jacente est que la beauté n'est qu'une apparence, que le corps n'est que le vêtement de l'âme, que l'être réel est invisible et que ce qui se voit n'est qu'une apparence trompeuse, d'autant plus trompeuse qu'elle a le pouvoir de séduire, d'inspirer de l'amour, y compris de l'amour durable et obsessionnel.

Ces idées ne sont pas originales, et Viola elle-même a brodé une petite dissertation sur ce thème au commencement de la pièce :

> There is a fair behaviour in thee, captain,
> And though that nature with a beauteous wall
> Doth oft close in pollution, yet of thee
> I will believe thou hast a mind that suits
> With this thy fair and outward character.
>
> (I.2.44-8)

L'opposition proverbiale entre l'apparence et la réalité constitue un des leitmotive de la pièce, mais ce n'est pas le rappel de ce thème qui est l'élément le plus important ici. La phrase-clé du texte est :

> In women's waxen hearts to set their forms!

Renouvelant la physiologie pétrarquienne qui fait du cœur le siège ou le dépositaire de l'amour, Shakespeare le compare ici à une boule de cire qui reçoit l'empreinte de la personne qui a inspiré de l'amour, ou plutôt de l'apparence physique de cette personne. Une femme amoureuse a le cœur gravé, tatoué, à l'effigie de l'homme qui s'est fixé en elle. Il est vrai que la cire peut fondre, mais le mot *waxen* ici semble émettre des sèmes de réceptibilité plutôt que de fusibilité. Dans *Measure for Measure*, Isabella exprime la même idée :

> For we are soft as our complexions are,
> And credulous to false prints[1].

On retrouve la confession plaintive de la trop grande vulnérabilité des femmes face à la séduction, ainsi que la comparaison entre la fixation amoureuse et un processus de gravure ou d'impression au sens typographique. Si Shakespeare avait connu la photographie, il aurait peut-être comparé le cœur humain à une pellicule sensible. Il a connu la peinture, et le Sonnet 24 développe de façon compliquée l'idée que l'amoureux peint sur son cœur le portrait de la personne aimée. Le mot *table* signifie *tableau*.

> Mine eye hath played the painter and hath steeled
> Thy beauty's form in table of my heart[2].

Le participe passé *steeled* a suscité des controverses et des émendations, mais le sens est clair. Il y a cependant deux différences importantes avec le monologue de Viola : l'idée de la fausseté, de la tromperie a disparu, et la peinture du visage aimé sur le cœur n'est pas le produit d'une rencontre fortuite, mais un acte délibéré, accompli par celui qui est séduit, non par le séducteur.

L'œil est, dans le Sonnet 24, un organe de perception, mais aussi un instrument d'analyse, un artiste capable d'extraire et de fixer à jamais la beauté. Dans *Twelfth Night*, ce même organe est soumis par le texte à un examen critique. Quand Orsino dit :

> O, when mine eyes did see Olivia first
> Methought she purged the air of pestilence;
>
> (I.1.18-9)

on peut trouver un peu exagérée la vertu antiseptique qu'il attribue à la seule présence d'Olivia. Elle-même se montre plus lucide, et même sans le savoir, quand elle dit :

> I do I know not what, and fear to find
> Mine eye too great a flatterer for my mind.
>
> (I.5.298-9)

---

1. *Measure for Measure* (II.4.129-130).
2. Sonnet 24 (1-2).

Le thème de l'œil qui trompe, qui trouble, qui déforme, se retrouve dans la phrase déjà citée :

> [...] methought her eyes had lost her tongue, (20)

phrase d'ailleurs plus difficile qu'elle paraît. L'édition Arden explique en note « Her eyes' preoccupations distracted her tongue (from fluent speech...) ». Mais il y a peut-être dans la métonymie *tongue* plus qu'une simple référence à l'élocution. Le mot renvoie peut-être au discours en général, à la parole, mise à mal par l'état de possession, d'envoûtement (cf. « charmed her ») qui pénètre par les yeux. D'où le thème du rêve :

> Poor lady, she were better love a dream! (26)

et de l'erreur :

> And she, mistaken, seems to dote on me. (35)

Plus loin dans la pièce, on trouve cependant une phrase prononcée par Orsino où semblent se rejoindre la délectation esthético-érotique du Sonnet 24 et la fixation amoureuse comme obsession hallucinatoire.

> For such as I am, as all true lovers are,
> Unstaid and skittish in all motions else
> Save in the constant image of the creature
> That is beloved.

Même si Orsino lui-même ne reste pas jusqu'à la fin de la pièce fidèle à l'image qu'il contemple avec dévotion dans son esprit, au moins donne-t-il une définition de l'amour qui associe l'idéal à la réalité psychologique.

Dissertation:
Love and illusion in *Twelfth Night*
Henri Suhamy

Remarques méthodologiques

La dissertation littéraire est un exercice difficile. Il n'existe pas de plan type, ni de méthode magiquement efficace qu'il suffirait d'appliquer dans tous les cas pour atteindre la réussite. Mais voici rappelés quelques principes simples, faciles à mémoriser, quoique difficiles parfois à respecter.

– La dissertation littéraire est essentiellement une argumentation. Le sujet propose un problème à résoudre, ou du moins à examiner. L'auteur de la dissertation doit donc situer le problème, définir sa propre pensée sur la question, et exposer les arguments qui se présentent à son esprit de manière progressive et logique.

– Il s'ensuit de la définition énoncée ci-dessous que la dissertation ne constitue en rien un compte rendu de lecture, ni une narration. On n'a pas à raconter la pièce, ni à énumérer, décrire et juger des personnages, ni même à expliquer l'œuvre sur laquelle porte le sujet. C'est le sujet, et le sujet seul, qui doit occuper l'esprit.

– Une dissertation littéraire porte également sur un texte. Cette précision n'est pas contradictoire avec l'accent mis sur le sujet, puisque le sujet comprend forcément le titre de l'œuvre. Il faut surtout donner au mot *texte* toute sa valeur. C'est dans le texte que se trouve le matériau de base de la dissertation. Or *texte* n'est pas synonyme d'*intrigue* ou de *personnages*. Ce qui compte, c'est ce qui est écrit, les mots et les phrases. Dans une pièce comme *Twelfth Night*, on peut éventuellement trouver dans les chansons de quoi alimenter la réflexion et le débat, même si ces chansons n'ont apparemment pas de lien avec l'intrigue, ou si l'on n'est pas sûr qu'elles aient été toutes écrites par Shakespeare. Par exemple, si l'on proposait comme sujet :

The human condition in *Twelfth Night*

il serait bien maladroit de ne pas inclure dans le champ de la réflexion la chanson que chante Feste en guise d'épilogue. Même une réplique prononcée par un personnage de peu d'importance peut en avoir, de l'importance, relativement au thème de la dissertation. D'ailleurs, il ne faut pas toujours relativiser le texte en le rapportant à la subjectivité des personnages. Une phrase peut avoir de l'intérêt en elle-même, et ne pas avoir pour seule fonction de nous renseigner sur l'état de la situation ou sur le caractère de la personne qui la prononce.

– Puisque la dissertation porte sur un texte, il ne faut pas confondre dissertation littéraire et dissertation générale, ou philosophique. A vrai dire, les candidats littéraires n'ont pas besoin qu'on les mette en garde contre cette confusion car ils la commettent rarement. Mais une conception étroitement anecdotique, une absence complète d'idées générales, voire d'idées tout court, mènent à l'ennui, à la platitude, à l'asphyxie intellectuelle. En fait, entre le sujet de la dissertation et le texte sur lequel il porte, il existe une relation réciproque : le sujet permet d'éclairer le texte, de constituer un fil conducteur, un thème récurrent et génétique, mais dans le sens inverse, le texte lui-même permet d'éclairer le sujet, et c'est peut-être là que se trouve le principal intérêt de la chose. Autrement dit, « Love and illusion » peut constituer un sujet de réflexion en soi, mais le texte de *Twelfth Night* contient des éléments utiles à cette réflexion.

A propos du sujet « Love and illusion », on remarque qu'il est fait de deux termes, et qu'il existe entre eux une relation dialectique. C'est-à-dire que l'amour et l'illusion parfois se ressemblent ou se confondent, et parfois s'opposent. Ces deux directions divergentes constituent la base du débat.

Dissertation

Generation after generation of critics have handed over to each other the idea that Orsino is more in love with love than with a particular person. Indeed this view has become a cliché, and it implies that the Duke's ecstatic though doleful amorousness verges on narcissism and self-centred complacency. According to this theory, the image of Olivia that he entertains in his mind – or in his heart, in the language of conventional lyricism – is a mere product of his fantasy, keeping him in a state of daydreaming.

The association of loving and dreaming is inevitable within such a doctrine. It is explicitly confirmed by Viola, when she exclaims, about Olivia's infatuation for what can be regarded as a delusive appearance:

> Poor lady, she were better love a dream!
> (II.2.26)

It seems that common opinion holds it as an established truth that there is something definitely illusory in a form of love that is not reciprocated, and that to be in love with someone that does not or cannot return your affection almost amounts to the Quixotic idolatry of an ideal but non-existent sweetheart. Indeed Cervantes' hero carried the chivalric or Petrarchan conception of love to the extreme limits of logical absurdity in inventing Dulcinea del Toboso out of nothing. Though of course these people belong to the realm of literature, the syndrome is not unknown in real life. A person can be imaginative without being imaginary, and such cases are usually looked down upon with reprobation.

Yet Orsino, in referring to his own bitter-sweet predicament, uses the phrase "true lovers", which suggests genuine devotion.

> For such as I am, all true lovers are,
> Unstaid and skittish in all motions else
> Save in the constant image of the creature
> That is beloved. [...]
>
> (II.4.15-9)

Of course everyone can find out flaws in Orsino's speech. Despite his profession of constancy he does not remain obstinately devoted to Olivia, as he suddenly shifts his attachment on to Viola at the end. Moreover the word *image* suggests that between *visual* and *visionary* the distance is short. A passion that amounts to a haunting picture stamped on the mind by a chance meeting may not be really heartfelt or partake of all the sentiments that love is supposed to contain. A kind of hallucination, restlessly obsessive as long as it lasts, yet soon gone. At least such a disparaging consequence may be drawn from what Orsino himself said at the beginning of the play in his meditative and introspective disquisition on love:

> [...] So full of shapes is fancy
> That it alone is high fantastical.
>
> (I.1.14-5)

In our eyes the common etymology of *fancy* (an abridgement of *fantasy*) and *fantastical* makes the phrase sound almost tautological, but in Shakespeare's language *fancy* was somewhat synonymous with *love*, so that the inference from the one notion to the other does not amount to mere self-obviousness. What the text means here is that being in love produces a state of visionary ebullience, or perhaps just a sort of giddy transient inebriation. Love and imagination are closely related and have a similar power of inward creativity. One is inevitably reminded here of Theseus'speech in *A Midsummer Night's Dream*, when he compares love to madness and poetry.

> The lunatic, the lover, and the poet,
> Are of imagination all compact[1].

Even if love at first sight can be rationally explained as an instinctive recognition of an adequate sexual partner, one must admit that in some cases the suddenly entranced admirer irrationally imagines that he or she sees more than meets the eye in the contemplation of the beloved person. Thus when Orsino says:

> O when my eyes did see Olivia first
> Methought she purged the air of pestilence;
>
> (I.1.18-9)

the vision of Olivia as a miracle-worker does not boil down to a merely verbal hyperbole. Orsino seems fervidly sincere in his overestimation of the lady he idolizes, but the audience knows better, as Shakespeare himself did

---

1. *A Midsummer Night's Dream* (V.1.7-8). All the references to Shakespeare's plays other than *Twelfth Night* are taken from the Arden editions.

in the famous Sonnet 130, "My mistress' eyes are nothing like the sun". Similarly Olivia's description of the disguised Viola and of her own response to the young messenger's appearance shows that the eyesight can prove a delusive means of perception when warped by an amorous bias. To have one's eyes open, as the phrase goes, is not always synonymous with possessing insight.

> Methinks I feel this youth's perfections
> With an invisible and subtle stealth
> To creep in at mine eyes. [...]
>
> (I.5.286-8)

Even if Olivia had seen the real Sebastian it would have been rash for her to assert that she could weigh up "this youth's perfections" in so short a time, by just taking an overall view of him. Actually there is some ambiguity in the text, because it also reveals that Olivia is not entirely blinded by her sudden passion. A part of her intellect remains critical of what is going on, as is expressed by the diffident image of the young man's seduction stealing and creeping into her feelings through her eyes. The notion that the stealing process remains "invisible" while operating through the eyes constitutes an amusing, but not irrelevant paradox. The compound verb *Methinks* – echoing Orsino's *Methought* in the previous quotation – means *It seems to me that,* which implies some potential awareness that appearances can be deceitful. A few lines further down, Olivia's intellect takes some precautionary distance from her feelings, and from the unreliable testimony of her eyes when she says:

> I do I know not what, and fear to find
> Mine eye too great a flatterer for my mind.
>
> (I.5.298-9)

Yet experience shows that the mind's innate or acquired faculties do not always provide an efficient protection against emotional vagaries. The cause of this does not lie only in the physical irrepressibleness of feelings and desires, which reason and will power are at great pains to overcome, but also in the human perversity that induces one to foster and indulge the most unbelievable illusions. Olivia's fears and objections only constitute a dialectic stage, a temporary aporia along the rhetoric of self-persuasion that drives her to complete surrender. She yields to her passion and to her illusions, construing Viola's blushes as repressed avowals of love:

> A murd'rous guilt shows not itself more soon
> Than love that would seem hid. Love's night is noon.
>
> (III.1.145-6)

The hoax played on Malvolio supplies another example of the illusion of love, and perhaps even more than an example, a symbolic illustration of the theme. One remembers first of all that the very word *illusion* comes from the Latin verb *illudere*, which contains the idea of an aggressive joke: *to play upon (someone) derisively*. Malvolio is the victim of a practical joke, a frame-up organised by his persecutors, he is also the victim of himself. When he construes the terms of the fake letter according to his wishful thinking he exemplifies the process by which the brain, fuelled by desires, becomes a workshop in which illusions are produced. His dreams of greatness are forged by Maria's forgery. He also is deceived by his eyes:

> [...] let me see, let me see, let me see.
> (II.5.105-6)

he repeats. He sees indeed and does not see.

The Malvolio episode is all the more significant and illustrative of the illusion theme as it is partly worked out as a play within the play. The soliloquy by which he gives himself away is overheard and commented upon with ruthless derision by a group of spectators present on the stage. The *mise en abyme* effect duplicates the situation of the other spectators in the playhouse – Olivia's abode is also a *playhouse* in every sense of the word – who, through the fertile illusion of the theatre, attend a play in which ordinary illusions are being exposed. Much has been said and written about the cruelty of Malvolio's enemies. But in making the imprudent steward the unconscious comedian of a one-man show they just re-invent the theatre and rediscover the function of comedy, which consists in ridiculing the vices and weaknesses of mankind. In making Malvolio play his own role, that of the self-deceived would-be upstart, Maria and the rest "hold... the mirror up to nature", as Hamlet says[1]. The circle within the circle in which Malvolio performs his self-revealing antics has, symbolically at least, the shape and function of Hamlet's mirror.

Another aspect of the Malvolio plot proves relevant to the daydreaming motif in the play; an element of literary parody. It is worth noticing that the "fustian riddle" preceding the spurious letter dropped in the garden is written in rhymed verse and an archaic style reminiscent of old stories. In decyphering the cryptic message sent by The Unfortunate Unhappy to the Unknown Belov'd , Malvolio is wafted into a legendary surrounding, as a medieval knight-at-arms called upon through a mysterious vehicle to rescue a damsel in distress or answer the appeal of a fairy desperately in love with a mortal. As in a romance the lady imposes ordeals on the knight and requires him to wear recognizable tokens for her sake. The crossed garters, the yellow stockings, the unbecoming grins, perform the office of those signs and trials in a futile and burlesque fashion. Thus, by making Malvolio the mock hero of a mock romance Shakespeare continues the *mise en abyme* process and the comic exposure of love's fallacies.

Yet, whereas the similitudes between Malvolio and the other cases of delusion appear pointedly illuminating, the differences must be taken into account as well. The main difference concerns Malvolio's prevailing passion, which is ambition rather than love. Ambition is made of sterner stuff but it also breeds presumption. Malvolio has no awareness of his own ambition, he does not realize that it is full of shapes and high fantastical, he believes

---

1. *Hamlet* (III.2.26).

that his merits must be acknowledged and that he deserves both love and social promotion.

The lovers in the play are not so blind about themselves and their feelings. Being engrossed in the contemplation of their own passion they develop a form of self-knowledge. They may commit errors and misdirect their desires, but these desires themselves have an inescapable reality. They are not illusory in themselves, even if they produce illusions.

When Orsino says, after extolling Olivia to the skies:

> That instant was I turned into a hart,
> And my desires, like fell and cruel hounds,
> E'er since pursue me.
>
> (I.1.20-2)

he expresses a certain truth about love, even though it is worked out into an elaborate and almost facetious conceit, owing to the *heart-hart* quibble. All through the text, in spite of the romantic quality which is usually ascribed to the play and the refinement of its style, the bodily, sensuous, sometimes poignant and oppressive nature of love is recurrently emphasized. Thus the famous opening speech, in which love is referred to as "the appetite", is suffused with sensorial perceptivity and erotic suggestiveness. The five senses blend together in a voluptuous synaesthesia but for once the eyesight – the organ of illusion – is not so important as the other four.

The difficult passage in which love is compared to the sea:

> O spirit of love, how quick and fresh art thou,
> That notwithstanding thy capacity
> Receiveth as the sea, nought enters there,
> Of what validity and pitch so e'er
> But falls into abatement and low price
> Even in a minute! [...]
>
> (I.1.9-14)

combines poetical sophistication with psychological accuracy, in its picturing of an erotic obsession. The text means that when love pervades a person's mind and affectivity, all other impressions and preoccupations are subordinated to it, swallowed and digested by its insatiable ravenousness.

Love in *Twelfth Night* is impulsive, violent, unruly. The usually proud and demure Olivia throws herself at Cesario:

> I love thee so that maugre all thy pride,
> Nor wit nor reason can my passion hide.
>
> (III.1.149-50)

She could have said "maugre all *my* pride" as well. Orsino's passion, or rather *passions*, because he loves his page with more than patronizing benevolence, sour into rancorous jealousy. These behaviours are based on sexual impulses. Love in the play is not just expressed in romantic attitudinizing, the worship of unattainable beauty, or the cultivation of fantasies codified by the literary traditions of the age. It has a physical or physiological reality. Besides the word *love* itself, with its comprehensive range of meanings, may prove misleading. Owing to lexical polysemy, illusions about love can be entertained. In religious language the word can be taken as synonymous with charity, well wishing, forgiveness, acceptations seldom compatible with the realities of sexual love. Indeed Viola serves her beloved lord with self-denying devotion, but she belongs to the category of Shakespeare's idealized heroines. Besides one may suspect the presence of darker aspects in her submissiveness. She knows what the "sweet pangs" of love are and perhaps revels in them, following Orsino's lesson.

Does then Shakespeare expound a materialistic, Lucretian, pre-Freudian view of love? That is to say a bodily urge alternately repressed and bursting out, producing dreamy vapours in the brain, and cultural sublimation in social behaviour, art and literature.

According to this theory, one comes to the paradoxical conclusion that illusions have a reality of their own, since they originate in physiological causality. And also a specific usefulness, in bringing about marriages. The moral of the story is drawn by the happy outsider Sebastian:

> So comes it, lady, you have been mistook,
> But nature to her bias drew in that.
>
> (V.1.253-4)

But *Twelfth Night* is not a treatise of physiology. It is not a sarcastic drawing-room comedy either, and one does not expect to find in it a cue à la Oscar Wilde:

> I have only been married once. That was in consequence of a misunderstanding between myself and a young person[1].

Twelfth Night is a romantic comedy and also a landmark in the literature of sublimation. As in most comedies there are misunderstandings, but they deviously lead to some sort of truth. The providential scheme on which it is built ensures that dreams sometimes come true. Thus in falling in love with a girl that she mistakes for a man, Olivia hits upon the husband that destiny kept in store for her. When she meets the real Sebastian, she proves that in loving a dream she anticipated the happy ending of the play. Sebastian accepts the dream for what it is, a wonderful adventure to which he yields unreservedly.

> What relish is in this? How runs the stream?
> Or I am mad, or else this is a dream.
> Let fancy still my sense in Lethe steep.
> If it be thus to dream, still let me sleep.
>
> (IV.1.58-61)

Later on he definitely denies that *wonder* should be a form of *madness*.

> This is the air, that is the glorious sun,
> The pearl she gave me, I do feel't and see't,
> And though 'tis wonder that enwraps me thus,
> Yet 'tis not madness. [...]
>
> (IV.3.1-4)

---

1. *The Importance of Being Earnest* (1.1).

Thus in *Twelfth Night* the crowning of the love quest is reached through trials and errors, in crossing the blurred frontier that separates false appearances from true intuition. Dreams and illusions partake of an idealism that beautifies reality.

The matter-of-fact Polonius said that the adjective by which Hamlet addressed Ophelia:

> To the celestial, and my soul's idol, the most beautified Ophelia...[1]

was "an ill phrase, a vile phrase". Certainly he would have preferred his daughter to be described as simply and objectively beautiful. But the beautifying metamorphosis operated by the lover's eye is necessary to mutual happiness. Yet, the play shoots a Parthian shaft at romantic love, indeed a savage and somewhat vicious assault, when no one expects it. The play has come to a happy end, according to the conventions of the genre. The predestined couples are married, or about to be married, and in the idyllic mood created in the fifth act, one imagines that they will be happy ever after. This married state was so difficult to reach, the path leading to it beset, as usual in comedies, with many obstacles, that conjugal bliss appears as a fair compensation for the troubles that they have undergone.

But when Feste sings:

> But when I came, alas, to wive,
>   With hey, ho, the wind and the rain,
> By swaggering could I never thrive,
>   For the rain it raineth every day.
>
> (V.1.387-90)

we are suddenly brought down to the earth, and to the traditions of popular literature, in which all women are shrews, all men bullies, marriage a calamity, home a hell, and there is nothing but rain outdoors. In retrospect happiness in marriage appears as the most disappointing mirage, the most deceptive of all illusions. But one has only to repeat what has been stated. The concept of illusion can lose some of its disparaging connotations by being associated with idealism. Then it appears necessary to psychological welfare, it makes up for the insatiability of desire by setting noble aims to it and transforming obsession into constancy.

---

1. *Hamlet* (II.2.109).

Notes on Verse, Style and Imagery
Henri Suhamy

1. Verse

Twelfth Night belongs to the group of the five plays written by Shakespeare during a short period, from about 1597 to 1601, which contain more prose than verse. One of these plays is a History: *The Second Part of King Henry the Fourth*. The other three are comedies: *Much Ado About Nothing, As You like It, The Merry Wives of Windsor*. In the Oxford edition there are 1469 lines of prose, and 927 lines of verse. The total number of lines amounting to 2396, the proportion of prose represents 61% of the total, and the proportion of verse 39%.

The verse is divided into two main categories: the dramatic dialogue and the songs, which adopt metres and rhythms specific to lyrical poetry. The dramatic dialogue itself can be divided into blank verse and rhymed verse. Then the general evaluation reads as follows:

781 lines of blank verse
80 lines of rhymed verse, in couplet rhymes
66 lines of lyrical verse, i.e. the songs.

The general term for the verse used in the dramatic passages is *heroic verse*. It can be either unrhymed – then it is called *blank verse* – or rhymed. In either case the lines share the same metric and rhythmical patterns. They can be designated either as *iambic decasyllables* or *iambic pentameters*. The adjective *iambic* refers to the *rhythm*, which can be taken as synonymous with *lilt*, or *beat*, or *pulsation*. As a matter of fact English verse is a controversial subject and the word *rhythm* can be defined in many different ways. But it seems reasonable, when referring to English poetry, to focus one's attention on the effect produced by the alternance of stressed and unstressed syllables, and to use the word *rhythm* in reference to this phenomenon.

The word *iambic* refers to one particular kind of rhythm, also called *rising rhythm*, because the movement ascends from a low to a high position, or from a weak syllable to a strong one. *Iambic rhythm* also implies a regular and binary alternance, a periodic see-saw between weak and strong, or low and high. Thus in a regularly stressed iambic decasyllable the odd syllables are weak, whereas the even ones are stressed. Of course the syllables are not stressed artificially. The poet chooses the words and puts them together in such a way that the iambic rhythm will come through. Ex.:

> And water once a day her chamber round
> (I.1.28)

The notion of *decasyllable*, which refers to the *metre*, naturally means that the line is made of ten syllables. But the poetic purpose of the decasyllabic metre cannot be reduced to a merely arithmetical evaluation. The fundamental intention of verse is to instore regularity in the physical components of speech. Speech can be defined according to abstract and mental notions, referring to grammar, syntax, words, contents, intentions, expression, etc. It can also be described as sound produced by air-waves, as stretches of discourse separated by pauses. In spoken speech the pauses are necessary, even a garrulous person has to stop sometimes and breathe, especially as speech is physically made of air, so the lungs must be refilled.

The purpose of metrical verse is to regularize the delivery and to create harmony between the physical and mental ingredients of language. Normally each line is supposed to contain a syntaxic unit, a sentence or a clause, and to be delivered in a single flow. The punctuation mark at the end has a double function: it indicates the end of the syntactic unit and it provides a pause allowing the speaker to breathe. If all the lines of verse in a play have the same number of syllables, they must have roughly the same duration and if they all have a punctuation mark at the end the general ebb and flow of the speech must sound very regular, if not monotonous. But the theoretical scheme is often transgressed or blurred by various devices, especially by the practice of enjambment or overflow. Ex.:

> Let thy fair wisdom, not thy passion sway
> In this uncivil and unjust extent
> Against thy peace. Go with me to my house,
> And hear thou there how many fruitless pranks
> This ruffian has botched up, that thou thereby
> Mayst smile at this […].
> (IV.1.50-5)

The metric pattern and the sentence-building do not coincide, they keep overlapping each other. Yet this passage does not represent the rule. A line which is not ended by a punctuation mark, because the sentence continues into the next line is called *a run-on line*. Now there are about 144 run-on lines in *Twelfth Night* which in proportion to the whole amounts to 16.7%. This percentage is not very high. During his career, Shakespeare continuously progressed, starting from some 7% to reach 47% of run-on lines at the end.

To return to the basic definition two different names have been proposed: the *decasyllable* and the *pentameter*. This latter term implies a view that emphasizes the rhythm rather than the metre. Instead of considering the line as a vocal unit made of ten syllables, the pentameter defines it as a sequence of five rhythmical cells or segments called *feet*. Thus the above quoted line is, according to this system, transcribed in such a way as to make the feet appear distinctly.

> And wa / ter once / a day / her chamb / er round

The slanting lines or slashes clearly divide the line into five feet, each foot being called an *iamb* or *iambus*, that is to say a combination of two syllables, the first being weak, the second strong, or unstressed and stressed.

In being perfectly regular, the line that has thus been *scanned* is not really representative of Shakespeare's usual rhythm. There are many shifts or substitutions in the placing of stresses. For instance:

> Give me excess of it, that surfeiting, (I.1.2)

has a stress on the first syllable, contrary to the strictly iambic pattern. Or in:

> To a strong mast that lived upon the sea, (I.2.13)

the first two syllabes do not seem to require any particular stressing whereas the third and the fourth bear accents.

These peculiarities explain why many metricians have borrowed terms from ancient poetry in order to describe the rhythmical events and accidents which can be found in English verse. According to their methods a line of verse can be divided into feet – five feet in a pentameter – each foot being visualized and designated according to its rhythmical pattern. Here are the main feet:

iamb or *iambus:*	weak – strong
trochee:	strong – weak
spondee:	strong – strong
pyrrhic:	weak – weak

In some cases there is or there seems to be an extra syllable in the line, or even two of them. Then among the five feet there must be a trisyllabic foot somewhere. Trisyllabic feet are inventoried as well as the shorter ones:

anapaest:	weak – weak – strong
dactyl:	strong – weak – weak
tribrach:	weak – weak – weak
molossus:	strong – strong – strong
amphibrach:	weak – strong – weak
cretic:	strong – weak – strong

These feet are sometimes materialised by visual symbols, such as /u/ or /x/ for a weak or unstressed syllable, and /—/ or /'/ for a strong or stressed one.

Theoretically this list of possible feet enables the student to scan a line written by an English poet, that is to say, to divide the line into a given number of feet bearing learned names. But the practice of it proves tricky. Especially when dealing with Shakespeare, one should know something about Elizabethan pronunciation. Besides, the system implies that every syllable in English must be either weak or strong, with no possibility in between, which is not quite true when words are strung together by the intonative melody of the speech and the sentence structure itself. Anyway some important details must be borne in mind.

Masculine and feminine lines

One of the reasons why the word *decasyllable* is sometimes discarded is the fact that actually many lines have eleven syllables, not just ten. Ex.:

> Your lord does know my mind, I cannot love him.
> Yet I suppose him virtuous, know him noble,
>
> (I.5.246-7)

The pronoun *him* and the second syllable of the word *noble* constitute what is called *feminine endings*. Whenever there is an eleventh and definitely unstressed syllable, giving the line "a dying fall", as Orsino might say, the ending is called feminine and so is the line itself. Scanned into feet, the lines end with an amphibrach:

> Your lord / does know / my mind, / I can / not love him.
>   iamb   iamb   iamb   iamb   amphibrach
>
> Yet I / suppose / him virt / uous, know / him noble,
> trochee   iamb   iamb   iamb   amphibrach

Twelfth Night contains 167 feminine lines, or 21% of the blank verse. As in the case of run-on lines, there was an evolution from the beginning to the end of Shakespeare's creative life. He started with the rather low proportion of 7.5% and reached 47% in *The Winter's Tale*, which is one of his last plays. Curiously this evolution parallels that of the run-on lines, and both features produce a similar effect, they alleviate the monotony of the system, which consists in cutting out the speech in slices having the same duration, the same internal rhythm, the same clinching stress at the end.

Naturally those 79% of lines ending with a stressed syllable are called *masculine*. It may seem strange to divide lines of verse into two sexes and there are controversies about the origin of this distinction. When the female sex used to be called "the softer sex" the addition of an eleventh syllable, softening the compulsive beat of the binary rhythm, was felt as a feminisation.

More details about stresses

As was observed previously, before scanning a line and dividing it into a succession of feet, one must have some information about Elizabethan English and the conventions of poetical elocution. In Shakespeare's time, that is to say four centuries ago, English was not pronounced and stressed quite in the same way as nowadays. Besides the delivery of verse obeyed certain rules and conventions. Ex.:

> Out of my lean and low ability
>
> (III.4.334)

A superficial view, taken by a reader deprived of historical information, might lead to the conclusion that there is an unstressed syllable at the end, that consequently it is a feminine line, or that it ends with a pyrrhic. Both these statements would be erroneous. The line has only ten syllables, so it cannot be feminine. Besides the word *ability*, having four syllables and being stressed on the second one, recovers a secondary stress on the fourth, owing to a sort of rhythmical elasticity that enables the iambic lilt to be kept up. Since iambic rhythm implies a regular binarity the poet must find as many stressed syllables as unstressed ones. But the English language does not contain them. They have to be produced, at the cost of some straining. This is why the last syllable of *ability* must be regarded as a stressed one.

Other examples: *surfeiting* (I.1.2), *violets* (I.1.6), *capacity* (I.1.10), *fantastical* (I.1.15), *pestilence* (I.1.19), *authority* (I.2.18), *character* (I.2.48), *cruelty* (which rhymes with *be*, I.5.278), *messenger* (I.5.290), *distractedly* (II.2.21), *masterly* (II.4.21), *monument* (II.4.114), *compliment* (III.1.97), *enemies* (III.1.123), *beautiful* (III.1.143), *necessity* (III.4.325), *kindnesses* (III.4.341), *drunkenness* (III.4.345), *unprizable* (V.1.49), *jealousy* (V.1.115).

The same necessity also explains why monosyllabic words, such as pronouns, prepositions, conjunctions, adverbs or auxiliary verbs, which are normally unemphasized in ordinary conversation, can be or must be slightly stressed in order to keep up the rhythm. This does not mean that one must deliver the lines with hammering insistency, but a moderate just perceptible fillip will do. Ex.:

> I could not find him at the Elephant,
> (IV.3.5)

The preposition *at*, which occupies the sixth position in the line, must be regarded as stressed, at least conventionally.

The diaereses (plural of diaeresis, diérèse in French)

These two lines:

> And what should I do in Illyria?
> My brother he is in Elysium.

are not so irregular as they seem at first. Actually they have ten syllables (or five feet) and the tenth syllable is stressed, thanks to the device, or phenomenon, called *diaeresis*. In such cases the letter *i*, placed before a vowel, is pronounced not as a consonant /j/ but as a vowel /i/.

So the name Illyria acquires four syllables:

> Ill – y – ri – a

With its four syllables the word fills up the decasyllabic pattern. Besides, as the main stress falls on the second syllable, there is an accentual rebound on the fourth, which enables the line to end on a stressed syllable.

> E – ly – si – um

follows exactly the same route, creating a beautiful and delicate echo between the two lines, more subtly than a rhyme.

The same word, or name, is not always pronounced in the same way; even in the same line. For instance in:

> Antonio! O my dear Antonio,
> (V.1.211)

surprising as it may seem, the very same name *Antonio* requires three syllables at the beginning of the line, and four – including an extra stress – at the end.

Other diaereses: *Cesario* (I.4.12), *perfections* (I.5.286), *Malvolio* (III.iv.5), *distraction* (V.1.62 and V.1.305).

The phenomenon affecting the word *remembrance* in:

> And lasting in her sad remembrance.
> (I.1.31)

is somewhat similar to a diaeresis. An extra syllable pops up between *b* and *r*, so that the word is pronounced /rememberance/ with four syllables and two stresses. The materialisation of the ghost vowel is called *epenthesis*.

Though the sounding of the *ed* desinence does not quite belong to the same area, it can be mentioned here. In the Oxford edition, the past participle *veiled* is spelt with an accent in:

> But like a cloistress she will veiled walk
> (I.1.27)

This means that the *ed* ending is sounded – not stressed, but just sounded –, in order to maintain the alternate rhythm and the regular number of syllables.

The question of the trisyllabic feet

Among the controversies that oppose the various sects of metricians, the trisyllabic foot is a moot point. Here is an example:

> Kept in a dark house, visited by the priest,
> (V.1.333)

There is something unusual in the rhythm, owing to the presence of stresses on the first and fifth syllables, but these modulations are quite frequent. Indeed they are welcome, otherwise the oscillation would become monotonous. But there is something else, the line has eleven syllables instead of ten. So, according to the metricians who prefer the word *pentameter* to the word *decasyllable*, there must be a trisyllabic foot somewhere. To find it is not difficult. One has simply to divide the line into five feet, not arbitrarily but in such a way as to make the iambic pattern show through in spite of the alterations to which it is submitted. The operation requires some dexterity:

> Kept in / a dark / house, vis / ited by / the priest
> trochee   iamb   spondee   anapaest   iamb
>   or
>   tribrach

Apart from the fact that some people might quarrel over the question whether the fifth foot must be inventoried as an anapaest or a tribrach, other controversialists would remark that there was a possibility in Shakespeare's time to shorten *visited* into *vis'ted*, and that consequently the trisyllabic foot can be dispensed with. But what about this line:

> Yet I suppose him virtuous, know him noble,
> (I.5.247)

In order to regularize both the metre and the rhythm according to the strict pattern of the iambic decasyllable (or rather hendecasyllable owing to the feminine ending) one has to impose a *synaeresis* on the word *virtuous*, that is to say the contrary of a diaeresis, reducing it to two syllables. Otherwise, it becomes part of an anapaest:

> Yet I / suppose / him virt / uous, know / him noble
> trochee   iamb   iamb   anapaest   amphibrach

The old school of metricians was very fond of these chance anapaests, regarded as felicitous modulations or resolutions loosening the tight grip of the binary rhythm. But they are not found very frequently, especially in *Twelfth Night*.

Anyway English verse has never been submitted to the very strict rules that used to be imposed on French poetry. On the other hand, having to obey a double pattern, a fixed number of syllables and a regular alternance of stressed and unstressed sounds, it could allow some occasional freedom to itself without destroying the whole system.

The iambic basis is always present, especially as the fourth and tenth syllables – the two keystones of the edifice – are always stressed. But many liberties are taken, sometimes with expressive purposes. The most frequent modulation is, as often in Shakespeare, the choriambic segment, most often found at the beginning of a line. It consists in having a stressed syllable first, and catching up with the iambic rhythm three syllables later.

> Give me excess […]   (I.1.2)
>
> Courage and hope […]   (I.2.12)
>
> Stand you a while […]   (I.4.12)
>
> Kill what I love […]   (V.1.115)

Sometimes stressed syllables follow each other in spondaic sequence, emphasizing the forcible weight or solemnity of the sentence. Ex.:

> Run after that same peevish messenger   (I.5.290)
>
> Fate, show thy force, ourselves do not owe.
> What is decreed must be; and this be so   (I.5.300)

Rhymes

The above-quoted distich was noticeable not only for its insistent rhythm, but also for its dark assonances, contrived by a recurrence of *o* sounds, and the *owe-so* rhyme.

There are 80 rhymed lines in the dramatic text of *Twelfth Night* (the songs being apart) and they can be roughly divided into three categories, according to their functions.

1. The ending couplet

A couplet, that is to say a rhyming distich, is often found at the end of a cue, a tirade, a scene, an act, a play, or when the speaker leaves the stage. In this case it is called an exit-cue rhyme. It is used then as a sort of scene direction, owing to its clinching effect. Ex.:

> What else may hap, to time I will commit,
> Only shape thou thy silence to my wit.
>
> (I.2.57-8)

At the end of a scene, a rhymed couplet sometimes accompanies a command, an announcement of some future event, or a strong-willed resolution. Ex.:

> To her in haste, give her this jewel, say
> My love can give no place, bide no denay.
>
> (II.4.123-4)

2. *The gnomic couplet*

The rhyme is associated with the expression of proverbial lore, aphoristic wisdom. The couplet sounds like a choric commentary on the play, and is accordingly worded with rhetorical sententiousness. Ex.:

> For folly that he wisely shows is fit,
> But wise men, folly-fall'n, quite taint their wit.
>
> (III.1.66-7)

3. *The lyrical rhymes*

The speakers sometimes bathe in an emotion, a mood of wonder, an ecstasy, that they do not quite control. Then they speak in rhymed verse, in such a way that they do not seem to do it deliberately but as if they were suddenly lifted into a world of pure music and poetry. These passages sound like arias in an opera, in contrast with recitatives. Thus when Olivia expresses her love for Cesario, she speaks in rhymed verse, as if her own personality and will power surrendered to the power of love:

> Cesario, by the roses of the spring,
> By maidhood, honour, truth and everything,
> I love thee so that maugre all thy pride,
> Nor wit nor reason can my passion hide.
>
> (III.1.147-50)

The speech continues in the same vein, and Viola follows suit to the end of the scene. Similarly the love-duets between Sebastian and Olivia are partly written in rhymed verse.

Stichomythia

From prose to lyrical verse, there are several grades of stylization. Rhymes, as has been shown, represent one of those devices by which language is transformed into art. They add art to art, since versification has already operated its metamorphosis.

Stichomythia also increases the artificiality of versified language. It is defined by A. J. Cuddon as "Dialogue of alternate single lines, especially in drama. Usually a kind of verbal parrying accompanied by antithesis and repetitive patterns".

There is a short but striking passage of stichomythia in the play:

Olivia	Stay:
	I prithee tell me what thou think'st of me.
Viola	That you do think you are not what you are.
Olivia	If I think so, I think the same of you.
Viola	Then think you right, I am not what I am.
Olivia	I would you were as I would have you be.

(III.1.135-40)

Assonances and alliterations

Versification is based on specific and compulsory patterns, defined as metre, rhythm, rhymes, etc. but poetical language treats signifiers as more than mere signs having no other function than that of conjuring up notions in the listeners' or readers' minds. Poetry uses the sounds of language as a material interesting in itself, not only necessary to the creation of rhythm, but also capable of adding some sort of meaning to what the speeches convey, when reduced to their lexical and grammatical contents.

Shakespeare's verse, though it belongs to the Anglo-French tradition which was introduced by Chaucer in the 14th century, is often reminiscent of the alliterative system that prevailed in Old English and Middle English poetry, in which the rhythm was accompanied and propelled by a pattern of alliterations. A same consonant was to be found three times in a line, at the beginning of stressed syllables. Thus the *p* alliteration in the following example could be found in medieval poetry:

> And part being prompted by your present trouble,
> (III.4.333)

Such alliterations are not supposed to imitate the sounds of real life or to express feelings welling up from the speaker's inward being. They emphasize the rhythm and deepen the formal unity of the line. Yet without having an imitative function, alliterations may have a rhetorical impact, in bringing home, by the sheer force of phonetic repetition, the idea conveyed by the text:

> For youth is bought more oft than begged or borrowed.
> (III.4.3)

Assonance is frequent too. It consists in repeating a vowel sound:

> [...] after our ship did split,
> (I.2.8)

Alliterations and assonances are often associated with *paronomasia*, a device often used by Shakespeare, which consists in putting together words somewhat similar in sound, but different in meaning, managing a sort of lexical rhyme. The device is not typical of poetry and during the Elizabethan era, it was popularized by John Lyly, the author of *Euphues*, a novel written in prose. But he developed a sophisticated style, called *Euphuism* after the title of his novel (or rather novels, because there are two of them) based on many rhetorical tricks, and often imitated by poets, including Shakespeare. Ex.:

> [...] cantons of contemned love,
> (I.5.259)

Sometimes one may feel some sort of imitative harmony in the combinations of sounds, but one must be very prudent, because it is difficult to resist the temptation of reading the significance of words into the sounds that they are made of. These two lines, with their *bubbling* recurrence seem to conjure up the watery noise of the sea:

> A baubling vessel was he captain of,
> For shallow draught and bulk unprizable,
>
> (V.1.48-9)

It is not by chance that the phoneme /l/ is called a liquid consonant.

The Songs

– *"O mistress mine"*, II.3.37-50

There are two verses of six lines each, built on the same pattern: two octosyllables, or tetrameters, in iambic rhythm, followed by four trochaic heptasyllables.

The rhyme scheme is a-a-b-c-c-b. There are feminine, that is, double rhymes: *hereafter-laughter*, *plenty-twenty*, etc.

– *"Come away, come away death"*, II.4.50-65

Two stanzas of eight lines each, following a variable pattern, both metrically and rhythmically. There are lines of 7, 9, 8, 4, 3 syllables, each with a particular rhythmical design, probably due to the original music to which it was set, but which has been lost.

– *"I am gone, sir"*, IV.2.121-132

A poem written in irregular verse, with some trisyllabic rhythms:

> In his rage and his wrath

An anapaestic sequence typical of burlesque verse, or *doggerell*.

– *Feste's last song*.

The five stanzas of four lines and the rhyme-pattern (the first and third line rhyme together, whereas in the burden *rain* and *day* just echo each other) are typical of a ballad tune, but the rhythm sounds like doggerel, quite in harmony with the sarcastic chorus that the song constitutes at the end of the comedy.

2. Remarks on style and rhetoric

It may seem surprising to mention the notion of rhetoric about a play which at first sight looks like a refined and witty entertainment, not devoid of profundity, but not remarkable for a profusion of persuasive or argumentative speeches. Yet without committing the confusion between *style* and *rhetoric* that was made formerly, one must not forget that the various manipulations to which language is submitted are not quite gratuitous or ornamental. Even when they are cultivated for their own sake, with a great luxury of invention, the various witticisms, figures of speech or verbal pyrotechnics express something or aim at creating some effect.

There are real speeches in *Twelfth Night* and considering the amount of wooing that takes place in it – including the mock-wooing of Malvolio by a sham letter – the rhetoric of love is present all through the play, though it proves inefficient and verges on parody.

Wit itself can be regarded as a form of rhetoric, aiming at capturing the audience's attention by a display of brilliancy and by appealing to their intellectual connivence. The wordplay in Shakespeare requires some effort on the part of the audience. Moreover the duplication of the audience, since the speeches are addressed by the *dramatis personae* first to the other *dramatis personae* on the stage (or to themselves in the case of soliloquies) and secondly to the public in the theatre, makes the whole process of stylization subtle and intricate. Though the people on the stage are lost in a labyrinth of misconceptions, delusive appearances, situational knots and enigmas, they are supposed to understand the quibbles, the jokes, conceits and innuendoes that they bandy at each other.

The term CONCEIT is a key-word in the study of Shakespeare's style, especially in his comedies. On the front page of *Love's Labours Lost*, published in 1598, the play was called "A pleasant conceited comedy", meaning that it was full of *conceits*, that is to say of clever combinations of puns, images, and rhetorical figures. The word results from a fusion between the Latin *conceptus*, which was taken as synonymous with wit or intelligence, and the Italian *concetto*, which, deriving from the same etymology, used to mean a brilliant and sustained verbal invention.

Twelfth Night is not so full of conceits as *Love's Labours Lost*, and sometimes the puns are just what puns usually are, facetious playing on homophonies, but from the beginning there are examples of the typically Elizabethan and Shakespearian mixture of wit and poetry. Thus Orsino plays on the homophony between *hart* and *heart*, not to produce an accidental joke, but to weave an elaborate simile:

> That instant was I turned into a hart,
> And my desires, like fell and cruel hounds,
> E'er since pursue me.
>
> (I.1.20-2)

The same *hart-heart* wordplay forms the basis of a long-winded conceit in *Julius Cæsar*[1] in a tragic context. By the way the intertextual reference to the story of Actaeon, told by Ovid, may not be so illuminating as is suggested by the footnote in the Oxford edition. The comparison between sexual desires and hounds' fangs is eloquent enough, without those mythological reminiscences.

Puns are sometimes merely jocular, in accordance with the insistent waggishness of the dialogue, particularly in Sir Toby's continuous banter upon Sir Andrew Aguecheek. For instance the far-fetched allusion to Sir Andrew's lank hair is based on a deliberate confusion between *tongues* and *tongs* (I.3.93). He also uses the unavoidable pun on *lie* and *lie*:

> [...] as many lies as will lie in thy sheet of paper [...]
>
> (III.2.42-3)

But more frequently, punning or quibbling, exploits the device called ANTANACLASIS, which consists in playing, not on fortuitous homophonies,

---

1. *Julius Cæsar* (III.1.204-210).

but on the different meanings of a same word. There is an example of this in the above quotation, in which the word *sheet*, associated with the verb *lie*, suggests a bed. Thus Maria picks up the phrase "the good gifts of nature", which Sir Toby ironically attributes to Sir Andrew, to answer:

> He hath indeed, almost natural, [...]
> (I.3.26)

the word *natural* meaning *a born fool*. Continuing her raillery at the expense of the same laughing-stock, she takes up the word *gift* and says, in the same vein:

> [...] and but that he hath the gift of a coward to allay the gust he hath in quarrelling, 'tis thought among the prudent he would quickly have the gift of a grave.
> (I.3.27-30)

She plays on two senses of the word *gift*: *talent* and *donation*, the second one being moreover ironical, since a grave can hardly be regarded as something to be grateful for. The joke is emphasized by the *g* alliteration (*gift-gust-grave*), a device cultivated in Elizabethan prose as well as in verse. Cf. the *paronomasias* characteristic of Euphuism, referred to in the chapter on verse. Incidentally *but that he hath* means *if he had not*.

Thus Sir Toby plays on the adjective *dear* (*friendly* and *expensive*, III.2.51), Feste on *double-dealing* (V.1.25). But Feste is not the only "corrupter of words" in the play. It is a play indeed, and even Viola plays on words like the rest when for instance she answers Sir Toby's "taste your legs, sir", by:

> My legs do better understand me, sir, than I understand what you mean by bidding me taste my legs.
> (III.1.78-9)

In the first occurrence *understand* means *stand under*. The wordplay here is all the more conspicuous as it takes part in a commentary upon language itself. Viola-Cesario is, or pretends to be, baffled by Sir Toby's strained metaphor. Then she outwits her interlocutor by playing on *gait* and *gate* (81).

This linguistic and stylistic self-consciousness is indeed a striking feature in *Twelfth Night*. Even Sir Andrew, from whom no one expects much proficiency in such matters, uses the word *metaphor*. "What's your metaphor?" he asks (I.3.67-8). Actually, as the uneducated blockhead that he is, he uses the word *metaphor* as something alien to his own practice, regarding it as a riddle contrived by wisecrackers to puzzle plain-minded people. He is not quite wrong. Some of the jokes seem indeed to challenge the ingenuity of the people to whom they are destined, including the public, especially nowadays. For instance the long-winded exchange of cues between Maria and Feste about hanging and fearing no colours has never been satisfactorily explained. There may be a pun on *collars* and *colours:* a man who has been hanged can fear no collars any more (halters).

The joke seems strained and uninteresting, but one cannot be certain always to understand these quibbles. Words are not just corrupted, or played upon or strained, they are distorted sometimes. As in several other comedies by Shakespeare the text contains MALAPROPISMS. The term itself is somewhat anachronistic. It dates from Sheridan's *The Rivals*, written in

1775, in which a lady, appropriately named Mrs Malaprop, mistakes words. But this farcical device was known long before Sheridan. Thus we find *substractors* for *detractors* (I.3.31), *incardinate* for *incarnate* (V.1.176). Sir Toby pretends to hear *lechery* instead of *lethargy* (I.5.120). More subtly Malvolio's pedantic terminology verges on malapropism: for instance *formal capacity* for *normal intelligence* (II.5.112), *obstruction* for *inconsistency* (113), *probation* for *examination*, *simulation* instead of *disguising*.

The distortion of words does not always assume those burlesque or parodic forms. Fundamentally style itself consists in shaping or reshaping the language into an idiosyncratic or artistic medium. Shakespeare does not create a new idiom but in his hands the English language undergoes many transformations. The vocabulary and the syntax are not changed, but they reveal shades and depths of significance unusual or unknown before and after him. Like every poet he uses TROPES, that is to say devices based on substitution, essentially METAPHORS and METONYMIES.

Roughly speaking, they consist in using a word instead of another, or rather, to use a word in such a way that it retains its basic sense while acquiring a new one: to the literal meaning a figurative one is added. In metaphors, the substitution is founded on similitude, whereas in metonymies the substitution is operated through some association. Metaphors will be studied in the next chapter, because they take an important part in the imagery of the play.

Metonymies are very numerous, and without actually setting riddles to the audience, they contribute to the brilliant denseness of the text. They exemplify the combination of wit and poetry that characterizes Elizabethan writing at its best.

Here is an example, quite typical of what a metonymy is, and also of the play's concern with style itself. Sir Toby says to Sir Andrew:

> Taunt him with the licence of ink.
>
> (III.2.41)

Ink is the material with which people write. Thus there is an association between ink and writing. This association is the channel conveying the metonymical process. Sir Toby means that in writing, one feels more free to express one's purpose – especially in the case of an insulting challenge – than when speaking to someone. Of course he mischievously insinuates that Sir Andrew is too cowardly to provoke his adversary by word of mouth. Thence the amusing designation of *ink* as a means of expressing oneself freely, or as a substance endowed with liberty. Other examples:

> The element itself [...]
>
> (I.1.25)

The element means the sky, because the sky is made of air, and air is one of the four elements. The metonymy substitutes the general for the particular and also the substance for the thing. This usage of the word *element* constitutes a very elementary metonymy indeed.

> [...] thy constellation [...]
>
> (I.4.35)

= thy character, because originating in the conjunction of the stars at birth. The cause is substituted for the consequence.

> cf.   [...] In my stars I am above thee, [...]
> (II.5.134-5)

my stars = my social situation, my fortune, allotted by the stars. There may be a kind of pun too, because indeed the stars hang far above the earth.

> And let your fervour like my master's be
> Placed in contempt. Farewell, fair cruelty.
> (I.5.277-8)

contempt = a contemptuous person, someone who will look down upon you.
cruelty = cruel lady.
The abstract quality is substituted for the person characterized with it.

> cf.   [...] yon same sovereign cruelty.
> (II.4.79)

> [...] a mind that envy could not but call fair. [...]
> (II-1-26)

envy = envious people.

> [...] 'tis not for gravity to play at cherry-pit
> with Satan.
> (III.4.111-2)

gravity = grave people.

> That very envy and the tongue of loss
> (V.1.52)

= that even the most envious people and the voices of those who had lost something in the battle...

> A contagious breath.
> (II.3.52)

= a catchy tune, because singing, like speaking, consists in breathing out air from the lungs.
There is also a double-entendre, since the phrase could unpleasantly be used about a sick person.

> [...] a common recreation [...]
> (II.3.127)

= a laughing-stock, someone who provides collective amusement by being ridiculous. Another cause-and-effect metonymy.

> [...] an affectioned ass that cons state without book [...]
> (II.3.137-8)

state = pompous language, because used by statesmen, diplomatists, magistrates, etc.

> [...] some favour that it loves.
> (II.4.23)

favour = face, because someone's face is what obtains someone else's favour.

> [...] there's expenses for thee.
> (III.1.42)

expenses = money, means to make expenses.

> [...] to wear iron [...]
> (III.4.243)

> [...] put up your iron [...]
> (IV.1.38)

iron = sword, the material for the thing.

> [...] the most noble bottom of our fleet
> (V.1.51)

The bottom is the hull or keel of the ship, and here it just means *the ship*. This kind of metonymy, which consists in substituting the part for the whole, is also called SYNECDOCHE.

The substitutive process that characterizes tropes is sometimes extended to syntax. Thus a HYPALLAGE is a device that consists in transferring an adjective from one noun to another, that is, from the place that seems normal in the routine of language to another, creating an apparent illogicality. Ex.:

> A brother's dead love [...]
> (I.1.30)

It would have been more traditional to say "A dead brother's love", especially as Olivia's love for her brother is not dead. But the hypallage results in making the mood inherent in the adjective permeate the whole phrase.

> [...] the book even of my secret soul.
> (I.4.14)

It would be absurd to rationalize the meaning and translate the sentence into "the secret book of my soul", but the phrase does convey the feeling that both the book and the soul are secret. The book is a metaphor meaning the stored and registered secrecies of the interior being.

> [...] the constant image of the creature
> That is beloved. [...]
> (II.4.18-9)

Here the hypallage is slightly different from the other examples. The phrase means that the lover is constant in keeping the image of the creature. The expression is condensed, as often happens in Shakespeare, which makes his text sometimes difficult to grasp.

BRACHYLOGIES and ELLIPSES are accordingly frequent, a brachylogy (etymologically a shortened phrase) being an abrupt, truncated way of expressing an idea. Ex.:

> Till I had made mine own occasion mellow,
> What my estate is.
> (I.2.40-1)

If *mellow* is an adjective, as indicated by the comma (not present in the text printed in 1623), not a verb, the sentence is drastically condensed. It means: till I bring my situation to maturity, *so that I can reveal* what my estate is. The words written here in italics are implicit.

> [...] jealousy what might befall your travel,
> Being skilless in these parts, [...]
> (III.3.8-9)

Here the terseness and boldness of the syntax verge on ANACOLUTHON, a construction lacking sequence. The word *jealousy* here means *fear, apprehension* and a preposition must be mentally supplied. The present participle *Being* refers to the pronoun *you*, which is only adumbrated in the possessive *your*. The sentence means: apprehension *about* what might happen to you in your wanderings, as you have no knowledge of this country.

> [...] desperate of shame and state,
> (V.1.58)

= driven by despair to neglect of what might happen to his honour and to his estate (as a free man).

> Nor can there be that deity in my nature
> Of here and everywhere. [...]
> (V.1.221-2)

= There is no godlike quality in my nature conferring on me the gift of ubiquity.

HENDIADYS is another of those figures of speech that blur the rationality of syntax. It consists in just using the conjunction *and* in order to join two notions between which there is a certain relationship. Besides the two notions are reduced to the same status, as two adjectives, two nouns, or two verbs, whereas they could have been expressed in a more organic way, one term being subordinated to the other. This confirms the peculiar quality of the style in *Twelfth Night* which if not positively cryptic, imposes some sort of guesswork on the audience:

> [...] thy fair and outward character.
> (I.2.48)

= the fairness of thy exterior appearance.

> [...] this accident and flood of fortune
> (IV.3.11)

= this accidental flood, i.e. this unexpected overflow of happiness that fortune has brought me.

> [...] with wit and safety.
> (V.1.204)

= with reasonable care for my own safety.

> [...] by pangs of death and sepulchre [...]
> (III.4.231-2)

Here the style is burlesque and *thrasonical*, parodying the *rant* of a theatrical braggart. The adjective comes from Thraso, the name of a swashbuckler in Terence's *Eunuch*. Rant is the name given to bombastic declamation. In the same passage Sir Toby, who proves a cunning stylist, creates a funny effect thanks to an unusual construction, which can be called HYPERBATON:

> [...] Souls and bodies hath he divorced three, [...]
> (III.4.229)

The style in *Twelfth Night* is not consistently parodic, of course, but the high degree of sophistication that it attains makes the text sometimes sound like an exercise in the arts of language.

Thus the OXYMORONS are vividly striking. An oxymoron is a combination of contradictory concepts. Ex.:

> [...] deadly life,
> (I.5.254)

> [...] sweet pangs [...]
> (II.4.15)

These paradoxes are associated with the Petrarchan rhetoric of love and with the idea that being in love causes a painful pleasure, or a pleasurable pain. The truth of feelings is by nature illogical.

> [...] dear venom [...]
> (III.2.2)

As usual Sir Toby plays with words flippantly and chaffingly. The phrase is used as an ironical term of endearment.

> [...] this most happy wreck.
> (V.1.260)

This oxymoron summarizes the whole comedy and the spirit of Shakespearian comedy in general, as it even looks forward to *The Tempest*. A tragic beginning leads to a happy ending, engineered by Providence.

If the style in *Twelfth Night* is often characterized by elusive crispness and playful whimsicality, there is also a certain amount of traditional RHETORIC in the play, including devices associated with persuasive eloquence. For instance there are several instances of duplication and redundancies, typical of English eloquence, in which a same notion is sometimes expressed twice, as in:

> [...] fell and cruel [...]
> (I.1.21)

> [...] supplied, and filled
> (I.1.37)

in which a word of Latin origin is often – but not always – coupled with a word of native stock.

> Unstaid and skittish [...]
> (II.4.17)

> [...] giddy and unfirm,
> (II.4.32)

> [...] free and clear from
> (III.4.220)

> [...] fame and honour [...]
> (V.1.53)

> [...] on base and ground enough
> (V.1.69)

> [...] racked and tortured [...]
> (V.1.212)

> [...] soft and tender [...]
> (V.1.314)

Another form of stylistic symmetry is found in the usage of the figure called CHIASMUS:

> For shallow draught and bulk unprizable,
> (V.1.49)

The possibility of putting the adjective after a noun in Shakespearian English enables the chiastic construction of the phrase:

adjective – noun – noun – adjective

These architectures, together with the devices founded on repetition and parallelism are classed under the heading of PATTERNED SPEECH.

As has been noticed in the paragraph on verse, the heroic couplets sometimes contain APHORISMS. This kind of style can be called GNOMIC, when it expresses some sort of wisdom in well-balanced, sententious formulas. Ex.:

> Love-thoughts lie rich when canopied with bowers.
> (I.1.40)
>
> Love sought is good, but given unsought, is better.
> (III.1.154)
>
> For youth is bought more oft than begged or borrowed.
> (III.4.3)

Antonio moralizes on what he believes to be Sebastian's ingratitude in a succession of solemn axioms:

> In nature there's no blemish but the mind.
> None can be called deformed but the unkind.
> Virtue is beauty, but the beauteous evil
> Are empty trunks o'er-flourished by the devil.
> (III.4.358-61)

The ponderous solemnity of these maxims is enhanced by the parallel constructions, the POLYPTOTON which consists in using two words of the same family in the same sentence, *beauty* and *beauteous*, the *Virtue-evil* ANTITHESIS, the "beauteous evil" oxymoron, and the image at the end, which seems to have puzzled the Oxford editors. The word *trunk* is certainly taken in the sense of a tree-stem. The trunk is sapless and rotten, and *o'er-flourished* simply means *adorned with flowers*. The flowers are fake and dangerously alluring. The dual reference to vegetation and religion is typical of Shakespeare's imagery.

3. Imagery

The word IMAGERY covers all the means of expression founded on IMAGES, that is to say on sensorial or pictorial representation of ideas. Imagery belongs to the study of style in that it uses repertoried devices such as SIMILES and METAPHORS, but its scope extends beyond style, or at any rate beyond a narrow conception of style, limited to the unusual, original, idiosyncratic, etc. ways of handling language.

Imagery expresses the poet's vision of the world, including his visionary insight. By establishing similitudes and correspondences between things and between their media of perception, connecting all the data of experience, the imagery present in a text constitutes a sort of exterior and interior landscape, added to the decor of the play.

A simile is another word for a *comparison*. Some specialists reserve the term *simile* for a fully developed, spun-out comparison. Anyway the word *comparison* belongs to ordinary language and can be used in various circumstances, whereas the word *simile* belongs to literary terminology. Ex.:

> For women are as roses [...]
>
> (II.4.37)

The words *like* or *as* are normally used, but sometimes a mere equation, in which the two elements are linked by the verb *to be*, performs the same office:

> [...] beauty's a flower [...]
>
> (I.5.47)

What is called an EPIC SIMILE is a long parallel in which not only a thing is compared to another one, but a whole process to another one, so that a picture is conjured up, or an action, needing verbs. The so-called Actaeon simile provides a well-known example:

> That instant was I turned into a hart,
> And my desires, like fell and cruel hounds,
> E'er since pursue me.
>
> (I.1.20-2)

On the contrary a metaphor, sometimes called a condensed comparison, never uses *like* or *as*, and does not confront the two terms of the comparison. The comparer is substituted for the compared, or, to use I.A. Richards's terminology, the *vehicle* for the *tenor*. Ex.:

> [...] when wit and youth is come to harvest
> Your wife is like to reap a proper man.
>
> (III.1.130-1)

Maturity is compared to harvest-time in the country. So *harvest*, the comparer or the vehicle of the metaphor – as a matter of fact the word actually used – is substituted for the tenor, that is to say the fundamental significance of the concept, *maturity*. This is an interesting example, because it justifies the word *image*, showing how a pictorial representation can take the place of an abstract notion. Moreover it shows that a metaphor is always a condensed comparison, even when it is spun out, as here, since the verb *reap* follows up the idea.

Yet one should not insist too much on the device of substitution. The reader or hearer of poetry is not invited to translate the text into abstract language, and to return mentally to a previous state. The vision of the harvest and the idea of maturity are perceived simultaneously. Incidentally the phrase combines metaphor and metonymy. The implicit comparison between a young man and an expected crop is metaphorical. The cause-and-effect relationship between *ripeness* and *harvest* is metonymical.

There are several ways of studying the imagery of a play. The method expounded by Caroline Spurgeon in her pioneer work *Shakespeare's Imagery and What It Tells Us* is still valid. It consists in classifying the images of the text according to the various fields of experience and perception to which they refer. C. Spurgeon was mostly interested in exploring the poet's imagination and sensibility. She did not take the stylistic form into account, but it is always possible to analyze the form as well as the substance of an image.

Fundamentally imagery consists in giving a vividly physical clothing to abstract or psychological notions. It is often founded on SYNAESTHESIA, that is to say the relating together and the deliberate confusion, as in Baudelaire's sonnet *Correspondances*. As usual in *Twelfth Night* the principle is sometimes exploited humorously, as in Sir Toby's "I smell a device." (II.3.151) but most often it belongs to the genuinely poetic texture of the play, in which moral or intellectual notions are expressed in physical terms, involving the body, its motions, its health or diseases, etc.

Thus wickedness is called "pollution" (I.2.46), love is a plague quickly caught (I.5.285).

> His very genius hath taken the infection of the device

Sir Toby says (III.4.124-5). The trick played upon Malvolio is compared to a runner tiring himself "out of breath" (III.4.133).

Orsino, advising Viola-Cesario to ignore the laws of civility, says:

> [...] leap all civil bounds,
> (I.4.21)

giving a physical picture of the transgression. This is a way of rejuvenating the idea contained in the word *transgression*, which originally means the action of trespassing. But the image is now lost.

Olivia feels Cesario's perfections "creep in" at her ears (I.5.286).

Fabian says to his accomplices:

> [...] patience, or we break the sinews of our plot.
> (II.5.71)

Sir Toby asks Maria:

> Wilt thou set thy foot o' my neck?
> (II.5.177)

meaning "Will you marry me?"

When Viola denies being Olivia's husband, the angry Countess exclaims

> Alas, it is the baseness of thy fear
> That makes thee strangle thy propriety.
> (V.1.142-3)

meaning "deny your identity", as indicated in the Arden footnote. Perhaps the verb *strangle*, a rather bold metaphor if it expresses denial, is based on a precisely physical syndrome: fear provokes a tightening of the throat and consequently an impossibility of confession. In the same scene Orsino addresses similar reproaches to Viola-Cesario and says:

> Or will not else thy craft so quickly grow
> That thine own trip shall be thine overthrow?
> (V.1.162-3)

The word *trip* is probably taken in several senses: a nimble way of walking, a fault, a trick used by a wrestler to overthrow his opponent. The idea, often developed on the Elizabethan stage, is that crafty people are sometimes caught in their own traps, or the victims of their own mischievousness.

The phrase "cohere and jump" (V.1.246) combines an abstract term and a metaphorical one to express the same idea.

The physical imagery of the text protects the language from the dangers of sentimentality. This appears with particular vividness in the recurrence of images based on food and appetite. The famous first lines sound quite striking in this respect:

> If music be the food of love, play on,
> Give me excess of it, that surfeiting,
> The appetite may sicken, and so die.
> (I.1.1-3)

The verb *sicken* assumes a double sense: to become ill, thence to be near death; to have a nausea following surfeiting (*i.e.* indigestion caused by excess). The same duality is probably present in Olivia's retort to Malvolio:

> [...] you are sick of self-love, Malvolio, and taste with a distempered appetite.
> (I.5.85-6)

The elaborate, spun-out metaphor by which Orsino describes women in love, uses the same semantic field, giving a materialistic vision of erotic desires:

> Alas, their love may be called appetite,
> No motion of the liver, but the palate,
> That suffer surfeit, cloyment, and revolt.
> (II.4.96-8)

Incidentally most editors adopt Rowe's emendation: *suffers* instead of *suffer*. The liver – a less noble organ than the heart – was regarded as the seat of passions. There is dramatic irony in the text, since Orsino attributes to women the very symptoms that he diagnosed in himself at the beginning of the play. Combining two images, the metaphor *hungry*, continued by *digest*, and the simile *as the sea*, he hyperbolically describes his own desires as inexhaustible:

> But mine is all as hungry as the sea,
> And can digest as much [...]
> (II.4.99-100)

"What relish is in this?" Sebastian wonders (IV.1.58). Combining music and food in the same cluster of images as in the first lines of the play, Olivia says to Orsino that she cannot suffer his sempiternal wooing:

> If it be aught of the old tune, my lord,
> It is as fat and fulsome to mine ear
> As howling after music.
> (V.1.103-5)

The alliterative phrase "fat and fulsome" contains a remarkable effect of synaesthesia. There is also an element of wit in the cue, and sarcastic wit at that, owing to the clever ingenuity of the construction. Perhaps it can be regarded as an example of *discordia concors*, a strained though felicitous image.

Some food images sound more specifically jocular, those which are used in the farcical episodes of the play. Thus Fabian comments on Maria's plot:

> What a dish o' poison has she dressed him!
> (II.5.108)

The trick works upon Malvolio "Like aqua vitae with a midwife." (II.5.186) and Sir Andrew puts "vinegar and pepper" in his challenge (III.4.139).

The numerous images referring to animals belong oftener to the prose passages than to those written in verse, which means that they illustrate the farcical part of the comedy more than the romantic one. Many of them smack of proverbial lore, they give a countryside background to the play. Most often human beings are compared to animals, which of course makes them ridiculous, or less respectable than they wish to appear. To reveal the animal nature of humanity exposes the instinctive aspects of behaviour. Besides animals are supposed to embody stereotyped characters, so that the correspondences between the animal kingdom and mankind result in limiting our capacity for liberty and will power. Animals are programmed by their nature to follow the same course of action. Innumerable catchphrases refer to their stupidity.

Many jokes, belonging to this semantic field, are aimed at Malvolio and sound all the more sarcastic as their victim poses as a man superior to others and possessing a great amount of self-control. Yet he is gulled, that is to say duped, by a "gull-catcher" (II.5.176). So Malvolio is called "an affectioned ass" (II.3.137), a "sheep-biter" (II.5.5), a "trout that must be caught with tickling" (II.5.19-20). "Contemplation makes a rare turkey cock of him" (II.5.28-9), "Now is the woodcock near the gin." (II.5.79) He is called a "brock" (a badger, II.5.99) and a "staniel" (a kestrel, II.5.109). Then he is compared to a hound on a false scent. "he is now at a cold scent." (II.5.116), "though it be as rank as a fox" (II.5.117-8). "The cur is excellent at faults" (II.5.120-1). He is advised by the false letter to cast his "humble slough" (II.5.139).

Malvolio is not the only victim of this detractive vocabulary. Sir Andrew is finally dismissed as "an ass-head, and a coxcomb [...] a gull" (V.1.199-200) and Cesario is called "dissembling cub" (V.1.160). Olivia herself is treated by Orsino somewhat disrespectfully:

> I'll sacrifice the lamb that I do love
> To spite a raven's heart within a dove.
> (V.1.126-7)

The lamb is Cesario, and Olivia has the appearance of a dove, but a raven's heart behind it.

As usual in Shakespeare, the text shows a great familiarity with animals, either wild or domestic, so that they are used to express a great variety of notions in the figurative language of the play. Thus Orsino, after comparing his desires to hounds, says about Olivia:

> How will she love when the rich golden shaft
> Hath killed the flock of all affections else
> That live in her [...]
> (I.1.34-6)

A flock of feelings live in her, about to be killed by Cupid's arrow, to make room for the exclusive passion of love.

Malice has fangs (I.5.175). Maria's purpose is "a horse of that colour." (II.3.156) intending to make Malvolio "an ass". "She's a beagle true bred" (II.3.167).

Olivia, being a prey to her amorous desires – like Orsino – compares herself to a bear baited by unmuzzled dogs. The image is not very different from Orsino's hunted hart simile.

> Have you not set mine honour at the stake
> And baited it with all th'unmuzzled thoughts
> That tyrannous heart can think? [...]
>
> (III.1.116-8)

Yet her predicament is more grievous than Orsino's because as she is a woman – supposed by the canons of feminine behaviour not to yield easily to love and not to take the first steps – her honour is at stake (and at the stake!), not only her inward tranquillity. Thus the bear-baiting image contains a nuance of public shame and humiliation that Orsino's hunted hart image did not contain.

Like this one, all the images in the play are admirably appropriate and add a touch of folk-loric picturesqueness to the text. Viola compares the Fool to a haggard (*i.e.* a hawk) which "checks at every feather / That comes before his eye." (III.1.63-4)

The bestiary of the play includes a lion and a wolf (III.1.127), a dormouse, as a symbol of sleepy cowardliness (III.2.17), a wren (III.2.62), nightingales and daws (III.4.33), a hare (III.4.377), and a mythical beast, the cockatrice, or basilisk (III.4.189).

Vegetation provides a certain number of images too, most of them of a proverbial character, in harmony with sententious rhetoric. Some examples have been quoted already. Most often the emphasis is laid on the frailty and transientness of beauty, symbolized by the standard topic of the rose.

> For women are as roses, whose fair flower
> Being once displayed doth fall that very hour.
>
> (II.4.37-8)

Care and grief, especially when caused by desperate love, are compared, as is traditional, to worms eating buds.

> [...] She never told her love,
> But let concealment, like a worm i'th' bud,
> Feed on her damask cheek. [...]
>
> (II.4.110-2)

Viola as Cesario is compared to an apple:

> as a squash is before 'tis a peascod, or a codling
> when 'tis almost an apple.
>
> (I.5.151-2)

As in the passage about the harvest in the making, the image here exalts the moment of youth in between adolescence and maturity.

At the end of the play, Viola and Sebastian look like the two halves of an apple cleft in two (V.1.217).

Nature is not limited to gardens, and the imagery in *Twelfth Night* extends to a large and even cosmic scope, including the earth and the sea, the seasons of the year, the sky and the stars, the wind and the rain, as in Feste's final song. The apparently diminutive dukedom of Illyria and the cosily domestic environment in which many scenes are enacted insert the play within a scenery of limited dimensions, but the cosmic framework present in the imagery shows through and extends its scope considerably. Besides the sea is physically and imaginatively present as an unlimited space and a tragic agency, causing wrecks and battles, full of pirates and dangers. It is mentioned as early as I.1.11 ("Receiveth as the sea") in an image continued later ("But mine is all as hungry as the sea", II.4.99). Then in the second scene, the vast and hungry sea is seen or heard, when Viola and a few sailors are washed upon the shore of Illyria after escaping a wreck. There is a subtle correspondence between Viola lamenting over her supposedly drowned brother and Olivia shedding "eye-offending brine" (I.1.29), that is to say sea-water, in remembrance of her own dead brother.

Sebastian, miraculously saved from drowning, uses watery images. "How runs the stream?" (IV.1.58) he asks, before rejoicing in the "flood of fortune" that befalls him (IV.3.11).

The sea images, like the cosmic images in general, can merge into the jocular mood of the play, as in this short dialogue in which Viola-Cesario is compared to a sailor:

> Maria   Will you hoist sail, sir? Here lies the way.
> Viola   No, good swabber, I am to hull here a little longer.
> (I.5.194-5)

Fabian, in an elaborate tirade full of *mixed metaphors* – *i.e.* metaphors incongruously combining elements taken from diverse semantic fields – says to Sir Toby:

> [...] you are now sailed into the north of my lady's opinion, where you will hang like an icicle on a Dutchman's beard [...]
> (III.2.23-5)

He advises Sir Toby to "keep o'th' windy side of the law" (III.4.159).

Feste's burlesque simile about foolery which "does walk about the orb like the sun" (III.1.37) also belongs to the cosmic imagery of the play. More seriously Viola swears that she will keep her promises:

> [...] as true in soul
> As doth that orbed continent the fire
> That severs day from night.
> (V.1.264-6)

In an equally magniloquent, yet more conventional language, Viola said that Orsino loved Olivia:

> With groans that thunder love, with sighs of fire.
> (I.5.245)

Fire is a traditional metaphor for love, as in the phrase "my master's flame" (I.5.253). And also for violence:

> [...] to put fire in your heart [...]
> (III.2.18)

The amusing metaphor

> [...] excellent jests, fire-new from the mint [...]
> (III.2.20)

combines the element of fire with a reference to human handicraft.

Other images concerning metals or minerals have sometimes a merely proverbial origin: "no more brain than a stone" (I.5.80), "heart of flint" (I.5.276), "heart of stone" (III.4.194), "marble-breasted tyrant" (V.1.120).

But some are more original and elaborate, especially when they imply craftsmanship. The waxen hearts on which seducers set their forms have been commented (II.2.30).

> [...] My desire,
> More sharp than filed steel, did spur me forth,
> (III.3.4-5)

says Antonio.

Precious metals and minerals, richness and treasures, symbolize as usually in Shakespeare, objects and achievements of supreme value. Cupid's arrow is a "rich golden shaft" (I.1.34), Olivia's beauty is a "miracle and queen of gems" (II.4.84), Sir Toby calls Maria "my metal of India" (II.5.11), Malvolio, quoting Olivia, says to Sir Toby, "you waste the treasure of your time with a foolish knight" (II.5.72-3). Fabian, in one of his strained conceits, says:

> the double gilt of this opportunity you let time wash off,
> (III.2.22-3)

cf. "golden service" (IV.3.8) and "golden time" (V.1.372).

As has been shown by some examples, metals are associated with human work. The images sometimes refer to professional activities and man-made objects. Poetry in these cases is an art referring to other arts.

Sir Toby's drunken brain turns "like a parish top." (I.3.38) Orsino unclasps the book of his secret soul (I.4.14). Olivia blames Malvolio for not taking "those things for birdbolts" that he deems "cannon bullets" (I.5.88). Viola stands at the door "like a sheriff's post" (I.5.142). She finds herself in too hard a knot for her to untie (II.2.41). Sometimes "affection cannot hold the bent" (II.4.36), Orsino says, the image being taken from archery.

Viola comes "to whet" Olivia's gentle thoughts on Orsino's behalf (III.1.103). Olivia asks Cesario to "fetter" reason (III.1.153). Orsino ingeniously compares his page to a sort of nail-wrench:

> [...] I partly know the instrument
> That screws me from my true place in your favours,
> (V.1.118-9)

The human body is sometimes compared to a royal palace, with love as sovereign.

> [...] when liver, brain and heart,
> These sovereign thrones, are all supplied, and filled
> Her own perfections with one self king!
> (I.1.36-8)

Viola uses a metaphorical periphrasis to describe the heart:

> [...] the seat
> Where love is throned.
>
> (II.4.20-1)

There are several references to clothes, houses and furniture, sometimes symbolic of dissimulation and deceit, as is frequent in Shakespeare. Thus Viola compares the human body to a house, and the soul to its inhabitant, a standard image.

> [...] nature with a beautiful wall
> Doth oft close in pollution [...]
>
> (I.2.45-6)

The image combines a metaphor and a metonymy (or a synecdoche) since *wall* stands for house-front.

A wife is compared to a garment worn by her husband in such a way that she also wears:

> [...] so wears she to him;
>
> (II.4.29)

Feste describes the subversion of language by wordplay in a famous simile:

> [...] A sentence is but a chev'rel glove to a good wit,
> how quickly the wrong side may be turned outward.
>
> (III.1.11-3)

He says that "sin that amends is but patched with virtue." (I.5.44) The same image is present in a rather mixed metaphor used by Olivia:

> [...] how many fruitless pranks
> This ruffian hath botched [...]
>
> (IV.1.53-4)

Feste says, in answer to Orsino's question whether he and his companions "belong" to Olivia:

> Ay sir, we are some of her trappings.
>
> (V.1.8)

humbly acknowledging his servile state.

Shakespeare's imagination is not entirely occupied by his minute attention to details of daily life and technicalities. Religion and mythology are also included in the play's inward texture. There are a few references to mythology, Arion (I.2.14), Penthesilea, supposedly ironical (II.3.165), Jove (II.5.162), the Tartar (II.5.195), Lethe (IV.1.60), and to the Bible, Jezebel (II.5.38) incongruously applied to Malvolio, Noah (III.2.15), the plagues of Egypt (IV.2.44). But most often the language of religious and especially Christian devotion is deviated from its orthodoxical usage and applied to the practice of love as a kind of mystical worship and strict ritual.

Thus in the dialogue that takes place between Viola and Olivia, in I.5., from line 208 to 219, the vocabulary is essentially religious. Viola expounds the holy text of Orsino's devotion, which Olivia condemns as heresy.

Antonio's love for Sebastian is expressed in a similar language:

> Relieved him with such sanctity of love,
> And to his image, which methought did promise
> Most venerable worth, did I devotion.
> (III.4.352-4)

Bitterly disappointed by what he takes for treason, he exclaims, as if the god himself has turned renegade,

> But O, how vile an idol proves this god!
> (III.4.356)

Orsino takes up the same theme, blending Christianity with paganism:

> [...] You uncivil lady,
> To whose ingrate and unauspicious altars
> My soul the faithfull'st off'rings hath breathed out
> That e'er devotion tendered [...]
> (V.1.108-11)

Owing to the situations, comically founded on misunderstandings, and to the parodic exaggeration of the style, these passages contain a touch of humour and irony.

On the contrary the theme of music, always essential in Shakespeare, deserves to be taken seriously, even when treated with playful exhilaration. Viola's voice is an instrument of music:

> [...] Thy small pipe
> Is as the maiden's organ, shrill and sound,
> (I.4.32-3)

To Orsino saying to him that his bounty may awake, Feste answers:

> Marry, sir, lullaby to your bounty till I come again.
> (V.1.40)

But the most Shakespearian of all the references to music is uttered by Olivia when she first sends hints to Cesario as to what she expects:

> But would you undertake another suit,
> I had rather hear you to solicit that
> Than music from the spheres.
> (III.1.106-8)

As in *The Merchant of Venice* (V.1.54-88) or in *Pericles* (V.1.225-32), the music of the spheres, a myth dating from antiquity and symbolising the harmony of the universe, is supposed to be heard in a state of ecstatic bliss.

But in this respect the poetry of the text is also embodied in the festive and exhilarating spectacle offered to the public. If this spectacle is performed on the night of the Epiphany, there is an epiphany of music in it too, from the beginning to the end. Music is the food of love and the substance of pleasure.

A CATALOGVE

of the seuerall Comedies, Histories, and Tragedies contained in this Volume.

COMEDIES.

The Tempest.	Folio 1.
The two Gentlemen of Verona.	20
The Merry Wiues of Windsor.	38
Measure for Measure.	61
The Comedy of Errours.	85
Much adoo about Nothing.	101
Loues Labour lost.	122
Midsommer Nights Dreame.	145
The Merchant of Venice.	163
As you Like it.	185
The Taming of the Shrew.	208
All is well, that Ends well.	230
Twelfe-Night, or what you will.	255
The Winters Tale.	304

HISTORIES.

The Life and Death of King Iohn.	Fol. 1.
The Life & death of Richard the second.	23
The First part of King Henry the fourth.	46
The Second part of K. Henry the fourth.	74
The Life of King Henry the Fift.	69
The First part of King Henry the Sixt.	96
The Second part of King Hen. the Sixt.	120
The Third part of King Henry the Sixt.	147
The Life & Death of Richard the Third.	173
The Life of King Henry the Eight.	205

TRAGEDIES.

The Tragedy of Coriolanus.	Fol. i.
Titus Andronicus.	31
Romeo and Juliet.	53
Timon of Athens.	80
The Life and death of Iulius Cæsar.	109
The Tragedy of Macbeth.	131
The Tragedy of Hamlet.	152
King Lear.	283
Othello, the Moore of Venice.	310
Anthony and Cleopater.	346
Cymbeline King of Britaine.	369

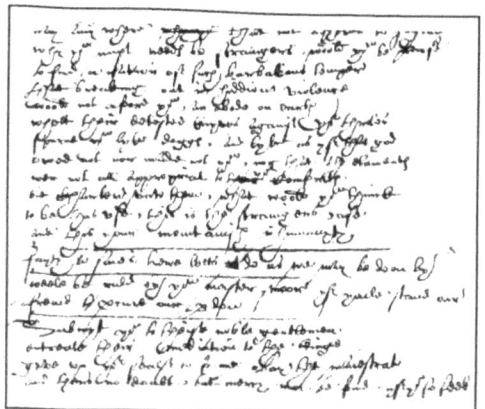

Bibliographie sélective
Henri Suhamy

Cette bibliographie est plus que sélective, elle est restrictive, car destinée à des étudiants qui préparent un concours en quelques mois ; elle ne pourrait avoir qu'un effet démoralisant sur eux si elle visait à un semblant d'exhaustivité. D'autre part, le lecteur pourra également se reporter aux chapitres qui précèdent, et auxquels les auteurs ont joint, à la fin, des références bibliographiques. On trouvera donc ici une liste assez courte d'ouvrages et d'articles dont la lecture est recommandée, quand l'occasion se présente de pouvoir les consulter.

I. Ouvrages généraux sur Shakespeare

- Fluchère Henri, *Shakespeare dramaturge élisabéthain,* Paris: Gallimard, 1966.
- Halliday F. E., *A Shakespeare Companion,* Harmondsworth: Penguin, 1964.
- Jones-Davies Marie-Thérèse, *Shakespeare, le théâtre du monde,* Paris: Balland, 1987.
- Laroque François, *Shakespeare et la fête,* Paris: P.U.F., 1988.
  Shakespeare comme il vous plaira, Paris: Gallimard, « Decouvertes », 1991.
- Wells Stanley (ed.), *The Cambridge Companion to Shakespeare Studies,* Cambridge: C.U.P., 1986.

II. Ouvrages sur les comédies de Shakespeare

- Barber C. L., *Shakespeare's Festive Comedy: A Study of Dramatic Form and Its Relation to Social Custom,* Princeton, 1959.
- Berry Ralph, *Shakespeare's Comedies, Explorations in Form,* Princeton, 1972.
- Bradbrook Muriel, *The Growth and Structure of Elizabethan Comedy,* London: Chatto and Windus, 1955.
- Bradbury Malcolm & Palmer David (eds.), *Shakespearian Comedy,* London: Stratford-upon-Avon Studies, 1970.
- Brown John Russell, *Shakespeare and his Comedies,* London: Methuen, 1962.
- Carroll William C., *The Metamorphoses of Shakespearian Comedy,* Princeton, 1985.
- Charlton H. B., *Shakespearian Comedy,* London: Methuen, 1969.
- Evans Bertrand, *Shakespeare's Comedies,* Oxford: O.U.P., 1960.

- Heilman Robert B., *The Ways of the World: Comedy and Society*, Washington, 1978.
- Leggatt Alexander, *Shakespeare's Comedy of Love*, London, 1974.
- Muir Kenneth, *Shakespeare's Comic Sequence*, Liverpool, 1979.
- Palmer John, *Comic Characters in Shakespeare*, London: Macmillan, 1946.
- Salingar Leo, *Shakespeare and the Traditions of Comedy*, Cambridge: C.U.P., 1974.
- Wilson John Dover, *Shakespeare's Happy Comedies*, London: Faber and Faber, 1962.

III. Ouvrages et articles sur *Twelfth Night*

- Berry Ralph, "*Twelfth Night:* The Experience of the Audience", *Shakespeare Survey* 34, 1981.
- Eagleton Terence, "Language and Reality in *Twelfth Night*", *Critical Quarterly* 10, 1968.
- Hollander John, "*Twelfth Night* and the Morality of Indulgence", *Sewanee Review* 67, 1959.
- Hotson Leslie, *The First Night of* Twelfth Night, London, 1954.
- Jenkins Harold, "Shakespeare's *Twelfth Night*", *Rice Institute Pamphlet* 45, 1959.
- Leech Clifford, Twelfth Night *and Shakespearian Comedy*, Toronto, 1965.
- Palmer D. J., "Art and Nature in *Twelfth Night*", *Critical Quarterly* 9, 1967.
- Potter Lois, "*Twelfth Night*", London: Text and Performance series, 1983.
- Salingar Leo, "The Design of *Twelfth Night*", *Shakespeare Quarterly* 9, 1958.
- Summers Joseph H., "The Masks of *Twelfth Night*", *University of Kansas City Review* 22, 1955.
- Taylor Michael, "*Twelfth Night* and What You Will", *Critical Quarterly* 16, 1974.

Les auteurs

Maurice Abiteboul, agrégé d'anglais, docteur d'État ès Lettres, est professeur de littérature et civilisation anglaises de la Renaissance, à l'université d'Avignon. Il est directeur de la collection « Theatrum Mundi » et de la revue *Théâtres du Monde*. Il dirige également le Centre d'Études et de Recherches « Mythes, croyances et religions dans le monde anglo-saxon » et la revue du même nom. Il a notamment publié *Le Drame jacobéen et la crise de la Renaissance* (ARIAS, 1992), *Le Théâtre au temps de Shakespeare : l'esthétique de la tragédie jacobéenne* (ARIAS, 1993), *Théâtre et spiritualité au temps de Shakespeare* (ARIAS, 1995).

Victor Bourgy, agrégé d'anglais, docteur ès Lettres, a enseigné à Lille III puis à Rennes II. Après son doctorat (*Le Bouffon sur la scène anglaise au 16ᵉ siècle*), il a publié divers articles sur Shakespeare et sur l'écriture dramatique. Il est (en collaboration avec G. Bas) auteur d'un livre sur le théâtre anglais (*British Drama*, Longman France) et prépare un ouvrage sur le texte dramatique. Il collabore à la préparation d'une nouvelle édition de Shakespeare en français, à paraître fin 1995 (Laffont coll. Bouquins).

Raphaëlle Costa de Beauregard, agrégée d'anglais et docteur ès Lettres, enseigne la sémiotique théâtrale et picturale dans la littérature et la civilisation anglaises à l'université de Toulouse le Mirail, depuis 1971, ainsi que le cinéma. Elle est l'auteur d'un ouvrage sur le miniaturiste élisabéthain N. Hilliard, *Nicolas Hilliard et l'imaginaire élisabéthain, 1547-1619*, Paris, CHRS, 1991, ainsi que d'une anthologie critique de textes anglo-saxons aux éditions Ellipses. Elle a également participé au volume sur *Julius Cæsar* dans la même collection.

Margaret Jones-Davies a enseigné à l'université de Lille III de 1970 à 1985. Elle est actuellement maître de conférences à l'université de Paris-Sorbonne (Paris IV). Co-auteur d'un ouvrage sur la littérature anglaise contemporaine, *Le roman en Grande-Bretagne depuis 1945* (PUF, 1981) elle se spécialise désormais dans la littérature élisabéthaine. Elle a écrit de nombreux articles sur Shakespeare, notamment sur *Julius Cæsar* dans la même collection. Elle prépare une édition de *Richard II* pour la collection Folio Gallimard et elle participe à la nouvelle édition de l'œuvre de Shakespeare pour la Pléiade.

Gilles Mathis, agrégé d'anglais, docteur ès Lettres est professeur de littérature anglaise (et plus particulièrement de poésie) à l'Université de Provence (Aix-Marseille I). Il est l'auteur d'une *Analyse Stylistique du Paradis perdu* (1979, pub. Aix, 1989) et travaille depuis plus de vingt ans dans le domaine de la stylistique anglaise. Il est l'auteur de nombreux articles généraux sur la stylistique (théorie et pratique) et spécialisés sur Milton, Herrick, Vaughan, Donne, Marlowe, Shakespeare, Wordsworth, Coleridge. Il travaille actuellement sur un projet de manuel stylistique.

Michel Naumann, a enseigné l'anglais dans les universités de Niamey (Niger), Kono (Nigéria) et Metz (1991-1995). Il est spécialiste des nouvelles littératures (Afrique, Inde) anglophones et francophones. Il a publié divers ouvrages au Nigéria dont un sur le poète congolais Tchicaya U Tam'si. En France, il est l'auteur d'un livre de critique littéraire *Regard sur l'autre dans les Romans des cinq continents*. Sa première thèse étudiait les œuvres du romancier nigérian Chinua Achebe et la seconde les difficultés rencontrées par la critique occidentale lorsqu'elle aborde cet auteur. Michel Naumann a enseigné Shakespeare en Afrique et en Europe dans les diverses universités où il a travaillé.

Annie-Paule de Prinsac, agrégée d'anglais et musicienne, s'est d'abord intéressée à la musique élisabéthaine. Elle a obtenu une bourse de recherche à l'université de Harvard où elle a travaillé sur la métaphore et la métamorphose dans les dernières pièces de Shakespeare. Elle a enseigné Shakespeare à l'Université de Madagascar et a contribué à *Études Anglaises*. Depuis, elle travaille sur Toni Morrison et termine son doctorat à l'université de Dijon.

Mireille Ravassat, agrégée d'anglais et docteur ès lettres, enseigne la littérature anglo-américaine, la stylistique et la version à l'université de Valenciennes. Elle est l'auteur de *Shakespeare et l'oxymore ou « comment trouver l'accord de ce désaccord ? »* Elle a, en outre, publié un grand nombre d'articles sur Shakespeare, Tennessee Williams, Virginia Woolf et Francis Scott Fitzgerald.

Henri Suhamy, agrégé d'anglais, docteur ès Lettres est un ancien élève de l'ENS Saint-Cloud. Professeur émérite à l'université de Paris X-Nanterre, il est l'auteur de nombreux articles et rédacteur de cours sur Shakespeare. Il a publié *Versification anglaise* (SEDES, 1970), *Les figures de style* (Que Sais-je ?, 1981), *La poétique* (Que sais-je ?, 1986), *Stylistique anglaise* (P.U.F., 1994), *Shakespeare: Hamlet* (Hatier coll. Profil, 1994). Son livre intitulé *Sir Walter Scott* (de Fallois, 1993) a obtenu le Grand prix du Romantisme (1993) et le grand prix de l'Académie Française (catégorie biographie littéraire) en 1994. Son dernier livre, intitulé *Shakespeare* (Livre de poche coll. Références) est actuellement sous presse. Il a également participé au volume sur *Julius Cæsar* dans la même collection.

Jean-Pierre Villquin, maître de conférences à l'université de Nantes a publié plusieurs traductions de pièces élisabéthaines et jacobéennes ainsi que de nombreux articles sur le théâtre de la Renaissance anglaise. Il prépare actuellement un ouvrage sur le dramaturge élisabéthain John Day. Il a également participé au volume sur *Julius Cæsar* dans la même collection.

MR. WILLIAM SHAKESPEARES
COMEDIES, HISTORIES, & TRAGEDIES.

Publiſhed according to the True Originall Copies.

LONDON
Printed by Iſaac Iaggard, and Ed. Blount. 1623.